인문고전 깊이읽기

Fukuzawa Yukichi: The Logic of New Civilization

by Lim Jong-won

Published by Hangilsa Publishing. Co., Ltd., Korea, 2011

후쿠자와 유키치

새로운 문명의 논리

임종원 지음

한길사

인문고전 깊이읽기

후쿠자와 유키치
새로운 문명의 논리

지은이 · 임종원
펴낸이 · 김언호
펴낸곳 · (주)도서출판 한길사

등록 · 1976년 12월 24일 제74호
주소 · 413-756 경기도 파주시 교하읍 문발리 520-11
　　　www.hangilsa.co.kr
　　　E-mail: hangilsa@hangilsa.co.kr
전화 · 031-955-2000~3　　팩스 · 031-955-2005

상무이사 · 박관순 | 영업이사 · 곽명호
기획편집 · 배경진 서상미 신민희 김지희 홍성광 강성한 | 전산 · 한향림
경영기획 · 김관영 | 마케팅 및 제작 · 이경호 박유진
관리 · 이중환 문주상 장비연 김선희

CTP 출력 · 알래스카 커뮤니케이션 | 인쇄 · 현문인쇄 | 제본 · 광성문화사

제1판 제1쇄 2011년 3월 25일

값 16,000원

ISBN 978-89-356-6176-3 04100
ISBN 978-89-356-6163-3 (세트)

일본 근대화를 이끈 후쿠자와 유키치
19세기 말 유럽 열강의 침입으로 인해 일본의 봉건체제는 점점 그 기반이
흔들리고, 근대 사회의 모습으로 변모하고 있었다.
이때 후쿠자와 유키치는 서구문명을 적극적으로 받아들이고,
물질적·정신적 근대화를 통해 일본인을 진정한 국민으로 길러내고자 했다.

1901년 옛 게이오 의숙 건물 가운데 일부분

현재 게이오 의숙대학의 전신인 게이오 의숙은 당시 '사립민업'의 성공적인
상징이 되었다. 후쿠자와 유키치는 학자가 민간으로서 독립할 때
국가도 독립할 수 있다는 소신을 갖고 민권운동을 펼쳤으며,
문명의 진보와 국가의 독립은 동시에 진행되어야 한다고 강조했다.

THE JAPANESE AMBASSADORS AT THE INTERNATIONAL EXHIBITION.

런던 국제박람회를 구경하고 있는 견구(遣歐)사절단(1862)
후쿠자와 유키치는 1861년 통역관을 맡게 되면서
33명의 견구사절단과 함께 유럽 5개국을 방문하게 된다.
이 여행을 통해 그는 자본주의 사회의 문화, 의회정치의 형태,
민주주의 이념과 원리에 대한 문제에 비로소 눈을 뜨게 되었다.

야스다 유키히코(安田靫彦), 「웨일런드의 책을 강의하고 있는 후쿠자와 유키치」
학문에 대한 열정이 남달랐던 그는 1868년 우에노에서 벌어진
유신전쟁 중에도 프랜시스 웨일런드(Francis Wayland)의
『경제학 요론』 원서를 강의했다.

"믿음의 세계에는 거짓이 많고,
의문의 세계에는 진리가 많다."

■ 후쿠자와 유키치

후쿠자와 유키치

새로운 문명의 논리

차례

※ 이 책에 실린 후쿠자와 유키치의 원문을 인용한 저작 목록은 다음과 같다.

『후쿠자와 유키치 전집』(福澤諭吉全集) 전21권 및 별권, 이와나미쇼텐(岩波書店),
　1958(초판본).

『후쿠옹자전』(福翁自傳), 전집 제7권.

『구번정』(旧藩情), 전집 제7권.

『후쿠자와 전집 서언』(福澤諭吉全集緒言), 전집 제1권.
　「당인왕래」(唐人往來).

『서양사정』(西洋事情), 초편(初篇) | 외편(外篇) | 제2편, 전집 제1권.

『학문의 권유』(學問のすすめ), 초편 | 제3편 | 제4편 | 제7편 | 제12편, 전집 제3권.

『문명론의 개략』(文明論之概略), 전집 제4권.

『나날의 교훈』(ひびのをしへ), 전집 제20권.

『문자지교』(文字之敎), 전집 제3권.

『게이오 의숙 관계문서』(慶應義塾關係文書), 전집 제9권.
　「게이오 의숙 학교지설」(慶應義塾學校之説), 1870년 3월.

『계몽수습지문』(啓蒙手習之文), 전집 제3권.

『시사신보』(時事新報), 전집 제8권.
　「물리학의 요용」(物理學の要用), 1882년 3월 22일자.
　「동양의 정략 어찌할 것인가」(東洋の政略如何せん), 1882년 12월 11일자.
　「본지 발태의 취지」(本紙發兌之趣旨), 1882년 3월 1일자.
　「조선과의 외교를 논함」(朝鮮の交際を論ず), 1882년 3월 11일자.
　「조선 원산진의 변보」(朝鮮元山津の変報), 1882년 4월 25일자.
　「조선정략」(朝鮮政略), 1882년 8월 2일자.
　「조선, 새 약속의 실행」(朝鮮新約の実行), 1882년 9월 6일자.
　「중국을 멸하여 유럽이 평화롭다」(支那を滅ぼして歐州平なり), 1884년 9월 25
　일자.
　「탈아론」(脱亞論), 1885년 3월 16일자.

『시사소언』(時事小言), 전집 제5권.

『시사대세론』(時事大勢論), 전집 제5권.

「걸씨 만방사략서」(傑氏萬邦史略序), 전집 제19권.

「국회개설 청원서」(国会開設の儀に付建言), 1880년, 전집 제20권.

「국회의 전도」(國會の前途), 1890년, 전집 제6권.

「국회난국의 유래」(国会難局の由来), 전집 제6권.

『우편보지』(郵便報知), 전집 제20권.
    「아시아 제국과의 화전은 아국의 영욕과 무관함을 논함」(アジア諸国との和戦は
    我栄辱に関するなきの説), 1875년 10월 7일자.

『명육잡지』(明六雑誌), 전집 제19권.
    「타이완 평화협상에 관한 연설」(征台和議の演説), 1875년 11월 16일, 전집 제
    19권.

후쿠자와 유키치는 어떤 사상가인가

🌸 들어가는 말

'일본 근대화의 아버지'라 불리는 후쿠자와 유키치(福澤諭吉, 1835~1901)[1]는 규슈(九州)의 오이타 현(大分縣)에 소재한 나카쓰 번(中津藩)에서 하급 무사의 아들로 태어나 계몽가이자 사상가, 교육가, 저술가로 활약하며 일본의 근대화를 이끌었던 인물이다.

그가 각종 저술과 언설로 사회의 변혁을 주도하고 있던 19세기 후반은, 세계적으로도 그렇지만 특히 일본에서는 역사상 크나큰 변혁이 일어나고 있던 일대 전환기에 해당하는 시기였다.

미국의 동인도 함대사령관 페리(Matthew Calbraith Perry) 제독이 상상을 초월하는 거대한 함포를 탑재한 함대를 이끌고 도쿄 인근 항구 우라가(浦賀)에 입항한 것이 1853년, 유신전쟁을 종결하고 메이지(明治) 신정부가 들어선 것이 1868년의 일이었다. 1889년에는 군주의 단독 의사로 제정된 일본 최초의 흠정헌법(欽定憲法)인 '대일본제국헌법'이 공포되는데, 이 헌법은 바야흐로 천황의 대권, '신민'(臣民)의 권리와 의무, 의회의 조직 등을 규정하고 있었다. 이로써 일단 근대국가 건설의 제도적인 틀이 구축된셈이었다. 그리고 1894~95년의 청일전쟁에서 승리를 거둠으로써, 서구의 제국주의 국가를 동경하던 일본은 대제국의 야망을 품게 된다. 이러한 국가적인 변혁과 변화가 얼마나 크고 엄청난 것이었는지는 미루어 짐작할 수가 있을 것이다.

일찍이 봉건체제 아래 있던 일본이 그 체제로부터 벗어나 근대사회의 모습으로 변모하기 시작했고, 또한 서구 열강으로부터 개국을 강요당하던 장본인이 어느새 그 열강의 일원이 되어가고 있었던 것이다.

일본의 이러한 변화에는 크게 두 가지 특징이 있는데, 그 하나는 서구에 비해 뒤늦게 자본주의화의 길을 걷기 시작했다는 점이다. 따라서 어떻게 하면 빠른 속도로 선진 자본주의를 따라잡을수 있을까 하는, 다시 말해 속도의 문제가 큰 과제였다고 할 수 있다. 또 하나는 유럽세계 이외의 지역에서 근대화의 길을 찾아가기시작했다는 점이다.

그만큼 일본의 근대화는 유럽세계로부터의 압력이라는 수동적인 형식에서 시작되었고, 유럽 열강의 일원이 되고자 하는 꿈을꾸면서 아시아의 일원이면서도 아시아로부터 벗어난 꼴이 되었던것이다. 세계사적으로 볼 때, 일본의 근대화는 대체로 이와 같은의미를 지니고 있다 하겠다.

19세기 후반의 일본은 이러한 세계사적인 과제에 하나의 해답

을 던져주고 있다. 그 과제라는 것은 일본이라는 국가가 해결해나
가야 할 정치적 · 경제적 · 사상적인 문제로, 메이지 초기의 일본
인이 의식을 했든 하지 않았든 관계없이 각자가 답을 해가지 않으
면 안 되는 시대적 과제 같은 것이었다.

후쿠자와 유키치는 이러한 과제에 누구보다도 명쾌한 해답을
제시한 사람이다. 그의 해답은 한마디로 서구문명의 도입으로 인
한 근대화의 추진이라는 것이다. 그의 말을 빌려 좀더 구체적으로
알아보자.

"과거의 동양과 서양을 비교하여 그 진보의 앞섬과 뒤처짐,
빠름과 느림을 보건대 실로 어마어마한 차이다. 쌍방이 다 함께
도덕에 관한 교육도 있고, 경제에 관한 이론도 있고, 문무에 있
어서도 저마다 장단점이 있으면서도, 그러나 국력의 대요(大
要)라는 관점에서 볼 때 부국강병, 최대 다수의 최대 행복이라
고 하는 문제에 이르면, 동양 국가들은 서양 국가의 아래에 있
어야 한다. 국세의 강약 여하가 또한 국민의 교육으로부터 오는
것이라고 한다면, 쌍방의 교육의 방식에 차이가 있게 마련이다.

그리고 동양의 유교주의와 서양의 문명주의를 비교해보건대
동양에 없는 것은 유형적인 것으로서 수리학과 무형적인 것으로
서 독립의 정신, 이 두 가지다."(『후쿠옹자전』, 전집 7, 167쪽)

이처럼 그가 지향하는 교육의 방침은 한마디로 수리학과 독립

심을 고취하는 데 있었다. 그는 어떤 계기를 통해 이와 같은 서구 문명화의 추진이라는 이념을 품게 되었을까. 또 그 이념이란 구체적으로는 무엇을 의미하고, 나아가 어떤 형태로 변모했을까. 이제 이 책을 통해 이런 의문점을 하나씩, 그리고 자세히 말해보고자 한다.

그는 근대문명을 세우기 위해 투쟁적인 생애를 보냈고, 그런 그의 활약상은 다방면에 걸쳐 나타나고 있다. 무엇보다도 우선 그는 사상가이자 학자였다. 그는 자신의 사상을 전개하기 위해 『시사신보』(時事新報)라는 신문사를 설립하고, 이를 통해 정치·사회와 관련한 다수의 논설을 발표했다. 이런 점에서 그는 저널리스트이기도 했다. 이렇게 다방면에 걸쳐 얼굴을 내밀었지만, 그 기저에는 언제나 새로운 문명을 향한 열정이 자리하고 있었다.

이러한 후쿠자와의 사상적 기류의 변화에 대해서는 그의 생애를 대략 3기로 나누어서 설명하는 것이 독자들이 이해하기에 편리할 것이다.

먼저 제1기는 후쿠자와가 봉건적인 신분제도에 의문을 품고, 그 의문에서 출발하여 유럽과 미국의 문명을 모델로 한 근대문명의 규범을 스스로 확립하는 시기다. 그의 나이 27~28세의 시기가 이에 해당한다.

그는 영지인 나카쓰를 출발점으로 하여 나가사키(長崎), 오사카, 에도, 그리고 미국과 유럽 등지의 여러 나라를 체험한다. 당시 그는 한학(漢學)에서 양학으로 학문의 방향을 전환했고, 그 양학

역시 난학(蘭學)[2]에서 영학(英學: 영어로 이입되는 서양의 학문)
으로 전환한다. 이렇게 후쿠자와의 학문적 호기심이 전환해가는
과정은, 또한 봉건시대의 한 청년이 스스로 문명사회의 일원이 되
고자 변모해가는 과정이기도 하다.

　제2기는 후쿠자와가 이러한 과정을 통하여 확립한 문명의 이상
을 기준으로 삼아 일본사회를 직시하고 비판해가는 시기다. 후쿠
자와의 생애 가운데 27~28세 무렵부터 46~47세까지의 약 20년
이 이에 해당한다. 근대문명의 지도자로서의 그의 이름이 빛을 발
하기 시작하던 시기로, 그 사상의 내용과 영향력 등 이 시기의 활약
상이 오늘날의 후쿠자와 유키치라는 이름을 만들게 된 것이었다.

　후쿠자와의 대표 저작이라고 할 수 있는『서양사정』(西洋事情),
『학문의 권유』(學問のすすめ),『문명론의 개략』(文明論之槪略) 등
이 이 시기에 잇달아 출간되었다. 그는 이러한 저술활동을 통해
문명이란 무엇인지에 대해 진지하게 고민하고 사유했고, 서구문
명과 함께 전승되는 이념과 제도 등을 통하여 일본인을 교화하고
일본 사람을 진정한 국민(國民, nation)으로 길러내고자 했다.

　그는 문명이 물질적인 것이기도 하지만 무엇보다도 정신적인
것임을 역설했다. 이런 활동을 통해 후쿠자와는 일본인의 정신을
바꾸어나가려 했다. 수많은 그의 독자들이 그에 의해 이성적인 국
민으로 바뀌게 되고, 용기를 얻게 되고, 의욕적으로 새로운 삶을
개척해가게 되었다.

　제3기는 이후 후쿠자와가 예순여섯의 나이로 사거할 때까지의

기간이다. 문명개화의 지도자로서의 이미지가 압도적이었던 그가
이 시기에는 군국주의자 또는 과격한 국권확장론자로 변신한다.

1882년(메이지 15년)을 전후한 시점부터 1901년(메이지 34년)
후쿠자와가 생을 마칠 때까지의 이 시기는, 정치적으로 볼 때는
일본 최초로 헌법이 공포되고 청일전쟁을 수행하는 등 국내외적
으로 근대 일본의 진로에 있어서 극도로 중대한 국면을 맞은 시기
였다.

이 무렵의 후쿠자와는 적어도 외견상으로 볼 때 제2기와는 현
저하게 다른 사상가로 변모했고, 적극적으로 메이지 정부의 대외
정책을 고무하고 격려하는 국권주의자가 되어 있었다. 그런 의미
에서 이 시기의 후쿠자와의 족적은, 근대 일본이 피해갈 수 없었
던 수많은 문제, 이를테면 근대화는 곧 서구화인가, 국가가 우선
인가 개인이 우선인가, 일본은 아시아의 여러 국가, 특히 그중에
서도 한국과 어떤 관계를 가져야 할 것인가 등의 문제에 대해 새
삼 다시 생각하고 또 반성해야 할 자료를 제공하고 있다.

이 시기의 후쿠자와는 오로지 '부국강병'의 논리에만 몰두해 과
격한 정치사설을 발표하고 있었다. 그는 지배와 차별의 관념에 입
각하여, 이제 이웃 나라인 한국, 중국과는 결별하고 향후 구미 열
강의 일원으로서 침략전쟁을 정당화하겠다는 의지로 일관했다.
특히 메이지 정부가 주도한 대외침략의 논리를 이론화한 그의 '탈
아(脫亞) 사상'은 일본인의 정신적인 이상으로 계승되면서, 이후
한국 침략과 만주사변 이후의 아시아 대륙 침략에 이르기까지 일

관성 있게 구체화되고 현실화되었다.

후쿠자와를 알고 메이지 정부를 알면, 국제사회와 단절된 상태에서 정치 혼란과 난맥으로 방황하던 한국의 실상이 좀더 뚜렷하게 보일 것이다.

문명을 일군 정신에서 서구를 배운다

후쿠자와 유키치의 삶과 시대

"봉건적인 신분제도는 많은 사람으로
부터 희망을 빼앗는 대신에 일부 계
층의 사람들을 호사와 오만과 편견의
세계에 안주하게 하는 제도다."

다수의 희망을 뺏아 일부를 오만에 안주시키는 신분제

오사카의 도지마(堂島)라고 하는 곳은 옛날에도 지금과 다름없이 비즈니스의 중심지였다. 에도(江戸 : 1603~1867년 사이 봉건시대의 도쿄) 시대에는 쌀의 중개업이 성하고 환전소가 즐비해 있던 곳으로, 그 미곡상에게 쌀을 팔기 위해서 각지의 다이묘(大名)들이 다투어 도지마에 구라야시키(藏屋敷)를 두고 있었다. 구라야시키는 연공으로 받는 쌀이나 그 밖에 영지에서 생산한 물품 등을 널리 팔기 위해 다이묘가 오사카와 에도 등지에 세운 창고를 겸한 거래소, 즉 일종의 파견공관이었다.

후젠(豊前)[1]의 나카쓰 번에서도 도지마에 구라야시키를 두고 있었다. 1835년 1월, 이 구라야시키에 근무하고 있던 하급 무사 후쿠자와 햐쿠스케(福澤百助)에게서 아들이 태어났다. 햐쿠스케는 회계를 담당하는 관리로 오사카에서 파견근무를 하던 중이었다. 나카쓰 번에서 보내오는 쌀을 담보로 오사카의 거상들에게서 금전을 차용하는 등의 일이 그의 주된 임무였다. 그러나 그런 업무와는 어울리지 않게 그는 천성적으로 학문을 좋아하고 사무라이의 기풍을 중시하는 성격으로, 금전을 보거나 만지는 것만으로도 부정 탄다 여기던 순수한 서생이 순전히 속사에 임하고 있었던 셈이니 불평이 생기는 것도 무리가 아니었다.

마침 유키치가 태어났을 때는, 오랫동안 가지고 싶어하던 청조시대의 법제와 관제에 관한 고서 『상유조례』(上諭條例)를 매입하곤 한창 기뻐하고 있던 터였다. 그리하여 상유의 ‘諭’ 자를 따서 아들의 이름을 유키치(諭吉)라 지었다는 일화가 후쿠자와의 자서전 『후쿠옹자전』(福翁自傳)에 나온다. 『상유조례』는 오늘날의 분류법으로 말하면 사회과학의 영역에 속하는 책이다.

그가 태어난 곳은 현재 오사카 대학교 의과대학의 구내에 해당하는 곳으로, 지금은 ‘후쿠자와 유키치 생탄지’라는 기념 건축물이 들어서 있다.

후쿠자와 유키치가 태어났을 때 아버지 햐쿠스케는 42세, 어머니 준(順)은 30세였다. 두 사람 사이에는 이미 1남 3녀가 있었으니 유키치는 다섯 번째 자식이었다. 막내로 태어난 그는 출생 때부터 골격이 튼튼한 아이였던 것으로 알려져 있다. 젖만 많이 먹인다면 훌륭하게 자랄 것이라는 산파의 말을 듣고 햐쿠스케는 평소에도 “이놈은 괜찮은 녀석이야. 이 녀석이 열 살이나 열한 살이되거든 절에 보내 중으로 만들어야지” 하고 매번 아내에게 말했고, 어머니 역시 유키치에게 그런 말을 하곤 했다.[2] 모든 것이 세습되는 봉건제도 아래서, 그래도 승려만큼은 출신성분을 따지지않고 최고의 직급에까지도 오를 수 있는 길이 열려 있었기 때문이었다.

“나카쓰는 봉건제도로 잔뜩 물건을 상자 속에 채운 것 모양질서가 서 있어서, 몇백 년이 지나더라도 추호도 끄떡하지 않을 그러한 형국이었다. ‘가로’(家老)의 자식은 가로, ‘아시가루’(足

輕: 하급 무사)의 자식은 아시가루.〔……〕그래서 내 부친의 입장에서 생각해본다면 도저히 무슨 일을 한들 이름이 날 수가 없는데, 세상을 둘러보았더니 여기 스님이라는 직업이 하나 있다. 아무것도 아닌 어물전 아들 녀석이 대승정이 되었다고 하는, 그런 녀석들이 얼마든지 있다는 이야기다. 이 때문에 아버지가 나를 중으로 만들겠다고 했던 것이 그러한 뜻이려니 하고 헤아려 짐작하면 아마 틀림이 없으리라."(『후쿠옹자전』, 전집 7, 11쪽)

후쿠자와 역시 이렇게 회고하고 있다.

"봉건적인 신분제도는 많은 사람으로부터 희망을 빼앗는 대신에 일부 계층의 사람들을 호사와 오만과 편견의 세계에 안주하게 하는 제도다. 무사계급과 농·공·상 3민과의 사이에 계급 차별이 있었던 것은 말할 것도 없지만, 같은 특권계급인 무사들 사이에서도 현저한 신분의 차이가 존재하고 있었다."

에도에 막부(幕府)를 세운 도쿠가와(德川) 정권의 통치 시스템을 가리켜서 막번(幕藩)체제라고도 한다. 중앙정부 격인 막부와 지방정부 격인 번으로 이루어진 봉건정치제도이기 때문이다. 막번체제는 권력은 막부의 '쇼군'(將軍)에게 집중시키고 지방의 행정은 각 번의 '다이묘'에게 분산시킴으로써 균형을 유지하는 절묘한 정치 시스템이다. 막부에도 직할 무사단이 있지만, 각 번은 무사계급이 농공상인을 관리하는 형태다. 그 권력 또한 막강하고 계급의 차별 역시 엄격하다.

"나카쓰 번에는 1,500명의 번사(藩士)[3]가 있었고, 번사는 신분에 따라 직책이 100가지가 넘게 있었다. 이 많은 직책은 크게 상급 사족과 하급 사족으로 나뉘는데, 하급 사족이 상급으로 승진하는 것을 허락하지 않는다. 하급 가운데 최상등 격인 '유히츠'(祐筆)에서 상급의 최하등 격인 '고쇼구미'(小姓組)까지 승진한 사례는, 오쿠다이라(奧平)[4] 번의 250년 역사에서 불과 3~5명에 지나지 않았다."(『구번정』, 전집 7, 265쪽)

후쿠자와 유키치의 아버지 햐쿠스케도 신분제도에 한을 품고 살았던 사람이었다. 어린 시절 총명하다는 평판을 들었지만 그는 가난 때문에 남몰래 사모하던 후쿠야마의 유학자 간 사잔(菅茶山)의 문하생이 될 수 없었다. 평생을 적은 봉록에 만족하며 세속의 관리로 살아갈 수밖에 없었다. 자식을 승려로 만들겠다는 그 말에는 그런 자신의 좌절이 반영되어 있었다. 후쿠자와는 그러한 부친의 운명을 회고하며 이렇게 다짐했다.

"갓 태어난 어린아이의 앞날을 생각하여 이 아이를 스님으로 만드는 한이 있더라도 명성을 얻게 하리라 마음먹던 그 심중의 고통, 애정의 깊이, 나는 언제나 이 말씀이 생각나서 봉건의 문벌제도를 개탄함과 더불어 망부의 심중을 헤아리면서 혼자 울 때가 있다. 나에게 문벌제도는 부모의 원수로다."(『후쿠옹자전』, 전집 7, 11쪽)

후쿠자와 유키치의 고향인 나카쓰 번의 옛 지도.
풍속이 매우 엄격했던 이곳에서 그는 봉건사회의 엄중한 문벌제도에 불만을 느끼게 된다.

1836년 음력 6월 아버지 햐쿠스케가 마흔넷의 나이로 병사하는데,[5] 이는 후쿠자와가 생후 18개월 무렵일 때의 일이었다. 그의 어머니는 다섯 아이를 데리고 고향 나카쓰로 귀향했고, 형 산노스케(三之助)는 겨우 열 살의 나이에 후쿠자와가(家)의 장자상속을 하여 가장이 되었다.

"나카쓰로 왔는데, 어린 나이에도 이곳은 딴세상이었다. 고향인지라 친척이 많았고, 같은 또래의 아버지 쪽 사촌형제도 있었고 어머니 쪽 사촌도 있었다. 그런데 그들과 한데 어우러질수가 없었다. 우선 말투가 이상했다. 나카쓰 사람들이 '그렇구먼' 하는 것을, 후쿠자와 형제들은 모두 오사카 말이어서 '그러하옵니다' 어쩌고 하는 식이니, 서로가 우스꽝스러워서 여하튼 말수가 적어졌다. 그리고 어머니도 원래 나카쓰 태생이기는 했지만 오랫동안 오사카에서 살면서 그쪽 풍습에 익숙해져, 아이들의 머리 모양이니 옷맵시니 하는 것이 모두 오사카풍일 수밖에 없었다. 늘 입던 옷을 입히니 자연히 나카쓰의 분위기와는 달랐다. 의복이 다르고 말씨가 다르다는 것밖에는 아무런 원인이 없는데도, 아이들의 세계이니 왠지 뭇 사람들 앞에 나서는 것을 부끄럽게 여겨 자연 집 안에 틀어박혀서 형제들끼리 놀고 지내는 그런 생활이 되고 말았다. 따라서 아이인 후쿠자와는 집에서는 지껄이기도 잘하고 여기저기 뛰어다니며 매우 활발하게 지내면서도, 나무에 기어 올라가는 것이나 헤엄 같은 것은 전혀

칠 줄 모르는 형편이었다. 아마도 같은 번의 아이들과 허물없이 사귀고 놀 수가 없어 고립되었던 탓이 아닐까 나는 생각하고 있다."(『후쿠옹자전』, 전집 7, 9쪽)

아버지가 안 계신다고는 하나 후쿠자와의 가문은 범절이 있는 집안이었다. 앞에서 인용한 것처럼 나카쓰 사람들과는 언어와 풍습이 달라 형제들은 어린 시절 남이 모르는 곳에서 적적하게 지내는 편이었다. 그러나 그 적적함 가운데서도 가풍은 지극히 엄격했던 모양이다. 엄중한 부친이 살아 있는 것도 아닌데 모자는 화목하게 지냈고, 형제간의 다툼 같은 것은 단 한 번도 없었다고 회고하고 있다. 그뿐 아니라 추호도 저속하고 비루한 행동은 알 바도 없는 것으로 배웠고, 특별히 가르쳐주는 사람도 없었다. 어머니 역시 결코 까다롭거나 어려운 사람이 아니었는데도 자연적으로 그렇게 되었던 것은, 역시 아버지의 유훈과 어머니의 감화력 때문이었을 것으로 그는 회고했다.

후쿠자와의 어머니에 얽힌 재미있는 일화가 있다. 나카쓰에 바보 같기도 하고 정신이상자 같기도 한 여자 거지가 한 사람 있었는데, 이 거지는 단순히 더럽다거나 고약한 냄새가 난다거나 하는 정도가 아니었다. 옷은 너덜너덜하고 머리털은 제멋대로인데, 그 머리털에 이가 우글거리는 것이 보였다.

"자비로운 어머니는 늘 하던 대로 날씨가 좋은 날이면 거지를 집 안으로 불러들여 앞뜰 토방의 잔디 위에 앉히고 나서 '이' 사냥을 시작하곤 했다. 그러면 나는 지원병으로 호출되었다. 어머니는 줍듯이 잡히는 이를 마당의 돌 위에 올려놓고서, 차마 손톱으로 뭉갤 수는 없으니 아들을 곁에 두고 '이 돌 위에 있는 놈을 돌멩이로 으깨어라' 하고 분부했던 것이다. 나는 50번이고 100번이고 어쨌든 그때 잡을 수 있을 만큼 잡고 나서, 어머니와 함께 옷을 털고 등겨로 손을 씻은 후 거지한테는 이를 잡게 해준 상으로 으레 밥을 준다. 이것은 어머니의 낙이기도 했겠지만, 어찌되었건 그런 어머니였다."(『후쿠옹자전』, 전집 7, 17쪽)

후쿠자와의 아버지가 세상을 떠난 뒤 가난하여 하인을 둘 수 없었던 그의 어머니는 살림을 꾸려나가기에 바빠 교육에까지 신경을 쓸 겨를이 없었다. 형과 누나들은 일찍이 아버지가 생존해 있을 때 오사카에 있는 사숙에 다닌 적이 있지만, 차남인 유키치는 읽기와 쓰기를 가르치지 않아서 거의 무방비 상태에 있었다. 열서너 살이 되자 다른 아이들은 모두 한서를 읽는데 혼자만 읽지 못하는 것이 부끄러워 마침내 유키치는 숙(塾)에 다니게 되었다.

또래 아이들에 비해 만학이었지만 소질이 있어서 학습 진도가 빠른 편이었다. 그때 배운 교과목은 한문으로 『맹자』와 『논어』에서 시작하여 『시경』『서경』『좌전』『전국책』『노자』『장자』 등이 있었고, 역사서로는 『사기』를 시작으로 하여 『한서』『후한서』와 『원명사략』(元明史略) 등을 읽었다. 한학의 일반적인 코스는 밟은 셈이니 한학자의 수준 정도로 진전을 보았던 것 같다. 또 학문과 더불어 주량도 늘어가 대주가의 면모를 보였던 것 같다.

이 시기에 후쿠자와는 자신도 모르는 사이에 아버지의 동생인 나카무라 줏페이(中村術平)의 양자가 되어 있어서, 얼마 동안은 나카무라 유키치라고 불리기도 했다. 봉건체제 아래서는 차남이나 삼남은 호주상속의 자격이 없었다. 따라서 이들은 다른 집안의 양자로 입적해야만 빛을 볼 수가 있었다. 아버지가 일찍 세상을 떠나자 그의 어머니는 아들을 양자로 보내는 것이 그를 위해 최선의 길일 것으로 생각했던 것이다. 그러나 그는 양부 나카무라 집안으로 가지는 않고 전과 다름없이 후쿠자와 가문에서 형제들과 함께 살았다.

또 한 가지 특기할 만한 사항은, 장자와는 달리 차남이나 삼남의 경우는 봉건제도의 체계상 그 세습의무를 지는 대상에서 제외되어 있었다는 것이다. 이는 차남과 삼남이 봉건적인 속박으로부터 비교적 자유로운 입장에 있었다는 사실을 의미하는 것이기도 하다. 일찍이 부친의 뒤를 이은 형 산노스케는 고지식한데다 충성심과 책임감이 강한 성격이었다. 나카무라의 양자가 되어 있었다고는 하나 차남의 기질이 넘쳤던 후쿠자와는 어떤 면에서 보다 더 자유로운 영혼을 가지고 그런 형을 객관적으로 볼 수 있었을지도 모른다. 다음에 인용하는 에피소드가 두 사람의 각기 다른 성향을 잘 보여주고 있다.

"어느 날 형이 나에게 묻기를 '너는 이제 앞으로 무엇이 될 작정이냐?' 하기에, '글쎄요, 우선 일본에서 제일가는 부자가 되어 실컷 돈을 써보고 싶습니다' 했더니 형이 언짢은 얼굴로 꾸짖었다. 그래서 내가 반문하여 '형님은 어떻게 하시겠소' 하고 물었더니 진지하게 '죽을 때까지 효제충신(孝悌忠信)'이라고 대답하여, 나는 '아이코' 하고 그것으로 그만두어버린 적이 있지만, 여하튼 형은 그러한 성품인데다 또 묘한 구석도 있다."(『후쿠옹자전』, 전집 7, 16쪽)

후쿠자와와 형 산노스케는 봉건질서에 대한 태도가 전혀 달라서, 형은 기존의 질서를 당연시하거나 절대시했지만, 구질서를 비판적이고 상대적인 것으로 보았던 동생 유키치는 이런 체제를 그대로 받아들일 수 없었다.

"또 내가 열두세 살 때쯤으로 기억한다. 형이 휴지를 한데 모으는 중인 것을 내가 우당탕 밟고 지나가자 형이 화가 나 큰 소리로 외쳤다. '이봐, 서!' 하더니 되게 호통을 치는데, '너는 눈이 보이지 않는 거냐? 이걸 봐, 뭐라고 쓰여 있어? 오쿠다이라다이젠노다유(奧平大膳大夫)[6]라고 함자가 있잖아' 하며 몹시화를 냈다. 그래서 내가 '아, 그런가요, 몰랐어요'라고 하자, '몰랐다고 하더라도 눈이 있으면 보일 거 아냐. 함자를 발로 밟는건 무슨 심사야. 신하의 도가……' 하며 뭔가 복잡한 이야기를 늘어놓으며 엄하게 야단을 치니 사죄를 하지 않을 수가 없었다."
(『후쿠옹자전』, 전집 7, 18쪽)

후쿠자와는 고개 숙여 용서를 빌었지만, 마음속으로는 오히려 이런 형의 맹목적 복종심에 반발하고 있었다. 형이 말한 대로 영주의 이름이 적혀 있는 휴지를 밟는 것이 불경한 일이라면, 귀신의 이름을 적어놓은 표찰을 밟으면 어찌될까 하고는, 아무도 보지 않는 곳에서 표찰을 밟아보기도 했다. 그리고 영주의 이름이 적혀 있던 그 종이를 화장실에 가지고 가서 시험해보았지만 아무런 일도 일어나지 않자 형의 봉건적인 태도에 내심 야유가 일었다.

이런 식의 불복종은 소년의 장난기와 더불어 다채롭게 전개되었다. 그 후 한 살 두 살 나이를 먹으면서 자연 배짱도 두둑해져, 어른들이 이야기하는 귀신이니 부처님이 내리는 천벌이니 하는 것은 새빨간 거짓말이라고 스스로 확신을 하기에 이르렀다. 그러자 이번에는 이나리사마[7]의 내부를 보고 싶다는 야심이 생겼다. 그리하여 양자로 입적되어 있는 작은아버지 집의 사당을 열어, 그 안에 있던 돌멩이를 내던져버리고 다른 돌멩이들을 주워 넣는 등 당시의 전통과 질서의 상징물인 신불(神佛)에 대해 야유하는 행동을 서슴지 않았다.

『문명론의 개략』에서 그는 불교를 "미개사회에서 통용하는 사회적인 기능에 불과하고, 미개인을 위로하는 수단"[8]이라고 했다. 또 미개인에 대해서는 "독립자존의 정신으로 자립할 수가 없기 때

문에 타자 신앙의 산물인 종교가 존립할 수밖에 없다"는 인식을
가지고 있었다.

이러한 후쿠자와의 주장에서 종교와 관련한 두 가지 태도를 발
견할 수가 있다. 하나는 종교를 미신과 동일시하여 이를 부정적으
로 보는 태도이고, 다른 하나는 종교를 인정하기는 하나 끝까지
무관심하고 냉담한 태도를 보이며 일정한 거리를 유지하고자 하
는 자세다.

그런데 이렇게 유소년기의 반항심과 종교적인 호기심에서 신불
을 부정하는 장난을 치고 실제로 천벌이나 재앙이 내리는지 시험
해보기도 했던 그가, 사찰에서 행하는 추도회(법회)에 대해서는
'자손들이 지켜가야 할 가장 중대한 본분'[9]으로 인식하기도 했다.
이처럼 그는 모순된 발언을 하기도 하는데, 그는 이에 대해 변명
이라도 하듯 다음과 같은 언급을 하고 있다.

> "이처럼 신앙심도 없으면서 의리상 신앙인인 양 행동하는 모
> 순 속에서 유유히, 또한 굳이 논쟁할 것도 없이 용케도 사인(士
> 人: 사무라이)이라는 신분에 안주하면서 품위를 유지하고 은연
> 중 사회의 안녕에 기여해왔으니, 인생에서 이보다 더 명예로운
> 일이 있겠는가. 이것이 곧 내가 말하는 이른바 '종교의 바깥세
> 상에서 소요(逍遙)하는 인생'이라고 하는 것이다."(『후쿠옹자
> 전』, 전집 7, 672쪽)

'사인'은 곧 우리의 '선비'에 해당한다. 사인은 충의를 덕목으로 삼는 인간상이니, 그런 선비의 충성심은 신앙과 다를 바가 없는 것이다.

비록 종교와는 일정한 거리를 두어왔다고는 했어도 후쿠자와는 신(神)·유(儒)·불(佛) 사상을 통틀어 '우원'(迂遠)이라고 표현한 바 있는데, 만년의 사상이 허무와 체관(諦觀)으로 흐르고 있었던 점에 비추어볼 때, 불교에 대해서는 비교적 우호적이었다고 할 수가 있다.

소년 후쿠자와에게 가장 불만이었던 것은 역시 봉건사회의 엄중한 문벌제도였다. 나카쓰 번은 풍속이 매우 엄격하여 사족들 사이에서도 엄연히 문벌이 정해져 있었는데, 그 엄격함은 공적인 데서만이 아니라 사적인 교제에서도, 아이들이 어울리는 세계에서도 귀천과 상하의 구별을 확고하게 했다. 상급 사족의 자제가 하급 사족의 아이를 대할 때는 우선 그 말투부터 달랐다. 예를 들어 후쿠자와가 상급 사족의 아이에게 "당신은 이렇게 하시고 저렇게 하시고……"라고 하면, 상대는 "너는 이래라 저래라" 하는 식으로 말한다. 이렇게 아이들끼리 어울려 뛰노는 마당에까지 문벌이 따라다니니 어른들의 세계야 더 말해 무엇하겠는가.

"어느 날 나의 형이 가로(家老)에게 편지를 보내면서 좀 학자인 체하여 뒷면에 '아무개님 하집사(下執事)'라고 썼다. 그랬더니, 가로가 형에게 크게 야단을 치시며 '하집사라니 이게 뭐냐.

오사카의 나카쓰에 있는 후쿠자와 유키치의 생가.
이곳에서 후쿠자와의 아버지는 후쿠자와를 승려로 만들겠다는 꿈을 품는다.

오토리쓰키슈(御取次衆)[10]라고 다시 써 오거라' 하고 편지를 물리쳐서 되돌아왔다."(『후쿠옹자전』, 전집 7, 20쪽)

이런 일을 보면서 후쿠자와는 분을 못 이겨 혼자 눈물을 흘렸다. 그리고 봉건사상으로 찌든 고향 나카쓰를 이제 무슨 일이 있어도 떠나지 않을 수 없다는 결심을 하게 되었다.

난학을 배우며 대양 저편의 세상을 꿈꾸다

후쿠자와 유키치의 나카쓰 탈출은 1854년 2월에 이루어졌다. 그는 난학 공부를 한다는 명목으로 나가사키로 떠났다.

그 전해에, 미국의 페리 제독이 구로부네(黑船)[11] 네 척을 이끌고 도쿄 인근 우라가 항에 입항하여 막부 정권에 개항을 요구한 사건이 발생했다. 페리의 내항은 일본에 엄청난 충격이었다. 그 여파는 봉건국가 일본의 변방인 나카쓰 번에도 찾아왔다. 우선 번 내에서 서양식 포술을 배워야 한다는 논의가 비등해지면서 그에 앞서 네덜란드어로 된 원서를 읽을 수 있는 인재를 양성해야 한다는 문제가 제기되었다. 이런 논의가 있던 터라 형은 난학을 배우기 위해서는 나가사키로 가야 한다고 동생 유키치에게 권유하고 나섰다.

학문을 하든 무예를 배우든 답답한 나카쓰를 벗어날 수만 있다면 후쿠자와로서는 고마운 일이었다. "남들이 읽어서 아는 것이라면 서양 글이든 무엇이든 읽지요" 하고 그는 조금의 미련도 없이 숨 막히는 고향을 떠나 나가사키로 향했다. 당시의 절박했던 심정과 기쁨에 찬 마음을 그는 이렇게 고백해놓았다.

"이런 곳에 누가 있을까 보냐. 일단 떠나면 함흥차사로, 다시는 돌아오지 않으리라. 오늘은 정말 기분이 좋구나, 하고 혼자 기뻐하면서 뒤돌아 침을 뱉고 냉큼 잰걸음으로 뛰기 시작하던 것을 지금도 기억하고 있다."(『후쿠옹자전』, 전집 7, 22쪽)

나가사키에서의 새로운 인생은, 나카쓰 번 가로(家老)의 아들 오쿠다이라 이키(奧平壹岐)가 기거하는 광영사(光永寺)라는 절에서 시작되었다. 그러다가 함께 지내는 것에 부담을 느낀 오쿠다이라의 주선으로 후쿠자와는 포술 전문가로 소문이 나 있는 야마모토 모노지로(山本物次郎)의 식객이 된다. 후쿠자와는 여기서 처음으로 서양 글자인 알파벳을 보았다. 그런데 이것을 읽는다는 것은 말처럼 그렇게 간단치가 않아서, 스물여섯 글자를 배우는 데 사흘이 걸렸다.

후쿠자와는 고학생과 같은 신분이었기 때문에 야마모토가(家)의 가사를 돌보는 일도 하게 되었다. 그러면서 이른바 세상에 있는 일이라는 일은 다 하여 무엇이고 해보지 않은 일이 없었다. 스승 야마모토는 포술의 전문가라고는 하나 시력이 약해 책을 읽을 수가 없었기 때문에 후쿠자와는 다양한 정세에 대한 담론을 비롯해 대가들이 쓴 한서를 읽어 선생에게 들려주었다. 그 밖에도 아침저녁으로는 집 청소를 하고, 야마모토가 목욕을 할 때는 등을 밀어주고, 열여덟아홉이 되는 그의 외아들에게는 한서를 가르쳐야 했다. 채무 상환을 연기하거나 새로 금전 차용을 부탁하는 일도 처리해야 했고, 머슴과 같이 막일을 돕고, 그의 부인이 기르는 개와 고양이도 돌보지 않으면 안 되었다. 그렇게 하여 야마모토의 마음을 사로잡게 되면서 양자 입양 제의를 받기에 이르렀다.

당시 야마모토가에서는 장서인 포술서를 필사해주고 사례금을 받는 것이 큰 수입원 중의 하나였다. 당시에는 포술관련 서적이 무엇과도 비교할 수 없을 만큼 귀한 책이어서, 일반적인 사례로서 사본으로 만들어진 장서가 비전(秘傳)으로 전해지는 시절이었다. 또 그 사본을 빌려줄 경우에도 상당한 사례비를 받고, 필사를 원할 경우에도 사례비를 받았는데, 그것이 야마모토가의 수입원이었던 것이다. 그런데 빌려주거나 베껴주거나 하는 그 일체의 일이 후쿠자와의 손을 거쳐야 했다.

당시 다른 번의 서양 전문가들, 이를테면 우와지마(宇和島 : 지금의 에히메 현 소재) 번, 고토(五島 : 지금의 나가사키 현 소재) 번, 사가(佐賀 : 지금의 사가 현 소재) 번, 미토(水戶 : 지금의 이바라키 현 소재) 번 등지에서 사람들이 찾아오고, 더러는 나가사키의 데지마(出島)[12]에 거주하는 네덜란드 사람들의 집에도 가보고 싶다거나 대포를 주조할 터이니 설계도를 보여달라고 하는 등의 부탁을 들어주는 등. 말하자면 이 모든 것이 야마모토가에서 하는 주된 업이었으며, 후쿠자와가 처리했던 것이다.

그런데 문제는 야마모토가의 식객으로 지낼 수 있도록 알선해 준 오쿠다이라 이키라는 사람이었다. 그는 한학자 가문의 재사이기는 하나 도량이 좁은데다 명문의 자손답게 방자한 성격이었다. 그런데 오쿠다이라와 후쿠자와가 주객이 전도되면서, 말하자면 유키치가 주인처럼 되어버렸으니 일이 꼬이게 마련이었다. 이키는 유키치를 쫓아낼 계략을 꾸미게 되었고, 그것을 계기로 후쿠자와는 에도를 향해 꿈을 펼쳐나가게 되었던 것이다.

페리 충격의 여파로 나카쓰의 후쿠자와가 나가사키로 가게 되었던 그즈음, 막부 정권은 새로운 국면을 맞이하고 있었다.

페리는 미합중국 대통령 필모어(Millard Fillmore)의 친서를 막부에 전달했다. 외교 경험이 없는 막부는 이를 다이묘들에게 회람하여 의견을 물었다. 이어서 1853년 7월에는 러시아 함대가 내항하여 개항을 요구했다. 막부는 부랴부랴 대선(大船) 건조 금지령을 풀고, 도쿄 해안에 파견공관을 가진 다이묘들에게는 포대 축조를 허가하는 등 새로운 국방정책에 분주해졌다.

1854년 1월, 다시 함대를 이끌고 온 페리의 강경한 태도에 눌려 막부는 같은 해 3월에 마침내 '미일화친조약'을 체결하고, 시모다(下田)와 하코타테(函館) 두 항구를 개항할 것을 약속했다. 이어서 네덜란드, 러시아, 영국, 프랑스와도 조약을 체결하게 되었다.

이와 같은 정세의 변화는 우국지사들의 반감과 위기감을 고조시켜 이른바 존왕양이운동(尊王攘夷運動)[13]이 활발해지게 되었다. 일본도 반드시 근대국가가 되어야 한다는 열망과 신념을 가지고 있던 후쿠자와 유키치는, 페리의 내항으로 생긴 충격의 틈새를 재빠르게 발견하고 이 위기를 이용해 봉건질서로부터 탈출해야 한다는 생각을 가지게 되었다.

후쿠자와의 학업이 나날이 현저하게 진보하는 것을 시기한 오쿠다이라 이키가 가로인 그의 부친과 함께 꾸민 책략은, 후쿠자와에게 모친이 병환 중이라고 알려 그를 고향 나카쓰로 돌려보낸다는 것이었다. 이런 전후 사정을 알게 된 후쿠자와는, 더 이상 나가사키 생활을 계속할 수 없음을 깨닫고 곧바로 에도 행을 결심하게 되었다. 그는 오쿠다이라 이키에게는 나카쓰로 귀향할 것처럼 말해놓고, 그길로 시모노세키(下關)로 가서 배편으로 형 산노스케가 있는 오사카로 출발했다. 형은 아버지의 대를 이어 구라야시키에서 근무하던 중이었다.

동생으로부터 자초지종을 들은 산노스케는 오사카로 가서 난학을 배울 것을 권하면서, 오가타 고안(緒方洪庵) 선생이 설립한 '데키주쿠'(適塾)라는 학교를 소개했다. 오가타는 오사카와 에도, 나가사키에서 난학을 배운 의학자로 생리학, 병리학, 내과, 콜레라 등에 관한 많은 번역서를 낸 난방의(蘭方醫: 양의)였다. 그는 또 종두의 보급에도 힘을 쏟았고, 학자로서뿐만 아니라 인간적으로도 신뢰할 수 있는 인격자였다. 그가 세운 학교는 전국에서 우수한 난학 서생들이 모여드는 사숙(私塾)이었다.

학적부에 해당하는 데키주쿠의 「적적제숙성명록」(適適齊塾姓名

錄)에는 637명의 숙생 이름이 올라 있는데, 그 가운데는 일본 육군의 창립자 오무라 마스지로(大村益次郎), 문부성의 의무국장을 지낸 나가요 센사이(長與專齊), 농공무상과 추밀원 고문을 지내고 일본 적십자사를 창립한 사노 쓰네타미(佐野常民), 계몽학자 미쓰쿠리 슈헤이(箕作秋坪), 조선 침략의 선봉에 섰고 재 경성 변리공사를 지낸 적이 있는 외교관 하나부사 요시모토(花房義質) 등의 이름도 있었다. 오가타의 사숙이 근대 일본의 양학의 흐름 가운데 하나의 큰 맥을 이루고 있었음을 알 수 있게 하는 대목이다. 데키주쿠 건물은 지금 문화재로 보존되어 신학문의 요람이었던 당시의 모습을 생생히 전하고 있다.

삼백스물여덟 번째로 이름이 등재된 후쿠자와는 오가타 고안의 문하생으로 정식으로 체계적인 난학 공부를 시작했다. 학업이 본격적인 단계에 올라 있을 때, 당시로서는 불치의 전염병이던 장티푸스에 걸려 사경을 헤매다가 스승 고안의 처방과 극진한 간병 덕분으로 소생하는 일도 있었다.

그러나 시련은 거기서 그치지 않았다. 형 산노스케가 류머티즘으로 세상을 떠나자, 나카무라 가문의 양자였던 그는 다시 후쿠자와가로 돌아가 가문의 대를 잇는 당주가 되어야 했다. 가독상속(家督相續)을 한 후 50일 동안은 상복을 입어야 했고, 후쿠자와가의 주인으로서 나카쓰 성(城)의 성문 경비를 담당해야 하는 직무가 있으니 학업을 중단할 수밖에 없었다. 대를 이은 하급 무사로서의 삶을 거부하고 다시 오사카의 데키주쿠로 돌아가고 싶었던 후쿠자와는 주위의 반대와 차가운 시선을 무릅쓰고 모친을 설득하고 나섰다.

　"어머니, 저는 지금 이와 같은 사정으로 나가사키를 떠나 오사카로 가서 공부를 하고 있습니다. 제 생각으로는 무슨 일이 있어도 공부는 할 수가 있겠고, 어엿한 사람이 될 수도 있을 것입니다. 이 번(藩)에서 살아보았자 제아무리 해도 신분이 대등해질 기미는 없습니다. 소리 없이 헛되이 죽을 신세일 따름이지요. 무슨 일이 있어도 저는 나카쓰에 묻혀 살다가 헛되이 죽고 싶지는 않습니다. 외로우시겠지만 제발 저를 놓아주세요. 제가 이 세상에 태어났을 때 아버지는 중으로 만들겠다 말씀하셨으니, 이제부터는 중이 되었다 생각하고 체념해주십시오."(『후쿠옹자전』, 전집 7, 39쪽)

　어머니의 허락과 격려 속에 후쿠자와는 가재를 정리하여 빚을 청산하는 등 가장으로서의 도리를 다했다. 그가 출발할 때 이별을 아쉬워하며 무사안녕을 빌어준 사람은 병든 모친과 누이뿐이었다. 지인과 친구들은 전송은 차치하고 돌아보는 자도 없으니 도망치듯 배를 탔다. 돈이 될 만한 것은 모두 팔아치워 살림살이도 없고 가난하기 짝이 없는 형편이었다. 녹이 슬어 삭아버린 쇠붙이와 진배없는 집에 노모와 죽은 형의 딸인 어린 조카 단 두 사람을 남기고 떠나는 것이니, 그처럼 호방한 성격의 후쿠자와라 해도 참으로 황망한 상황이 아닐 수 없었다. 그러나 그의 앞에는 신학문이 있었고, 오가타 고안 선생과 데키주쿠가 기다리고 있었다.

깊이가 있고 인정이 많았던 오가타 선생은, 다시 돌아온 후쿠자와의 사정을 듣고 무일푼의 그에게 네덜란드 원서를 번역시킨다는 명분을 주어 데키주쿠의 식객으로 받아들였다. 그 시절의 데키주쿠는 기세가 등등한 청년들의 집합소와 같아서, 공부도 열심히 했지만 난폭한 장난도 남들보다 갑절이나 하는 분위기였다. 그 속에서 후쿠자와는 두주불사의 타고난 체질과 습관을 가지고 있었다. 그런 나쁜 습관에도 그는 저급한 교제에는 물들지 않는 강직하고 완고한 정신의 소유자였다. 그는 열심히 학업에 정진하여 마침내 데키주쿠에서 가장 어려운 원서를 독파하고 강론할 수 있는 최고의 실력자로 성장했다. 여럿이 돌아가며 원서를 읽을 때 그 좌장을 맡는 단계로 성장하더니 마침내 숙장이 되기까지 이르렀다.

일본의 정세는 급속하게 변화하고 있었다. 1856년, 미국 총영사 타운젠트 해리스(Townsent Harris)는 막부에 통상조약의 체결을 촉구했고, 막부는 국내의 반대여론을 의식하여 회담을 계속 끌다가 마침내 '미일수호통상조약'을 체결하기로 했다.

그 주요 내용을 살펴보면, 공사와 영사의 상호 교환, 가나가와·나가사키·니가타·효고 등 4개 항의 개항, 에도와 오사카의 시장 개방, 자유무역과 영사재판권 인정 등이 들어 있었고, 무역장정(貿易章程)에 의거 관세율까지 지정되었다. 막부는 이 조약의 승인을 조정에 요구했지만, 존왕양이파가 장악하고 있던 조정은 조

오사카에 데키주쿠를 세운 오가타 고안.
그는 난학뿐만 아니라 종두의 보급에도 힘썼으며, 학생들의 신뢰를
받을 만한 인격적인 소양을 갖춘 사람이었다.

약 조인을 거부하라고 지시했다.

한편 이즈음 쇼군의 후계 문제, 즉 병약한 제13대 쇼군 도쿠가와 이에사다(德川家定)에게 아직 후계자가 없는 것이 정치적으로 큰 쟁점이 되어 있었다. 그리고 국제적으로는 1840년에 아편전쟁을 치른 청나라에서 1850년에는 태평천국의 난, 또 1856년에는 제2의 아편전쟁이라 불리는 '애로호 사건'(Arrow War)이 일어나면서 국내 정세가 혼란 상태를 지속하고 있었다. 이어서 1857년 인도에서는 영국의 지배에 반대하는 동인도회사의 인도인 용병들이 반란을 일으켰다. 서구에 대한 아시아의 저항은 점차 거세어져 갔고, 이를 제압하려는 서구의 기세 또한 점점 포악해져갔다.

이러한 정세 아래서 막부는 위기를 일거에 해결하기 위해 1854년 4월, 시가(滋賀) 현 히코네(彦根) 번 번주인 이이 나오스케(井伊直弼)를 쇼군의 최고위 보좌역인 다이로(大老)에 기용했다. 이이는 조정의 허락을 기다리지 않고 미일수호통상조약을 체결해버렸고, 도쿠가와 이에모치(德川家茂)를 제14대 쇼군으로 발표했다. 막부는 네덜란드, 영국, 프랑스, 러시아와도 같은 내용의 조약을 체결했다.

많은 귀족과 다이묘, 그리고 지사 들이 이러한 이이의 처사에 반발하다가 처형되었는데, 그들 가운데는 꽃 같은 나이에 참수형을 당한 하시모토 사나이(橋本左內)도 있었다. 그는 후쿠자와와 함께 데키주쿠에서 공부했던 후쿠이(福井) 출신의 사족이었다. 이 정치적 사건을 '안정의 대옥'(安政大獄)이라고 한다.

바로 그해 1858년 10월, 이 격동의 시기에 후쿠자와는 소망하던 에도에 도착했다. 때마침 나카쓰의 파견공관인 구라아시키에서도 신학문인 난학을 가르치는 숙을 개설하게 되면서 후쿠자와가 그곳의 교사로 초빙된 것이었다. 이 난학숙이 오늘날의 '게이오 의숙'(慶應義塾)의 모태가 되는데, 2008년으로 게이오 의숙은 개교 150주년을 맞이하면서 가장 역사가 오랜 사학 교육기관으로 성장했다.

이듬해인 1859년 5개국조약 체결에 의해 일본은 나가사키, 요코하마, 하코다테 세 항구를 개항하게 되었다. 후쿠자와는 이제 막 개항한 요코하마를 구경하고 큰 충격에 빠졌다.

"그 시절의 요코하마는 서양사람들이 간간이 와 있을 뿐 초라한 오두막 같은 집들이 여기저기 이따금 섰고, 서양사람들이 거기에 살면서 점포를 내고 있었다. 그런데 전혀 말이 통하지 않는다. 내가 하는 말도 모르거니와 저쪽에서 하는 말도 물론 알아들을 수가 없다. 점포의 간판도 읽을 수 없고 핀으로 꽂아놓은 벽보도 읽을 수가 없다. 무엇을 보아도 내가 아는 글자라곤 없다. 영어인지 불어인지 도무지 알 수가 없다."(『후쿠옹자전』, 전집 7, 80쪽)

당시 에도의 나카쓰 파견공관에는 통행금지 시간이라는 것이 있어서 전날 밤 열두 시에 출발하여 그날 밤 열두 시에 공관으로 돌아왔으니, 정확히 하루 낮과 밤을 걸어서 다녀온 것이었다. 지금껏 수년에 걸쳐 필사적으로 노력하여 네덜란드 글을 공부했던 것이 이제 아무 쓸모도 없다는 사실을 발견한 순간이기도 했다.

그러나 후쿠자와는 좌절하지 않았다. 쇄국시대에는 네덜란드어만이 유럽을 대표하는 유럽의 언어였지만, 이제는 영어가 아니면 안 된다는 사실을 확인하게 된 것이다. 그는 '이제부터는 영어를 해야 한다'는 마음을 굳히고, 요코하마에 다녀온 이튿날부터 각오를 다졌다. 온갖 수모와 좌절을 딛고 영어를 아는 사람을 찾아 무서운 밤길을 걷기도 했고, 『영어사전』을 빌리기 위해 막부의 양학교에 입학하기도 했다. 그의 독학정진의 모습은 처절하기 그지없었다.

존왕양이운동과 개국론자에 대한 탄압으로 정세가 위태로웠지만, 후쿠자와의 시선은 아랑곳하지 않고 대양의 저편으로 향해 가고 있었다.

구미여행

1860년은 일본의 군함 간린마루(咸臨丸) 호[14]가 처음으로 태평양을 횡단한 뜻 깊은 해다. 미일수호통상조약의 「비준서」를 교환하기 위해 파견된 '견미사절단'(遣米使節團)이 미국 군함 포화탄(Powhattan) 호에 승선하여 도항할 때, 간린마루 호는 그 수행원을 태우고 일본의 항해술로 태평양을 건너 미국까지 동행한 군함이었다.

1860년 1월, 막부는 미국에 군함을 파견한다는 개국 이래 미증유의 정책을 단행했는데, 전권을 위임받은 사절단장은 신미 부젠노카미 마사오키(新見豊前守正興)였고, 부단장은 무라가키 아와지노카미 노리마사(村垣淡路守範正)였다.

네덜란드에서 사들인 소형 기선 간린마루는 원양 항해를 할 때는 석탄을 절약하기 위해 돛을 이용해 운항하는 시스템이었다. 기무라 셋쓰노카미 요시타케(木村攝津守喜毅)는 사령관으로, 군함을 총지휘하는 함장으로는 가쓰 가이슈(勝海舟)가 승선했는데, 문명국 미국행을 꿈꾸고 있던 후쿠자와는 해군 최고위 상관인 기무라 셋쓰노카미가 신분에 상응하는 수행원을 대동할 것이라는 소문을 듣고 미리 인맥을 통해 힘을 써서 그의 수행원 신분으로 동행할 수 있게 되었다.

일행은 37일 동안의 긴 항해 끝에 샌프란시스코에 도착했다. 당시 미국의 시인 월트 휘트먼(Walt Whitman)은 마차를 타고 브로드웨이를 달리는 사절단의 행렬을 보고, 「브로드웨이의 행렬」(A Broadway Pageant)이라는 제목의 장시를 써서 환영의 마음을 표현했다. 문화와 풍속이 판이한 세계를 견문했던 이들 사절단은 많은 에피소드를 전하고 있다.

"예를 들면 마차를 보더라도 처음이기 때문에 몹시 놀랐다. 수레가 있고 말이 있으면 탈 물건이라는 것은 알 법하지만, 언

뜻 본 것만으로는 잘 판단이 서지 않았다. 그런데 문을 열고 들어섰더니 달리기 시작했다. '이것이 말이 끄는 수레로구나' 하고 비로소 새로운 발견을 했던 것이다. 일본에서는 사치를 좋아하는 이들이 사방 한 치에 얼마씩 돈을 주고 구입하여 지갑이나 담뱃갑을 만드는 고급 카펫을, 이들은 바닥에 깔아놓고 그 위를 구두를 신은 채 걸어다니는 것을 보고도 놀랐다. 일본인들 역시 장단 두 자루의 검을 허리에 차고, 삼실을 꼬아 바닥에 댄 짚신을 신고서 황송한 듯이 그 카펫 위를 걸어다녔다. 3월 4월, 따뜻한 시절에 술병 마개를 땄더니 엄청난 소리가 났고, 술잔 속에 얼음이 들어가 있으리라고는 아무도 상상도 하지 못했다. 그 술을 마시는데, 먼저 컵 속에 떠 있는 것을 입안에 넣다가 깜짝 놀라서 내뿜는 이도 있고, 와삭와삭 씹는 이도 있었다. 그제야 비로소 얼음이 들어가 있다는 사실을 알게 되었다.〔……〕

　마치 새신부가 아무것도 모르는 시집에 살러 가서 일면식도 없는 사람들에게 에워싸인 모양새였다. 일본을 출발할 때까지는 천하제일, 안하무인으로 두려울 게 없던 활달한 서생도 처음으로 미국이라는 나라에 와서는 새색시마냥 움츠러들어버린 것이 스스로도 우스꽝스러웠다."(『후쿠옹자전』, 전집 7, 93쪽)

신사숙녀들이 공개적인 장소에서 댄스를 즐기는 모습이나 남녀가 연회장 안을 여유롭게 활보하는 모습들이 우스웠지만 웃으면 안 된다고들 하여 되도록 참고 웃지 않으려 애쓰는 것도 꽤나 힘들었던 모양이다. 그리고 일본의 풍습과 완전히 반대의 풍경인 이른바 '여존남비'의 행태, 즉 초대를 해준 집의 안주인은 성장을 한 모습으로 자리에 앉아서 줄곧 손님들과 환담을 나누고 있는데, 남편은 음식을 나르고 그릇을 나르며 동분서주하는 모습은 정말 이해하기가 힘들었던 것 같다. 그리고 새끼돼지 통구이 요리가 나온 것을 보고는 깜짝 놀라, 마치 귀신의 소굴에 간 것 같은 착각을 일으키기도 했다고 한다.

그런가 하면 반대로 승마를 하는 일본인을 보고 이번에는 미국 사람들이 놀라기도 하고, 미국의 초대 대통령 조지 워싱턴의 자제가 지금 무슨 일을 하고 있는지에 대해 무관심한 미국인들의 태도에 일본인들이 놀랐다고 적고 있다. 봉건사회에서 살고 있는 인간이 느닷없이 근대 선진 자본주의 사회에 던져진다면 어떤 내적 갈등과 변화를 경험하게 되는지를 견미사절단 일행은 생생하게 체험했던 것이다. 이런 사실들은 『후쿠옹자전』에 상세하게 기술되어 있다.

이미 봉건사회의 질서에 의문을 가진 채 그곳으로부터 벗어나고자 했던 그는, 미국의 근대문명을 직접 목격한 이후 새로운 문명에 눈을 떠가기 시작했다. 그는 귀국하면서 처음으로 『웹스터(Webster) 영어사전』을 들고 들어왔다.

후쿠자와 유키치가 미국으로 출발한 것은 1860년 정월이었고 귀국은 그해 5월로, 미국 여행에는 반년이 채 안 되는 기간이 소요되었다. 그러나 그사이 일본에서는 탄압정책에 반감을 가진 무사

미국 여행 중에 미국인 소녀와 함께 찍은 사진.
'여존남비'의 풍습에서 새로운 문화적 충격을 받은 그는
귀국할 때 『웹스터 영어사전』을 들고 오기도 했다.

들이 이이 나오스케를 암살하는 사건[15]이 발생했고, '안세이'(安政)에서 '만엔'(万延)으로 연호가 바뀌어 있었다. 이이 나오스케의 암살사건을 계기로 존왕양이운동은 다시 고조되었고, 이를 막기 위한 수단으로 고메이(孝明) 천황의 누이인 가즈노미야(和宮)를 도쿠가와 이에모치 쇼군에게 출가시키려는 음모가 진행되고 있었다. 그 결혼은 결국 2년 뒤에 실현되었다.

한편 존왕양이를 신봉하는 우국지사들에 의해 서양인을 대상으로 한 테러 사건이 빈발했다. 1860년 말 미국총영사 해리스의 네덜란드인 통역관 휴스켄(H.C.J. Heusken)이 암살되는 사건이 발생했고, 이듬해에는 영국공사 일행이 습격을 당하는 사건이 잇달았다. 그리고 러시아 함대가 대마도에 입항하여 기지를 구축하려 드는 일까지 일어났다.

이런 와중에도 양학을 지망하는 학생들의 수는 늘어났고, 후쿠자와의 숙도 번창하기 시작했다. 미국을 체험하고 귀국한 뒤 그의 숙은 영어를 중심으로 원서 강의를 하는 형식으로 바뀌었다. 1861년에 후쿠자와가 저술한 최초의 대역서『증정화영통어』(增訂華英通語)는 중영(中英) 대역서『화영통어』(華英通語)를 재편집한 것으로, 영어 단어에 가나로 발음을 달고 일본어 풀이를 넣은 책이었다.

이후 그는 영어실력을 인정받고 막부의 외무성에 고용되어, 영국공사와 미국공사가 막부에 보내는 외교문서를 번역하게 되었다. 이 일은 영어실력 향상에도 도움이 되었지만, 무엇보다 자유로이 막부의 외교문서를 열람할 기회를 얻을 수가 있어 국제사회에 대한 정보를 획득할 기회가 많아지게 되었다. 그가 번역한 외교문서는 『후쿠자와 유키치 전집』(福澤諭吉全集) 제20권에 수록되어, 이 방면의 연구자에게 귀중한 자료로 활용되고 있다.

1861년 12월 20일 막부는 다케노우치 시모쓰케노카미 야스노리(竹內下野守保德)를 단장으로 한 총인원 38명의 '견구(遣歐)사절단'을 새로이 구성했다. 이번 사절단은 1858년 5개국조약에서 체결된 조항 가운데 에도와 오사카의 시장 개방과 효고(兵庫, 효고 현의 고베 항)의 개항을 연기해줄 것을 요청하는 임무도 띠고 있었다.

후쿠자와는 마쓰키 고안(松木弘安)과 후쿠치 겐이치로(福地源一郞) 등과 함께 통역관으로 참여하게 되었다. 마쓰키 고안은 나중에 데라시마 무네노리(寺島宗則)로 개명하는데, 이후 외무대신의 자리에 올라 조약 개정에 관한 책무를 수행하는 인물이 되며, 후쿠치 겐이치로 또한 '도쿄일일신문사'의 주필과 사장을 거쳐 메이지 신정부의 근대화정책 수행에 일조하게 된다.

일행은 영국 군함에 승선하여 인도양을 거쳐 홍해로 들어간 뒤 수에즈에 상륙하여 기선을 탔다. 이집트의 카이로에서 이틀 밤을 묵은 뒤 알렉산드리아로 가서 다시 배를 타고 프랑스의 마르셀·리옹·파리, 그리고 영국, 네덜란드, 독일, 러시아의 페테르부르크와 포르투갈의 수도를 방문한 뒤, 프랑스의 군함을 타고 이듬해 12월 연말이 가까워 귀국한다. 이 여행은 후쿠자와에게 큰 수확을

안겨주었다.

"이를테면 여기에 병원이라는 기관이 있다. 그런데 그 입원비
는 어떤 식으로 책정하고, 또 누가 대는 것일까. 또 은행이라는
기관이 있는데, 금전의 입출금은 어떻게 관리하고 있을까. 우편
제도라는 것은 어떤 취지로 제정되어 시행되고 있을까. 프랑스
에서는 징병제를 장려하고 있으나 영국에는 징병제가 없다고
하니, 그 '징병령'이라는 것은 원래 어떤 취지에서 제도화되었
을까. 이러한 사정들을 도무지 알 길이 없다. 또 정치에서도 선
거법 같은 법령은 도무지 이해할 수가 없다. 그래서 선거법이란
어떤 법령이고 국회란 어떤 기관인지 질문을 했더니, 질문 받은
사람이 그저 웃고만 있다.〔……〕또 정당으로는 보수당과 자유
당, 군소 정당들이 있는데, 쌍방이 맹렬하게 투쟁을 한다고 한
다. 태평무사한 사회에서 정치투쟁을 한다니 무슨 소리인지 도무
지 알 수가 없다. 이건 정말이지 보통 문제가 아니다. 무슨 짓들
을 하고 있는지 모르겠다."(『후쿠옹자전』, 전집 7, 107~108쪽)

이 여행을 통해 후쿠자와는 자본주의 사회의 문화, 의회정치의
형태, 민주주의의 이념과 원리 같은 문제에 비로소 눈뜨게 되었
다. 지난번 미국 방문 때 그가 품었던 의문, 즉 '지금 워싱턴 대통
령의 자제는 어떻게 지내는가' 하는 질문에 대해 어떤 미국인이
'워싱턴의 자제 가운데는 아마 딸이 있을 것이다. 지금 무슨 일을

하고 있는지는 모르지만 필경 누군가의 아내가 되어 있을 것'이라며 무관심하던 태도가 이제야 이해되었던 것이다. 이런 점에서 이번 유럽여행은 지금껏 살아온 한 생애의 결산으로서의 의미를 갖는다고도 할 수가 있었다.

봉건시대의 일본이 서구의 자본주의 사회로부터 받은 충격에 어떤 방식으로 대응했는지를 파악하는 것은 '일본의 근대'의 성격을 고찰하는 데 매우 중요한 단서가 될 것이다.

당대의 대표적인 사상가 사쿠마 쇼잔(佐久間象山)[16]은 '동양의 도덕, 서양의 예술'[17]이라는 말을 남겼다. 여기서 말하는 '예술'이란 '기술'이라는 의미다. 즉 서구문명의 도입을 기술적인 면과 물질적인 면으로만 한정하고, 윤리적인 면과 정신적인 면에서는 과거에 해오던 대로 유교적 도덕을 지켜가겠다는 의미를 가지고 있다.

사쿠마의 논리처럼 당시의 근대적인 사상가들은 정신적인 면에서 봉건적 도덕을 유지하겠다는 생각을 가질 수밖에 없었다. 그리하여 그들은 물질문명을 탄생시킨 정신에 대해서는 거의 외면하거나 말하려 하지 않았다. 이러한 사고방식은 일찍이 스가와라노 미치자네(管原道眞)가 말한 이른바 '화혼한재'(和魂漢才)라는 표현을 모방하여 '화혼양재'(和魂洋才)라고 불린다.

이런 점에서 볼 때 후쿠자와 유키치는 동시대의 다른 어떤 사상가와도 다른 생각을 가지고 있었다. 그는 그런 사상가들과는 대조적으로 근대 자본주의 문명을 그 문명을 만들어낸 정신에서부터 이해하고자 했던 것이다.

'문벌제도는 부모의 원수'라 단정하고 고향 나카쓰를 탈출했던 그는, 봉건 질서로부터 탈출한 결과물로 자본주의 사회라는 전혀 다른 질서의 이미지를 가슴 한가운데에 품을 수가 있었다. 그러고는 이제 마침내 그는 그 이미지를 확고한 사상적 규범으로 삼게 되었다.

2

문명 상像의 형성과정

'문명'이라는 새로운 개념

"갑이라는 상인이 물건을 잘 만든다고 하면, 을은 그것보다 한층 더 잘 만들어 손님을 끌어들일 것입니다. 그렇게 서로 다투어서 물가도 안정되고 금리도 안정이 되는 것이지요. 이것을 '경쟁'이라고 하는 것입니다."

막부의 편에 서서 양이론을 공격하다

유럽에서 귀국한 후쿠자와 유키치는 28세가 되어 있었고, 이제 는 '문명'이라는 관념을 어느 정도 자신의 내부에 확립시켰다고 할 수가 있었다. 이제 과제는 이 문명이라고 하는 관념을 끌어내 봉건의 색채로 가득 찬 일본사회에서 어떻게 구체화시켜가느냐 하는 문제였다.

후쿠자와가 귀국한 1862년 말과 이듬해인 1863년은 존왕양이 운동이 극에 달해 있던 때였다. 존양파의 거점 역할을 하고 있던 조슈(長州: 오늘날의 야마구치 현) 번에서 병사들이 5월 10일 시 모노세키 해협을 통과하던 미국 선박을 포격했고, 같은 달 23일에 는 프랑스 함대를, 6월 1일에는 미국 함대를 포격했다. 사쓰마(薩 摩: 오늘날의 가고시마 현) 번은 나마무기(生麥) 사건[1]의 보복으 로, 내항한 영국 함대와 함포사격을 교환했다.

한편 급진적 존양파가 1863년 교토(京都)에서 추방당하는 정치 적인 변동을 겪으면서 정국의 주도권을 뺏기자, 이런 수세적 정세 를 만회하기 위해 조슈 번의 존왕양이파는 이듬해인 1864년 7월 왕궁에 대포를 쏘는 등 조정과 완전히 결별하는 자세로 돌아섰다. 때마침 미국 · 영국 · 프랑스 · 네덜란드로 구성된 연합함대는 지 난해 포격사건들의 보복 차원에서 시모노세키를 포격하여 한때 육군 전투병력을 상륙시키기까지 했다. 이에 막부는 조슈 정벌을 명하여 무력으로 조슈 번을 굴복시켰다.

이런 시련을 겪은 조슈 번에서는 단순한 양이는 불가능하다는 사실을 깨닫는 한편, 중앙정부인 막부를 멸망시키겠다는 이른바 도막론(倒幕論)을 공론화하기에 이르렀다. 막부는 이에 대응하여 제2차 조슈 정벌군을 일으켰지만, 조슈 번은 사쓰마와 연합군을 편성하여 오히려 정부군을 패배로 몰고 갔다.

당시 미국은 남북전쟁을 수행하고 있어 일본에 적극적으로 개입할 처지가 못 되었다. 또한 영국은 일본의 막부 정권이 가망이 없다고 판단하여 사쓰마와 조슈 양 번의 세력을 이용하여 일본을 안정시키고자 했다. 사쓰마와 조슈 역시 1864년 이후로는 적극적으로 영국에 접근해갔다. 반대로 영국과 적대적이던 프랑스는 막부를 지지하고 막부에 차관을 제공하는 등 서양의 열강들은 저마다의 계산법에 따라 침략의 손길을 뻗어가고 있었다.

후쿠자와는 이러한 정쟁에 직접 관여하지 않았다. 존왕양이운동은 서구 열강의 압력에 저항하는 내셔널리즘의 형태를 지니고 있기도 했지만, 당시의 후쿠자와가 이러한 국제정세의 흐름까지 판독하고 있지는 않았을 것이다.

그러나 실제로는 후쿠자와 자신도 이 어지러운 정쟁과 무관하지 않았거니와 무관심할 수도 없었다. 그는 여전히 막부의 외무성에 고용되어 외교문서의 번역업무를 수행하고 있었고, 그 덕분에 정쟁이 대외관계에 미치는 동향을 주의 깊게 관찰할 수 있었다.

막번체제는 원래 신분제도를 바탕으로 하여 성립된 제도다. 에도에 막부를 세운 도쿠가와(德川) 정권의 통치 시스템을 막번체제라 하고, 막부의 우두머리를 쇼군, 번의 우두머리를 번주(藩主) 또는 다이묘(大名)라 했다. 시기별로 다소의 차이가 있으나, 전국을 약 260명의 다이묘가 나누어서 각기 자신의 번을 통치하는 시스템이다. 그들은 출신성분에 따라 권한과 의무가 천차만별이었고 막부로부터의 대우도 서로 달랐다.

다이묘는 출신성분에 따라 세 등급으로 분류되었다.

첫 번째는 친번(親藩) 다이묘라는 도쿠가와 이에야스의 직계 그룹으로, 이들은 피를 이어받은 자식들이다. 도쿠가와에게는 열한 명의 아들이 있었다. 장남은 오다 노부나가(織田信長)의 사위가 되었으나, 적장인 다케다(武田)와 내통했다는 혐의로 장인 오다에 의해 할복자살을 강요당해 일찍 죽었다. 차남은 도요토미 히데요시(豊臣秀吉)에게 양자로 보내졌지만, 후일 마쓰다이라(松平)라는 성씨를 가지고 도쿠가와 가문으로 복귀한다. 그래서 삼남인 히데타다(秀忠)가 부친인 이에야스의 뒤를 이어 2대째의 쇼군이 되면서 나머지 아들 모두가 주요 지역의 다이묘로 임명되었다. 이들이 이른바 친번 다이묘인 것이다.

두 번째는 후다이(譜代) 다이묘라 하여 도쿠가와가 어릴 때부터 대대로 생사고락을 함께해온 토박이 가신을 말한다. 이들은 가장 믿을 수 있는 심복 부하들이기 때문에 친번 다이묘와 똑같이 후한 대접을 받았다. 영지도 비옥하고 접근이 용이한 살기 좋은 곳에 배치되었으며, 중앙의 막부 정권 고위직에는 후다이 다이묘의 직계 또는 친인척이 임명되도록 제도화했다.

세 번째는 도자마(外樣)² 다이묘라 하여, 쇼군인 도쿠가와 이에 야스가 천하통일을 한 마지막 결전 당시 적군인 도요토미 군으로 부터 항복해오거나 영입한 무사단을 일컬어 도자마 다이묘라고 한다. 이들은 언제 다시 배신할지 모른다는 불안감으로 인해 항상 감시당하고 홀대받았다. 때문에 교통도 불편하고 개간도 되지 않은 척박한 벽촌에 영지를 두게 되면서도 많은 의무를 부과받는 등의 차별을 받았다.

그런데 다이묘에게는 두 가지 특권이 있었는데, 하나는 막부에서 정해놓은 기본적인 영을 위반하지 않는 한 대대로 세습이 보장된다는 것이었고, 또 하나는 인사권과 재정의 집행권은 중앙정부인 막부의 간섭을 받지 않는다는 독립채산제의 보장이 그것이었다.

경제 측면에서 볼 때 다이묘는 자립적인 체제를 강구해야 했기 때문에 각 영지와 마을마다 일국일품(一國一品), 일촌일품(一村一品)의 특산품을 개발해야만 했다. 이들은 메이지유신이 일어날 때까지 260년간 흔들림 없이 세습체제를 유지한 채 독립채산제를 실시함으로써 현대 일본의 지방자치제도를 견실하게 하는 밑거름이 되었다.

그러나 위기에 처한 19세기 중반에 가서는 신분에 관계없이 유능한 인재를 발탁하여 등용하는 분위기가 생겨났다. 후쿠자와는 1864년 10월에 번역 능력을 인정받아서, 나카쓰 번의 파견인력 신분에서 막부 직속인 외무성 책임국장의 번역관 신분으로 고속 승진을 하게 되었다.

나가사키 출신 의사의 아들인 후쿠치 겐이치로도 그랬고, 효고 현에서 온 군사전문가의 아들 가토 히로유키(加藤弘之)도 그랬다. 시마네 현에서 온 의사의 아들 니시 아마네(西周)는 이미 번역관이 되어 있었다. 이들은 메이지 신정부에서 공을 세운 학자, 저널리스트 들로 훗날 크게 이름을 떨치게 되는 인물들인데, 나카쓰 번 하급 번사의 아들 후쿠자와도 이들의 대열에 끼게 된 것이었다. 이들이 봉건사회의 신분질서를 깨면서 세상에 이름을 낼 수 있었던 것은, 양학에 대한 조예가 깊었던 데서도 물론 그 원인을 찾을 수 있겠지만 무엇보다 새로운 것에 대한 관심과 열정, 세상의 변화를 감지하는 예리한 판단력, 그 변화를 두려워하지 않고 능동적으로 주도해나가는 근대적 정신 덕분이라고 할 수 있다.

1865년경에 쓴 「당인왕래」(唐人往来)에서 후쿠자와는 이렇게 말하고 있다.

"일본 한 나라만을 가리켜 스스로 신국(神國)이라느니 떠들고, 세상과의 교류를 피해 홀로 칩거하면서 서양사람을 추방하겠다는 것은 너무나도 도리에 맞지 않는 일이 아니겠는가."(「당인왕래」, 『후쿠자와 전집 서언』, 전집 1, 14쪽)

후쿠자와는 양이론을 시대착오적인 발상으로 못 박고, 양이론을 주장하는 우국지사들을 사기꾼으로 몰았다. 당시 후쿠자와의 견해와는 달리 양이를 주장하던 사람들 가운데는, 이를테면 아편전쟁으로 영국이 중국을 침략하는 것을 보고 난 뒤 국가의 존립이 위협받는다는 절실한 위기감으로 존왕양이운동에 뛰어든 사람도 물론 있었다.

그러나 후쿠자와의 양이혐오증은 해가 갈수록 더해가서, 1866년 막부 정권이 2차 조슈 정벌군을 파병할 때는 막부에「건백서」(建白書)를 제출하여 존왕양이론을 허탄망설(虛誕妄說)이라고 비판하기도 했다. 그는 이 전쟁이 전국 방방곡곡을 뒤덮을 쟁란의 발화점이 되어 일본을 사분오열시키고, 다시는 돌이킬 수 없는 형국으로 만들 것이라고 우려했다. 그리하여 그는 조슈의 죄상을 온 세상에 알리고, 나아가 조슈 번을 무찌르기 위해 서양의 군대를 요청할 것을 대책으로 제시했다. 여기에 들어가는 비용은 서양의 차관에 의존하되, 조슈 번을 격파하게 될 경우 거기서 거둬들이는 수입으로 20년간 모두 충당할 수 있을 것이라고 주장했다.[3]

그러나 후쿠자와는 여기서 한 가지 중요한 포인트를 간과하고 있었다. 그는 존왕양이의 주장이 내포하고 있는 내셔널리즘의 열기를 전혀 평가하지 않았던 것이다. 그는 이들을 단지 보수반동으로, 일본의 문명화를 방해하는 장애물로밖에 파악하지 않았던 것이다. 일본의 문명화에 대한 열망으로 가득 차 있던 근대화론자 후쿠자와 유키치가, 오히려 막부의 열렬한 옹호자가 되어 싸우던 아이러니의 시대였던 것이다.

『서양사정』, 모든 일본인을 위한 책

후쿠자와는 문명개화의 이념을 세상에 알리기 위해 번역과 저술 활동으로 점차 자신의 영역을 확대해나갔다. 이 시기에 저술한 저작 가운데 가장 대표적인 것이 『서양사정』이다.

『서양사정』은 초편 세 권, 외편 세 권, 제2편 네 권으로 각각 1866년, 1867년, 1870년에 간행되었다. 이 책은 엄청난 인기를 얻어서, 초편의 경우 저자가 직접 확인한 발매부수만 15만 부에 이르고, 여기에 오사카와 교토를 중심으로 유행한 위판본까지 합하면 25만 부 정도로 추정되고 있다 하니,[4] 그 독자층이 얼마나 광범위했는지 미루어 짐작할 수가 있다. 1867년 '대정봉환'(大政奉還)[5]을 주도한 도사(土佐) 번의 무사 고토 쇼지로(後藤象二郎)가 쇼군 도쿠가와 요시노부(德川慶喜)에게 대정봉환을 설득할 당시, 일본의 최고 권력자인 요시노부도 이미 『서양사정』을 읽었다는 사실을 확인하고 있다.

일본인들에게 서양사회를 알리고 이해시키겠다는 목적으로 저술된 이 책의 내용은 크게 두 가지로 요약할 수 있다.

그 하나는 서양사회의 제도와 사회상, 이념 등에 관한 일반적인 소개다. 그리고 다른 하나는 미국·네덜란드·영국·러시아·프랑스 등 각국의 역사와 현실에 대한 설명이다. 이 책은 체임버스 형제(William & Robert Chambers)가 펴낸 『정치경제학교본』 (*Chambers's Educational Course: Political Economy for Use in*

Schools and for Private Instruction) 외에도 여러 편의 서양 서적을 참조하여 저술한 것인데, 일본사회와는 완전히 다르면서 철두철미한 서구사회와 부딪쳤을 때의 놀라움과 경이로움, 그리고 그로부터 발견하게 된 실상을 일본인에게 전달하겠다는 것이 이 책을 저술한 목표이자 후쿠자와가 가진 문제의식이었다. 서구의 책을 다수 참고하기는 했지만, 이런 개인 의지가 반영된 까닭에 이 책은 오늘날의 독자에게도 흥미와 감동을 주고 있다.

『서양사정』의 특색 가운데 하나는 서양의 제도에 대한 진지한 관심이다. 그런데 일본에는 존재하지 않는 서양의 사물을 소개하는 작업인 관계로 부득이 '번역어'를 만들어내야 하는 과정이 필요했다. 더구나 번역어는 일반 독자가 이해하기 쉽게 만들어야 하기 때문에 거듭 장황한 해설이 필요할 수밖에 없었다. 예를 들면, 일본사회에는 'freedom'과 'liberty'에 대한 개념이 존재하지 않으니 고심 끝에 이들 단어에 '자주임의'(自主任意) 또는 '자유' 등의 역어를 부여하는 과정이 필요했던 것이다. 그런 고민 끝에 'post office'를 비각장(飛脚場: 우체국)으로, 'postage stamp'를 비각인(飛脚印: 우표)으로 번역했고, 또 'book keeping'을 장합(帳合: 복식부기)으로 번역하여 일본 최초의 복식부기의 기원을 마련했다. 'right'를 '통의'(通義)라 했지만, 그것만으로는 자유와 권리가 무엇인지 모르는 독자들이 이해하기 어렵다고 생각하여 각각 여러 쪽에 걸쳐서 설명을 곁들이고 있다. 후쿠자와는 『서양사정』 초편의 「머리말」에서 다음과 같이 기술하고 있다.

66

1866년에 펴낸 『서양사정』 초판본. 문명개화의 이념을 서술한 책으로,
당시 일본의 최고 권력자인 요시노부도 이 책의 영향을 받았다.

"서양의 서적이 우리나라에 수입된 지가 이미 오래고, 번역을 거친 것이 또한 적지 않다. 그리하여 물리과학·지리·병법·항해술과 같은 제 학문이 날로 격차가 나고 달이 갈수록 명료해져서, 우리의 문명의 정치를 돕고 부족한 무비(武備)를 보충하는 데 도움이 되는 바가 어찌 또한 크다 하지 아니하겠는가. 그렇다고는 하나 내가 곰곰 생각하건대, 오직 서양의 학문과 기술을 강구할 따름이지 그 각국의 정치와 풍속이 어떠한지를 상세히 기술하지 않았기 때문에, 설령 그 학문과 기술을 얻었다고 할지라도 그 정치의 근본에 반하지 않음으로써, 단지 실익이 없는 것만이 아니라 오히려 해악을 초래할 것이라는 점도 역시 계산하지 않을 수가 없을 것이다. 무릇 각국의 정치와 풍속을 눈으로 확인하기 위해서는 그 역사를 읽는 것이 우선이다. 하지만 세인은 저 지리(地理)를 비롯한 제 학문을 성급하게 받아들이겠다는 욕심으로 더러는 이러한 것을 읽는 사람이 매우 드물다. 참으로 학자들의 결점이라고 해야 하겠다."(『서양사정』, 전집 1, 285쪽)

이 글에서 후쿠자와는 근대 자본주의 체계를 가치의 기준으로 삼아서 일본의 봉건사회를 바꾸어보고 싶다는 의지를 말하고 있다. 바로 이 점이 '화혼양재'를 주장하는 사람들과 후쿠자와와의 차이점이기도 하다.

전자는 단지 서양사회의 학문과 기술의 성과만을 수입해 이용하려고 하는 반면에 후쿠자와는 정치와 문화는 어떠한가, 하는 관점에서 출발하여 근대사회를 근본적으로 파악하고자 했던 것이다. 그리하여 후쿠자와는 초편의 본문을 '정치'라는 과제로 시작하고 있다.

"정치에는 세 가지 형태가 있다. 이르기를 입군정치(立君政治, monarchy: 군주정치), [……] 귀족합의정치(貴族合議政治, aristocracy: 귀족정치), [……] 공화정치(republic) [……]라 한다. 또한 입군정치는 두 가지 형태로 구별된다. 오로지 군주 한 사람의 뜻에 따라서 정치를 하는 것을 입군독재(立君獨裁, despot)라 하는데, 러시아나 중국 등과 같은 정치가 곧 이것이다. 국가에 두 사람의 왕이 없다고는 하나, 일정한 국법이 있고 군주의 권력을 억제하는 것을 입군정률(立君定律, constitutional monarchy: 입헌군주제)이라고 한다."(『서양사정』, 전집 1, 289쪽)

번역어가 현대의 용어와 일치하지 않지만, 내용은 오늘날의 정치학에서 다루고 있는 것과 크게 다르지 않다. 번역어 선택에 얼마나 고심했는지를 알 수 있는 대목이기도 하다.

그는 문명의 정치의 요건으로 자주임의(自主任意: 자유), 신교(神教: 종교)의 자유, 기술과 학문을 장려하여 신 발명의 길을 여는 것, 학교를 세워 인재를 교육하는 것, 법치제도를 확립하여 민생을 책임지는 것, 사회복지시설을 설립하여 빈민을 구제하는 것 등 여섯 가지 항목을 들고 있다. 이런 사실에 의거하여 막부 정권의 정치만이 유일무이한 정치형태가 아니라는 점을 부각시켰다. 그리고 문명의 정치는 막부정치와 같은 봉건 전제정치가 아니라는 점도 분명히 밝히고 있다.

'정치' 항목에 이어서 조세법, 국채, 지폐, 상인의 회사, 외교, 병제, 학문과 기술, 학교, 신문, 도서관, 병원, 노약자 수용소, 벙어리학교, 맹인학교, 정신병원, 지진아학교, 박물관, 박람회, 증기기관, 증기선, 증기기관차, 전신기, 가스등, 그리고 부록으로 태양력, 온도, 도량형, 화폐에 이르기까지 모든 분야에 걸쳐 문명국의 현황을 자세히 설명하여 소개했다.

여기서도 몇 가지 특기할 만한 내용이 있는데, 첫째는 정치제도에서 시작하여 이른바 물질문명으로 설명이 넘어간 것으로, 전자를 근본으로 하고 후자를 종속적인 것으로 보고자 했음을 알 수 있게 한다. 둘째는 경제 분야의 다양한 제도에 대한 깊이 있는 통찰이다. 이는 생활의 기본을 경제에 두고자 하는 그의 사고방식을 말하는 것이기도 하다. 셋째는 사회시설의 구체적인 소개와 설명에 역점을 두고 있다는 점이다. 그 사회시설은 사회적인 교육을 목적으로 하는 시설도 있고 약자를 보호하기 위한 보호시설의 성격을 가진 것도 있다. 양자는 모두 일본의 봉건사회에는 존재하지 않았던 공익성을 지닌 기관들이다.

사람은 나면서부터 곧 자유할 권리를 갖는다

『서양사정』의 특색 가운데 또 하나는 이념에 대한 그의 관심이 표명되어 있다는 점이다. 예를 들면, 초편의 제2권에서는 1776년에 발표한 미국「독립선언서」를 번역해 싣고 있다.[6]「독립선언서」에는 그 유명한 "All men are created equal"이라는 문구가 있다. 후쿠자와는 이 구절을 "하늘이 사람을 낳은 것은 만민이 같은 경과이므로"라고 번역해놓았다. 후쿠자와에게 깊은 감동을 준 구절임이 틀림없으리라. 나중에 그는 『학문의 권유』에서도 이 구절을 살려서, "하늘은 사람 위에 사람을 만들지 않고, 사람 밑에 사람을 만들지 않았다고 했다"[7]고 기술하고 있다.

이념에 관한 그의 관심은 사유권에 대한 언급에서도 엿볼 수 있다. 그는 "문명한 인민은 사유에 대한 변별이 더욱 활발하고 치밀하다"[8]고 역설했다. 또 사유권의 역사를 간단하게 설명하고, 동산과 부동산의 구별, 국채와 사유권, 주식회사와 사유권, 특허권, 저작권 등에 관해서 상세하게 설명하고 있다. 그리하여 "사유권을 보호하는 것은 곧 그 사람의 노동을 보호하는 것"이라고 설명했다.

특히 후쿠자와는 '자유'와 '권리'에 대한 관심을 설명하고자 했다. 제2편에서는 초편에서와는 달리 'liberty'에는 '자유'라는 역어를 찾아냈으나 'right'에는 아직도 '통의'라는 역어를 쓰고 있는데, "사람에게 삶의 자유라고 하는 것은 그 통의(권리)다"라고 한 말의 의미는 다음 인용문에서 잘 설명되고 있다.

"사람은 태어나면서부터 독립불기(獨立不羈)의 존재인 이상 속박을 당할 까닭이 없고, 마땅히 자유자재(자유)해야 할 도리를 갖는다는 것이다."(『서양사정』 제2편 1권, 전집 1, 487~488쪽)

앞의 '자유'나 '통의'도 그렇지만, 후쿠자와는 기차의 '기'(汽)자나 기선의 '기'를 중국의 『강희자전』(康熙字典)에서 찾아내 활용했다. 'copyright'(판권)는 '장판(藏版)의 면허'라는 용어로 번역했으니, 판권이라는 단어의 전 단계였던 셈이다.

민중의 의식을 깨우는 계몽주의자

『서양사정』의 세 번째 특색은, 이 책이 계몽적인 성격을 지니고 있다는 것이다.

『서양사정』 초편에는 두 장의 그림이 삽입되어 있는데, 이 한 장의 상단에 '증기, 제인(濟人, 제민(濟民)), 전기, 전신'의 여덟 글자를 싣고, 가운데에는 지구 위에 세계지도를 그려놓았다. 그 지구둘레 전체에 전신주를 세워 전선을 설치했고, 그 전선을 밟으면서 양복차림의 배달부가 달리는 모습을 묘사해놓았다. 또 서양식 첨탑이 설치된 건물과 기구(氣球)가 공중에 떠 있는 모습, 기차와 기선이 힘차게 대륙과 해양을 전진하는 모습 등을 역동적으로 묘사하여, 서양의 문명사회를 상상하고 동경하기에 부족함이 없도록 그려놓았다.

다른 한 장에는 상단에 '사해(四海), 일가, 오족(五族), 형제'라는 여덟 글자를 써놓고, 그 아래에는 가운데에서 아래쪽으로 세계에 분포해 있는 다섯 종류의 각기 다른 인종의 얼굴을 그렸다. 그리고 지구의와 망원경, 알파벳으로 쓴 양서와 컴퍼스, 두루마리 종이 등을 배치해놓았다. 특이한 것은 오족의 그림 가운데 서양사람과 중국사람의 모습을 대칭으로 배치하여 유독 크게 그려놓은 것이다. 이 그림을 통해 후쿠자와는 일본을 넘고 중국을 넘어 저 큰 세계를 보라는 관념을 독자에게 제시하는 듯한 인상을 주고 있다. 또 중국사람과 서양 백인의 모습을 두 배나 크게 묘사해놓은 것은 아마도 그의 의식세계가 양극단에서 출발하고 또한 귀착하고 있다는 것을 시사하고 있는 듯하다.

200년이 훨씬 넘는 시간을 쇄국정책 아래 보냈던 일본인에게 서양이라는 문명의 세상이 존재한다는 사실은 공포에 가까운 충격이었다. 지구라고 하는 공간에서 살고 있다는 사실조차 생경한 일본인들에게, 후쿠자와는 이 신기한 구형 위에서 우리 모두가 '사해, 일가, 오족, 형제'로 관계 맺고 있음을 시각적으로 납득시키려 한 것이었다.

1867년 정월, 『서양사정』 초편이 간행된 후 후쿠자와는 다시 미국행에 올랐다. 막부가 미국에 제작 주문한 군함을 매입하는 것이 이 세 번째 서구여행의 목적이었다. 미국과 일본 사이에 개통된 4000톤급의 대형 우편선 콜로라도 호는 출항 22일 만에 샌프란시스코에 도착했다. 아직 철도가 개설되어 있지 않았던 때라 파나마로 우회하기 위해 샌프란시스코에서 2주일가량 체류한 뒤, 태평양 기선회사의 다른 배에 옮겨 타고 파나마로 갔다. 기차와 배를 번갈아 타고 마침내 뉴욕에 도착한 것은 3월 19일이었다. 사절단의 공식행사는 워싱턴에서 미국의 국무장관을 만나는 것으로 시작되었다.

사절단 일행이 지참한 돈은 요코하마에 거점을 두고 있던 서양 상인을 통해 환어음으로 만들어 가져갔다. 간린마루 때는 환제도를 이용할 줄 몰라서, 자루에 넣어 함장실에 쌓아두었던 미국 달러가 거친 파도에 배가 요동치면서 배 안에 흩어져버렸던 일도 있었으니, 그때의 사정과 비교하면 이번 여행은 제법 여유가 생긴 셈이었다. 그러나 귀국하자마자 후쿠자와는 막부로부터 '근신령'이라는 징계를 받게 된다. 그가 근신을 받게 된 데는 두 가지 이유가 있었는데, 하나는 사절단의 위원장인 오노 도모고로(小野友五郎)와의 충돌이 직접적인 원인이었다. 오노는 오늘날의 직책으로 하면 정부 내의 회계검사 담당관쯤으로, 말하자면 경리업무에 밝은 사람이었다. 그는 원서를 대량 구입해서 귀국 후 비싸게 팔면 막부의 재정에 도움이 될 것이라 생각하여 후쿠자와에게 그 구입을 명하였던바, 후쿠자와에게서 보기 좋게 거절당한 일이 있었다.

"그렇게 하면 정부는 장사를 하는 것이오. 나는 장사의 거간꾼 노릇을 하기 위해 온 것이 아니오. 하지만 정부가 장사를 하겠다고 나선다면 나 역시 장사꾼이 되겠소. 대신 나는 충분한 커미션을 받겠소. 어떻소, 아무래도 상관이 없소. 정부가 사들인 값으로 팔겠다고 하면 나는 어떻게든 최선을 다할 것이오. 책을 심사하여 값을 깎고 또 깎아 싸게 매입해주겠지만, 정부가 돈벌이를 하겠다고 한다면 정부만 돈을 벌도록 하지는 않겠소. 나도 함께 벌겠소. 자, 이것이 관상(官商)의 갈림길이오. 어떠하오.”(『후쿠옹자전』, 전집 7, 135쪽)

가난한 서생을 상대로 이익을 남기겠다는 막부의 옹졸한 명령을 거절한 후쿠자와는, 막부의 엉거주춤한 개국론에 대해서도 비판하고 나섰다. 거침없이 떠드는 그의 방약무인한 태도는 상관의 비위를 거슬렀다.

“어떻게 해서든 이 막부는 무너져야 한다. 도대체 지금의 막부 정권이 하는 꼴을 보라.〔……〕 정말이지 아니꼬운 정부다. 그것도 좋다. 이 양이는 어떤가. 상황이 그러니 어쩔 수 없이 개국론을 주장하고 있겠지만, 내막을 보면 양이론의 본산이다. 시나가와(品川)의 나마코 포대(砲臺)도 모자라 새로 또 만들고 있지 않은가. 그리고 또 가쓰 린타로(勝麟太郞)[9]가 고베에 가서 풍로 모양의 흰색 둥근 포대를 구축한다니 대체 무슨 소린가. 양이를 하기 위한 준비 아닌가. 그런 정부라면 때려 부숴버리는 것이 낫다.”(『후쿠옹자전』, 전집 7, 135~136쪽)

청년시절의 후쿠자와 유키치.
그는 두 번째 미국방문시 경제, 문법, 미국사, 세계사를 다룬 책을
대량으로 구입해 귀국한 뒤 근신령에 처해진다.

귀국하면서 다수의 원서를 구입해온 것도 화근이 되었다. 뉴욕의 애플턴(Appleton) 서점 등과 흥정해 웨일런드(Francis Wayland)의 경제서를 비롯하여 경제, 문법, 미국사, 만국사(세계사), 영국사, 지리, 법률, 수학 등에 관한 책을 다량 매입했던 것이다. 더구나 센다이(仙臺) 번에서 총포를 사다달라며 맡긴 돈이 있었는데, 이제 와서 무기를 사들이는 것은 도움이 되지 않는다고 스스로 판단한 후 대신 양서를 잔뜩 사왔던 것이다.

이런 일들을 막부에서 묵과할 리가 없었다. 신분에 맞지 않는 구매를 했다 하여 근신령에 처해짐과 함께, 구입한 서적은 한동안 요코하마 항의 창고 속에 압류당해 있어야 했다. 이러한 정황으로 볼 때, 세 번째 서구 방문인 동시에 두 번째 미국행이었던 이번 여행의 목적은, 다시 한 번 근대사회를 직접 목도하고 확인하겠다는 의도와 함께 양서를 대량으로 구입하여 문명에 이바지하겠다는 것으로 이해할 수 있다.

메이지유신, 새로운 권력의 탄생

근신령이 해제되어 다시 막부에 출근하게 된 것은 1867년 10월 27일이었다. 후쿠자와가 근신 중인 동안에도 일본의 정세는 크게 요동치고 있었다.

10월 14일 쇼군 도쿠가와 요시노부는 천황에게 국가 통치권을 반환하고, 24일에는 쇼군 직위의 사퇴서를 제출했다. 막부는 막다른 지경에까지 몰린 상황에서도 실권을 유지하면서 물러나겠다는 의지를 보였으나, 800만 석을 유지하는 거대 다이묘로 존속하고 싶어했던 유서 깊은 도쿠가와 가문의 소망은 이루어지지 않았다. 존왕파는 곧바로 막부의 폐지를 선언했다.

12월 9일 이른바 '왕정복고령'이 내려지면서 이제 막부 정권은 영원히 역사 속으로 사라졌다. 왕정복고란 말 그대로 막부에 의한 무가정치(武家政治)가 폐지되고, 원래의 군주였던 왕이 지배하는 군주정체로 복귀한다는 의미다. 이로써 천황의 친정(親政)이 선언되면서 메이지 신정부가 출범하게 되었다. 새 정부는 이를 국외에 포고하여 승인을 구했고, 1868년 3월 14일에는 메이지 천황이 '5개조 서문'(五個條誓文)을 발포하여 정치 이념을 공고히 해나갔다.

1868년 7월 구 막부의 마지막 저항군을 우에노(上野)에서 굴복시킨 뒤 에도는 도쿄(東京)라는 이름으로 바꾸어 달았고, 9월에는 게이오라는 연호도 메이지로 변경되었다.

"요시노부 쇼군이 교토에서 에도로 돌아왔다는 그 시점에는, 조정이든 민간이든 할 것 없이 모두가 한바탕 큰 회오리가 일 것이라는 소문에 휩싸여 있었다. 무가(武家)는 말할 것도 없고, 긴 소매 옷을 걸친 학자고 의사고 스님이고 모두 정치이야기에 분주했다. 취한이나 광인처럼 사람이 사람 얼굴을 보면 그저 그 이야기뿐이고, 막부의 궁성 안에는 규율이고 예절이고 없었다."

(『후쿠옹자전』, 전집 7, 151~152쪽)

그때 후쿠자와는 막부에 고용된 관리 신분이었다. 외무성 번역
국의 일원으로 정미 100섬을 녹미(祿米)로 받는, 말하자면 중앙정
부의 정식 공무원이었다. 마침내 관군이 진격해온다는 소문으로
긴장과 혼란이 한창일 때, 그는 매일 출근하면서 마치 성안을 구
경하듯 정세를 관망하고 있었다. 당시에는 전쟁이 발발할 경우를
대비해 가재도구를 꾸려 피난을 떠나는 사람들이 많았다. 그러나
후쿠자와는 오히려 시바(芝)의 신센자(新錢座)에 150평짜리 건물
을 새로 지어, 여기에 '게이오 의숙'(慶應義塾)이라는 간판을 올
리고 있었다. 오늘날의 게이오 의숙은 바로 이런 때 이런 상황에
서, 당시의 연호였던 '게이오'를 붙여 새로운 모습으로 탄생했던
것이다.

에도 성(城)을 비워준 4월부터 새 정부에 맞서고 있던 창의대
(彰義隊)[10]는 마지막까지 저항을 했으나 우에노 전투에서 패하고
말았다. 이로써 메이지 신정부가 순조로운 전진을 해나가는 가운
데, 후쿠자와가 설립한 게이오 의숙은 관군의 병사나 적군의 병사
를 가리지 않고 모두가 들락거리는 집합소 같은 곳이 되어갔다.

  "내가 있는 곳에는 관군 쪽의 인사도 줄곧 오지만 적군 쪽의
  인사 역시 연이어 출입하고 있었다. 나는 관군이든 적군이든 전
  혀 상관하지 않았으며, 어느 편을 두둔하거나 편들지 않고 상대

하여 양쪽 모두가 친구였다."(『후쿠옹자전』, 전집 7, 156쪽)

이것이 격동기를 맞이한 후쿠자와의 태도였다.

마침내 천황이 교토를 출발하여 도쿄로 향했다. 에도 성은 도쿄 성이라는 새 이름으로 바뀌었고, 옛 지배자와는 다른 새로운 정치를 내외에 천명하기에 이르렀다.

그러나 후쿠자와는 이러한 정치정세의 변화에 관여하지 않았다. 그것은 후쿠자와가 이런 '대변혁'에 무관심해서라기보다 무관심해지는 것으로써 자신의 입지를 견지해가고자 했기 때문인 것으로 볼 수 있다.

봉건사회의 문벌제도를 부모의 원수라 하며 저주했던 후쿠자와는, 1866년 막부의 정부군에 의해 조슈에 대한 두 번째 정벌이 거행되었을 무렵에는 태도를 바꾸어 반 양이주의의 입장에 서서 막부를 지지하는 모습을 보였다. 그러나 이듬해 두 번째 미국 여행을 할 때의 태도는 또 달랐다. 표면상으로는 개국주의를 취하던 막부가 실질적으로는 양이사상으로 뭉쳐 있어 개명과는 거리가 먼 봉건사상 그대로인 데 실망감을 토로한 것은 앞에서 언급한 그대로다. 이런 실망감과 울분이 막부를 비판하는 발언으로 표출되면서 그는 근신처벌까지 받는 상황을 맞았던 것이다. 예를 들면 이런 언급에서 그의 태도는 좀더 분명하게 읽힌다.

"후년에 이르러서, 다이로(大老) 이이 가몬노카미(井伊掃部

頭)는 개국론을 주장한 사람이라느니 개국주의자라느니 하는 말을 세간에 퍼뜨리는 사람이 있는가 하면 책자로 펴낸 사람도 있는데, 개국주의자라니 새빨간 거짓말이다. 무엇이 개국론인가. 당치도 않은 이야기다.〔……〕 이이 다이로는 정말이지 도쿠가와가(家)의 확고부동한, 대대손손의 가신이며 다시없이 강인한 충신이기는 해도, 개국과 쇄국의 논의에서는 캄캄한 양이론자라고밖에 달리 평할 말이 없다. 다만 그 도쿠가와가 개국이라고 떠드는 것은, 외교적 충돌에 직면해 있어서 어쩔 수 없이 마지못해 개국론을 따르고 있었을 따름이지, 막 한 장을 걷어올리고 무대 뒤를 보면 실상은 엄청난 양이주의 번(藩)이다. 이런 정부에 내가 동정을 표할 수가 없다는 것도 무리는 아닐 것이다."(『후쿠옹자전』, 전집 7, 148쪽)

또 이런 일화도 있다. 그는 체임버스 형제의 『정치경제학교본』에 대해 오늘날의 대장성에 해당하는 부서의 고위관리와 이야기를 나눈 적이 있었다. 이 책의 번역과정에서 'competition'이라는 단어를 어떻게 번역할 것인지를 놓고 여러모로 고심하던 끝에 후쿠자와는 '경쟁'이라는 한자 단어로 번역을 했다. 그런데 '쟁'(爭)이라는 글자가 아무래도 온당치 않다고 막무가내다. 후쿠자와는 궁리 끝에 다음과 같이 설명했다.

"일본의 상인이 하고 있는 대로, 이웃 가게에서 물건을 싸게 판다고 하면 이쪽 가게에서는 그것보다 더 싸게 팔지요. 또 갑이라는 상인이 물건을 잘 만든다고 하면, 을은 그것보다 한층 더 잘 만들어 손님을 끌어들일 것입니다. 또 어떤 사업가가 이자를 낮추면, 이웃의 사업가 역시 이율을 낮추어 점포의 번성을 꾀하는 것입니다. 이렇게 서로 다투고 해서 무사히 물가도 안정되고 금리도 안정이 되는 것이지요. 이것을 '경쟁'이라고 하는 것입니다."(『후쿠옹자전』, 전집 7, 148~149쪽)

이렇게 친절하게 설득을 했지만, 복종만이 최고의 가치요 덕목인 사회, 경쟁보다는 양보를 미덕으로 삼는 사회를 지향해온 당시의 분위기를 납득시킬 방법이 없었다. 지금이야 경쟁이라는 단어가 일본어에서도 한국어에서도 당당한 지위를 얻고 있지만, 이 단어 역시 후쿠자와가 고심한 끝에 만들어낸 번역어 가운데 하나다.

메이지 정부의 정비는 순조롭게 진행되어 새로운 사회체제가 구축되고 있었다. 1869년에는 판적봉환(版籍奉還)[11]이, 1871년에는 폐번치현(廢藩置縣)[12]이 시행되면서 메이지 정부의 왕정에 의한 중앙집권정치가 자리를 잡아갔다. 백성을 통제하기 위해 운영되던 검문소 같은 곳이 없어졌고, 평민에게도 성씨를 사용하고 말을 타고 다닐 수 있는 자유가 허락되었다. 토지소유 권리증을 발행하여 농민의 권리를 인정했고, 그 밖에도 수많은 봉건적 구속이 해제되었다. 일찍이 없었던 새로운 정부의 문명화 정책이 진행되면서 사회 전반에 걸쳐 일대 변혁이 이루어지고 있었다.

또한 새 학제를 발표해 의무교육제도가 시행되었고, 1873년에는 징병제도와 토지세제도가 개정되었다. 이로써 국민의 3대 의무인 교육, 병역, 납세의 의무를 확정지었다.

'문명개화'라는 신조어는 후쿠자와 유키치가 『서양사정』 외편에서 'civilization' 'culture' 'enlightenment'의 역어로 사용한 용어였는데, 이것이 1870년대 초기에 일반에게 급속히 전파되면서 유행어가 되었다. 이렇게 되면서 양학자들의 양서 번역활동이 더욱 힘을 얻게 되었고, 그 결과 서구문명을 전파하는 번역서들이 양산되기에 이르렀다. 양학자의 저술활동은 봉건적 미몽에서 깨어나고자 하는 민중의 자발적인 관심과 참여에 따른 결과였으니, 말하자면 서양의 계몽사상이 일본인의 의식을 일깨워 결집시키고 개화시켰던 것이다.

3

일본 근대사상 성장의 증거

학문의 권유

"학자들이 떠드는 글을 읽고도 의미를 모르는 것인지, 아니면 의미를 이해하고도 실천에 옮길 성의가 없는 것인지 의문을 갖게 된다. 이 학자와 사군자들이 모두 관이 있는 것만 알았지 민이 있음을 모른다. 정부에 몸을 두는 방도만 알았지 정부 밑에서 살아갈 방도는 모르는 것이다."

실생활에 도움이 되는 '활용의 학문'

교육자로서 사상가로서 저술가로서, 후쿠자와 유키치가 민중에게 미친 영향은 그 범위가 크고도 넓었다. 그의 대표적인 저서인 『학문의 권유』와 『문명론의 개략』은 이론적으로도 수준이 높아서 일본의 계몽사상을 대표하는 저작물로 일본의 국민적인 고전이 되어 있다.

『학문의 권유』를 발표하기 전까지는 주로 근대사회와 그 문명을 소개하는 데 역점을 두었던 만큼, 그의 저술은 주로 번역이나 번안의 수준에 머무르고 있었다고 할 수 있다. 그러나 『학문의 권유』는 자신만의 개성적인 문장을 구사하여, 마음속에 가지고 있던 생각을 분명하게 민중에게 전달하려 했던 본격적인 계몽서다. 이 책은 사상가로서의 그의 확실한 성장을 의미하며, 나아가 일본 근대사상의 성장을 상징적으로 보여주는 획기적인 저술로도 평가받고 있다.

1872년부터 출간되기 시작한 『학문의 권유』는 또한 메이지 초기 사상혁명의 기폭제 역할을 톡톡히 한 책이다. 이 책이 전대미문의 인기와 영향력을 발휘한 것에는 의심의 여지가 없다. 그러나 그 내용을 냉정하게 분석해보면 사상을 집중적으로 결집하고 내용을 철저하게 구상한 집필로 보기에는 어려운 면이 있다. 그럼에도 메이지라는 특수한 상황을 맞아 그 혁명성을 적절하게 대변하고 선도했으니, 이런 점에서 사상가로서의 후쿠자와는 매우 평탄

하고도 행복한 출발을 한 셈이다.

이 책은 전체 17편으로 구성되어 있다. 1872년에 초편을 발표한 이후 1876년까지 각 편이 차례로 출간되었다. 각 편은 유기적인 관련성을 가진 것도 있으나 각기 독립된 체제로 편성되었기 때문에 반드시 순서대로 읽어야 할 필요는 없다. 그러나 통독을 하면, 당시의 후쿠자와가 일본국민을 대상으로 무엇을 강조하려 했는지, 그 사상의 기저와 흐름을 일목요연하게 이해할 수가 있다.

출판의 과정은 용지의 구입에서부터 인쇄와 제본에 이르기까지 모든 공정이 후쿠자와의 감독 아래 게이오 의숙에 부속되어 있는 그의 사저에서 이루어졌으며, 판매는 대리점에 맡기는 식으로 하여 엄청난 판매수익을 올렸던 것으로 전해진다.

당시 최고의 베스트셀러로 발행 부수가 수백만 부에 이른 것으로 알려져 있는데, 이를 흉내 내어 여러 종류의 위판본이 등장하여 실제 부수는 전해지는 것보다 훨씬 많았다. 출판물에 대한 보호 장치가 없던 시절인데다 후쿠자와의 저서에 대한 수요가 그만큼 컸던 탓으로 위판본은 각처에서 활개를 쳤던 것 같다. 이 가운데는 아이치(愛知) 현의 경우처럼 현 정부 내에서 『아이치 현 발행, 후쿠자와 유키치 술(述) 학문의 깨우침』이라는 엉뚱한 제목을 붙인 위판본을 제작하여 새로운 교육지침서로 쓰기 위해 배포했던 사례도 발견되었다.[1]

『서양사정』을 출간한 뒤, 이미 세간에 위판본이 횡행한다는 사실을 확인했던 후쿠자와는 각지에서 발견된 위판본을 찾아내 당국에 항의하는 한편, 카피라이트(copyright)에 해당하는 '판권'이라는 단어를 처음으로 고안해내기도 했다. 남의 저술을 무단으로 출판하는 행위를 별로 심각한 범법행위로 받아들이지 않았던 시절에 그는 이미 법리적인 조치를 강구하고 있었던 것이다.

『학문의 권유』역시 초편부터 10만 부를 훨씬 넘는 대량의 위판본이 양산될 정도로 그 인기와 관심이 대단했다. 이런 폭발적인 반응에 힘입어 이후 5년에 걸쳐 17편까지 그 속편이 출간되었으니, 일본인의 개화에 대한 열망, 새로운 시대에 대한 자각과 기대, 후쿠자와 유키치라는 근대 선각자에 대한 선망 등이 한데 어울려 폭발한 결과였던 것이다.

2편 이후에는 주로 초편에서 제기한 국민과 개인의 독립, 그리고 자유의 원칙 등을 구체적으로 전개하는 데 역점이 두어졌다. 즉 구 막부 시대의 압제와 인민의 무지함, 비굴한 정신과 태도 등을 집중적으로 질타하고 적극적으로 계몽하는 것을 그 내용으로 하고 있으며, 학자의 책임, 정부와 인민의 상호관계, 나아가 남녀 간의 사회적 관계와 도덕에 대해서도 논하고 있다.

이러한 내용을 담고 있는 『학문의 권유』는 메이지 초기, 이제 막 문명개화의 첫걸음을 내딛는다는 희망에 차 있는 사회에 신선한 충격을 주었다. 「저자 서문」에서 후쿠자와는 이 책에 대해 다음과 같이 진술하고 있다.

"본편은 필자가 독서의 여가를 틈타 수시로 집필해놓은 것으로, 메이지 5년(1872) 2월의 제1편(초편)을 시작으로 하여 메이지 9년(1876) 11월에 제17편으로 종결된다. 발행 부수는 오늘에 이르기까지[2] 약 70만 부에 이르고, 이 가운데 초편은 20만 부 이상이다. 이에 더하여 그전에는 판권법이 엄하지 않아 위조판이 성행했을 터이므로 그 수 역시 십 수만 부는 될 것이다. 가령 초판(초편)의 진본, 위판본을 합산하여 20만 부로 집계할 경우 이를 일본의 인구 3500만 명에 대입하면, 국민 160명 중 한 사람은 반드시 이 책을 읽은 셈이 된다. 자고 이래로 희유(稀有)의 발행 부수로서 문학 급진의 대세를 보기에 충분하다 하겠다."(『학문의 권유』, 전집 3, 23쪽)

이렇게 그는 이 책이 명실상부 메이지의 베스트셀러임을 증언하고 있다. 당시 국민 160명당 한 사람이 한 권씩 이 책을 현금을 주고 구입했다는 사실로 볼 때, 더구나 한 권의 책을 여러 사람이 돌려가며 읽거나 또는 문맹자를 모아놓고 낭독을 하던 관행이 있었던 점을 계산할 때, 거의 전 인구가 이 책의 내용을 알고 있었을 것으로 유추할 수가 있다.

초편의 첫머리는 이렇게 시작된다.

"하늘은 사람 위에 사람을 만들지 않고 사람 밑에 사람을 만들지 않는다고 하였다. 그러므로 하늘이 사람을 태어나게 하는 것은 만인 공히 동등한 지위를 가지고, 타고난 귀천과 상하의 차별 없이, 만물의 영장답게 심신의 활동으로 천지간에 존재하는 온갖 것을 취하여 이로써 의식주의 필요를 충족시키고, 자유자재, 서로 남을 방해하지 않고 각자 안락하게 이 세상을 살아가게 하자는 취지인 것이다."(『학문의 권유』, 전집 3, 29쪽)

오랜 세월 봉건사회에 길들여진 민중은 후쿠자와의 이 말에 놀랄 수밖에 없었다. 이것은 '천부인권론'의 내용을 인용한 말이기는 하나, 자연법에 근거한 인간의 평등론이라는 점에서, 억눌린 민중의 가슴을 고동치게 하기에 충분한 것이었다.

압축하여 표현하면, 사람은 본래 자유롭고 평등하게 태어났으며, 하늘(天: 'God'의 역어)에 의해 만들어진 존재라는 의미다. 이 책은 이런 사실을 확인하는 것에서부터 시작하고 있다. 이 말은 즉, 현실사회에서는 사람이 결코 자유롭지도 평등하지도 않다는 것을 강조하는 말이 되기도 한다. 도대체 그 이유가 무엇일까. 이것은 17세기 이후 서양의 철학자들이 끊임없이 의문을 가져온 문제이다. 후쿠자와는 여기에 대해 명쾌한 대답을 해주었다.

"사람은 선천적으로 귀천과 빈부의 차별이 없다. 오로지 학문에 힘을 쏟아 사물을 잘 아는 사람은 귀인이 되고 부자가 되며, 학문을 하지 않은 사람은 빈자가 되고 천민이 되는 것이다."(『학문의 권유』, 전집 3, 29쪽)

그는 인간관계에서도 개개인 각자가 처한 현실이 서로 다른 원인을 학문의 유무로 보면서 민중의 학구욕을 자극했다. 그렇게 하여 자연히 이 책의 표제인 '학문론'이 등장하게 된다. 그렇다면 그가 주장하는 학문이란 무엇일까.

"학문이란 단지 어려운 한자를 알고, 난해한 고문을 읽고, 와카(和歌)[3]를 즐기고 한시를 짓는 등 실제 사회생활에 쓸모가 없는 공부를 말하는 것이 아니다. 이러한 학문도 나름대로 사람의 마음을 즐겁게 만들어 그런대로 필요한 것이기는 하지만, 과거 세속의 유학자, 황학자(皇學者)[4] 들이 말하듯이 그다지 숭상할 것이 못 된다. 예로부터 한학자 가운데 살림을 능란하게 꾸려가는 사람이 드물었고, 와카를 잘 지으면서 장사의 수단까지 빼어난 상인 역시 드물었다.

이 때문에 분별력이 있는 장사꾼과 농부는 자식이 학문을 열심히 하는 것을 보고, 머지않아 가산을 탕진하겠거니 하고는 어버이 된 심정으로 애를 태우는 사람들이 있다. 무리가 아닌 일이다. 결국 그 학문이 실용성과 인연이 멀어서 일상생활에 쓸모가 없다는 증거다.

그러므로 지금은 이처럼 실용성이 없는 학문은 잠시 미루어두고, 일념으로 힘써 배워야 할 것은 만인에게 공통되며 일상생활과 밀접한 실학이다." (『학문의 권유』, 전집 3, 30쪽)

1872년에 펴낸 『학문의 권유』 초판본 표지.
"실용성이 없는 학문은 잠시 미루어두자.
우리가 지금 힘써 배워야 할 것은 실학이다."

이 인용문에서 후쿠자와는 새로운 시대의 학문의 가치는 '활용'에 있음을 역설했다. 즉 인간 개개인의 인생과 그들이 형성하는 사회와 현실이 어떻게 연관되어야 하는가에 대한 의문과 반성에서 시작하여, 기본적인 학문의 자세와 그에 상응하는 정신의 방향을 단정적인 화법으로 역설한 것이다.

막부 말기의 일본의 학문이 후쿠자와가 지적한 것처럼 그렇게 일률적으로 사변적이었다고는 할 수 없지만, 그는 구시대의 학문에 대해서는 철저히 의심하고 부정하는 자세로 일관했다.

이 책의 제명이 문자 그대로 학문의 권유인바, 그 학문이란 종래의 허학(虛學)이 아니고 실용의 학문인 실학이다. 봉건시대의 학문은 농부, 상인, 시골뜨기 하녀, 집에서 일하는 아낙네, 아이들과는 무관한 '무사(武士)의 학'이었다. 그것도 실제 생활에는 직접적인 이득을 주지 못하는 난해한 고서의 암기나 독송이 고작이었다. 이에 반해 후쿠자와의 학문관은 실생활에 유용한 '활용의 학문'을 일반 국민에게 기본적으로 보급해야 한다는 것이었다. 활용의 학문이란 무엇인가. 그가 말하는 활용이란 너무나도 간단명료하다.

"이를테면 이로하 47글자(일본어의 가나)를 익히고, 편지에 쓰는 어구, 장부 기재 방법, 주판 사용법, 저울 사용법 같은 것을 터득한다. 그러고도 또 배워야 할 분야가 아주 많다. 지리학이란 일본 나라 전체는 물론이고 세계 여러 나라의 자연 조건과 교통의 안내서다. 구리학(究理學: 물리학 또는 자연과학)이란 천지만물의 성질을 눈으로 인식하고 그 작용을 밝히는 학문이다. 역사학이란 역사의 연표를 상술한 것이며, 세계 여러 나라의 과거와 현재의 모습을 소상하게 탐색한 책이다. 경제학이란 한 개인 한 가정의 살림에서 천하의 살림을 설명한 것이다. 수신학(修身學)이란 품행을 수양하고 타인과 교제하며 세상을 살아가야 할 자연의 도리를 설명한 것이다."(『학문의 권유』, 전집 3, 30쪽)

이처럼 후쿠자와는 '사람이 공통으로 사용하는, 일상생활에 가까운, 실생활에 도움이 되는 학문'이 바로 '활용의 학문'이라고 설명했다. 이것은 전통적인 학문에 반감을 가지고 구시대의 유학과 유학자를 염두에 둔 일전불사의 태도에서 비롯한 학문관이라고 할 수 있다.

"우리나라의 『고지키』(古事記)5는 암송하면서도 오늘의 쌀 거래가를 모른다면 살림살이의 학문에 어두운 사람(남자)이라 일컬어 마땅하다. 사서삼경과 사서(史書)류의 심오한 경지에는 통달했어도 장삿술을 터득하여 올바르게 상거래를 할 수 없는 사람은 계산의 학문에 서투른 사람이라고 해야 할 것이다. 수년의 신고를 겪고 수백 엔의 학비를 소비하면서 양학은 마쳤어도 여전히 한 인간으로서의 경제적인 독립을 이루지 못한 사람은 시세(時世)의 학문에 어두운 사람이다. 이런 사람은 그저 문자의 도매상이라고 할 수밖에. 그 공로는 밥을 축내는 사전(辭典)과 다를 바 없다. 국가적으로는 무용지물, 경제를 해치는 식객일 뿐이다. 때문에 살림을 꾸려나가는 일도 학문이다. 회계장부역시 학문이다. 시세를 가늠하는 것도 학문이다. 어찌 반드시일본의 글, 중국의 글, 서양의 글을 읽는 것만으로 학문이라 할수 있겠는가."(『학문의 권유』, 전집 3, 37쪽)

후쿠자와는 구시대의 학자를 일컬어 '학문의 도매상' 또는 '밥이나 축내는 사전'으로 혹평하고 있다. 국가적으로 볼 때 무용지물과 같은 존재이며, 경제적으로 볼 때는 고작 밥이나 축내는 식객이라는 것이다. 그는 가장으로서 가계를 영위하는 것도 학문이고, 시대의 흐름을 통찰하여 대처할 능력을 갖추는 것 역시 학문이라고 정의함으로써 학문의 영역을 인간의 지혜가 서로 유기적으로 작용하는 모든 분야로 확대시켰다. 이렇게 기존 학문의 정의, 범위, 목표 등의 한계를 일거에 무너뜨리는 논의를 제기하여 세간의 이목을 집중시켰다.

일본은 메이지 신정부의 개명성을 가속화하기 위해 국민대중차원의 교육이 필요했다. 그것을 달성하기 위한 학문은 새로운 시대의 정신에 부응하는 새로운 학문이어야 함을 강도 높게 주장했던 것이고, 그 반향이 전국 각처로 퍼져나가기를 의도했던 것이다.

'발전의 동력' 자본주의에 주목하다

후쿠자와는 유학자들의 전통적인 권위주의와 유학의 비현실성을 비웃고, 그 학문의 발원지인 중국과 조선에 대한 숭모의 사상을 버림으로써 전통적인 학문의 영역에서 벗어나고자 했다. 이러한 그의 의지는, 메이지 정부가 추구하고 있는 정책의 혁신적인 측면을 지지하고 국민을 계몽해야 한다는 현실인식에서 출발하고 있었다.

후쿠자와의 시각에서 볼 때 막부 말기 격동기의 한시문(漢詩文)은 시대의 흐름과 요구에 부응하지 못하는 불요불급의 문자놀이에 지나지 않았다. 학문은 있다 하나 실생활에 실익이 없는 학문이 되어버린 이상 무학(無學)과 다를 바 없다는 논리가 성립될 수 있는 것이다.

그의 실학사상은 과학이라는 용어와 긴밀한 연관성을 지니고 있다. 실학은 '실증'과 '실천'의 학문이다. 후쿠자와를 비롯한 당대의 양학자 멤버들에게 부여된 사상적인 역할은, 유교적 사유방법의 독단성과 관념론을 해체하고 여기에 새로이 실천의 학문을 확립하는 것이었다. 유교 만능의 봉건사회에서는 과학이라는 분야가 소홀해지는 것이 당연한 현상이다. 그러나 후쿠자와는 물질문명의 근간이 되는 실학과 과학이라는 분야에 집요한 관심을 보였다. 바로 합리주의 또는 과학주의로 표방되는 서양 계몽사상의 영향 때문이었다.

또한 봉건사회는 금전을 경시하는 사회다. 청빈이 곧 미덕인 것이 무가사회의 전통이었기 때문이다. 유교교육이 이를 조장해오는 바람에 일본의 조닌(町人)⁶ 계층이 생산계급으로 사회의 하부구조를 이루게 되었고, 그것이 봉건사회가 유지되고 계승될 수 있었던 한 원인이 되었다.

후쿠자와는 서양의 근대사회가 자본주의에 의해 번영하고 경제학이 새로운 학문으로 발전하고 있음에 주목하기 시작했다. 국가의 독립과 사회의 발전에 금전이 중요한 원동력이 된다는 사실을 터득한 그는, 프랜시스 웨일런드의 『경제학 요론』(*The Elements of Political Economy*)을 직접 원서로 강의하는 일화를 남기기도 했다. 국가경제의 중요성을 일찌감치 깨우친 그는 민첩하게 시대감각을 발휘해 상업 경쟁력이 무력전쟁 못지않게 국민적인 관심사가 되어야 한다는 사실을 계몽함으로써 사상운동의 첨병 역할을 수행했다.

『학문의 권유』에 특별히 국가경제의 중요성을 주제로 삼은 장은 없다. 하지만 경제에 대한 관념과 부국강병의 의지가 없으면 문명의 길로 들어설 수 없다는 점을 역설함으로써 그는 '경제'를 통해 학문의 궁극적인 완성을 이룰 수 있다고 보았다.

한 사람이 독립하여 한 나라가 독립하는 것이다

후쿠자와가 『학문의 권유』에서 주장하고자 했던 첫 번째 요점은

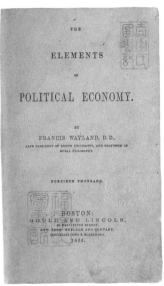

후쿠자와의 사상에 지대한 영향을 미친 프랜시스 웨일런드(왼쪽)와
『경제학 요론』 초판본 표지.

'개인의 독립'이라는 테마다. 흔히 그의 사상을 '독립자존'으로 정리하는 경향이 있는데, 이 독립이라는 관념은 그가 주장해온 자유라는 관념보다도 동등(평등)이라는 관념에 더 역점을 두고 있다. 그 독립이라 함은 그의 말 그대로 '스스로 자기 자신을 지배하여 남에게 의지하는 마음이 없음'을 말하는 것인데, 이것은 본인 스스로 판단하고 처리한다는 의미와 함께 독립된 생계를 세운다는 의미를 함의하고 있다. 이 개인의 독립을 방해해온 것은 다름 아닌 아시아 제국(중국과 조선)의 전제주의였다.

> "아시아 제국(諸國)에서는 한 나라의 군주를 일컬어 백성의 부모라 했고, 백성을 일컬어 신하 또는 적자(赤子)[7]라 했다. 정부에서 하는 일을 목민(牧民)의 직이라 했고, 중국에서는 지방관이라는 직책을 어느 주의 목(牧)이라고 명명한 바가 있다. 이 목이라는 글자는 가축을 기른다는 뜻이니, 어느 주의 백성을 소나 양처럼 취급하겠다는 생각으로 그런 명칭을 공공연하게 명분으로 내걸었던 것이다. 너무나도 무례한 처사가 아니겠는가."
> (『학문의 권유』, 전집 3, 97쪽)

그 전제주의의 원형이 일본적인 현상으로 나타난 것이 바로 막부정치였던 것이다. 정치 또는 사회 환경에서 볼 때 막부 정권 아래에 놓인 일본인은 독립의 관념을 가질 수 없게 되어 있다. 후쿠자와는 두 가지 해결책을 내놓았다.

그 첫째는 학문에 힘쓰는 것이다. 하늘은 사람 위에 사람을 만들지 않았는데, 현실사회에서는 상하와 귀천, 지우(智愚)와 빈부가 존재하는 것은 무엇 때문일까. 그는 이 물음에 대한 답을 명료하게 내놓았다.

"단지 그 사람에게 학문의 힘이 있느냐 없느냐에 따라 그러한 차이가 생길 수 있을 뿐, 처음부터 하늘에서 정한 약속이 아닌 것이다."(『학문의 권유』, 전집 3, 29쪽)

이 말은 사람의 신분이 세습의 법칙에 따라서 자연적으로 결정된다는 봉건사회의 불문율을 전면 부정하는 것이다. 그렇기 때문에 그가 주장하는 학문은 당연히 입신과 출세를 위한 학문일 수밖에 없다. 그러한 학문을 일컬어 '실학'이라 하였으므로 후쿠자와의 학문은 다름 아닌 실학이다.

여기서 말하는 '입신과 출세를 위한 학문'이란, 흔히 우리가 그 어감만으로 예상하기 쉬운 비속한 의미가 아니라 학문에 대한 새로운 관념을 정의한 것이라 할 수 있다. 지금까지의 학문이란 단지 '어려운 한자를 익히고, 난해한 고서를 읽고, 와카를 즐기고 한시를 짓는' 것이 전부였지만, 후쿠자와는 그 같은 보수적이고 전통적인 학문관을 뒤엎고 지금까지 경멸해오던 실용적인 학문을 새로운 시대의 학문으로 정의한 것이다.

개인의 독립을 위한 두 번째 방법은 국민정신을 회복하는 것이다. 메이지 정부가 학교를 세우고 공업을 일으키는 등 문명의 외형적인 형태를 얼마간 갖추었다고 하더라도 국민이 독립하겠다는 정신을 가지고 있지 않다면 그 문명의 형태는 결국 쓸모가 없는 것이 되어버린다. 일본국민에게 그런 정신이 결여되어 있는 이유는 오랜 세월 정부가 일체의 권력을 거머쥐고 마치 사유물을 다루듯 행사해왔기 때문이라고 그는 단언했다. 국민의 독립에 대한 욕구가 곧 문명의 정신임을 역설한 것이다.

그러나 그가 단순히 양이론자만을 문제시한 것은 아니었다. 그는 문명개화의 이름 아래 맹신적인 서양 모방이 횡행하는 세태에 대해서도 신랄하게 비판하고 나섰다.

왜 후쿠자와는 이처럼 개인의 독립을 고집했던 것일까. 그것은 바로 개인의 독립이 곧 국가 독립의 기초가 되기 때문이다. 그는 국가와 국가는 동등하다는 말을 자주 했다. 그러나 국민에게 독립의 기개가 없다면 국가 독립의 권리를 신장시킬 수 없다는 믿음을 가지고 있었다. 그 이유에 대한 대답을 그는 세 가지로 제시하고 있다.

"첫째, 독립하겠다는 정신이 없는 사람은 나라를 생각하는 마음이 절실하지 않다.

둘째, 내 조국에서 살면서도 독립의 지위를 얻지 못한 백성은 대외적으로 서양사람을 접할 때도 독립의 권리를 펼칠 수가 없다.

셋째, 독립의 정신이 없는 사람은 남에게 의존하여 악행을 저지르기 쉽다."(『학문의 권유』 제3편, 전집 3, 43~47쪽)

그리고 전제정치 아래서 복종에 익숙해진 사람이 얼마나 미덥지 못한지에 대해서 후쿠자와는 몇 가지 예를 들어 설명하고 있다. 그 하나가 오케하자마(桶狹間) 전투[8]다.

"1560년 전국시대 당시 오다 노부나가는 복병을 매복시킨 후 스루가(駿河)국의 이마가와 요시모토(今川義元)의 본진을 기습하여 그의 목을 베었다. 그러자 스루가의 군세는 지리멸렬해졌고 용맹을 떨치던 이마가와의 정부는 하루아침에 사방으로 패주했다. 그 이유는 간단하다. 스루가의 백성은 오로지 이마가와 요시모토 한 사람에게만 매달려 있었으니, 그 신세가 주인이 아닌 마치 손님과도 같았기 때문이다."(『학문의 권유』 제3편, 전집 3, 45쪽)

이런 역사적인 사례를 들며 후쿠자와는, 외세에 대처하여 자국을 수호하는 데 독립하겠다는 정신이 없는 백성은 조국을 사랑하는 마음이 절실하지 않은 것이라고 설명했다.

"애국을 하겠다는 의지가 있는 사람은 관과 민을 불문하고 먼저 자신의 경제적인 독립을 도모하고, 여력이 있으면 남의 독립을 도와야 할 것이다. 부형은 자제에게 독립을 가르치고, 교사는 학생에게 독립을 권유하여, 사농공상이 함께 독립하여 나라를 지키지 않으면 안 된다."(『학문의 권유』제3편, 전집 3, 47쪽)

이처럼 후쿠자와는 '개인의 독립이 곧 국가 독립의 기초'라는 논리로 다양한 국민계층을 계몽해나갔다.

『학문의 권유』에서 전개한 새로운 시대의 질서의식은 구시대의 관행적인 질서의식과는 현저하게 다른 것이었다. 복종에서부터 비롯되었던 과거의 질서 개념을 부정하고, 일차적으로는 개인의 독립을 질서의 기본으로 보았던 것이다. 이런 관점에서 후쿠자와는 관에 맞서 민의 입장을 두둔했고, 봉건사회에서 말하는 이른바 지배자의 '어진 정치'나 '인정을 베푸는 정치'의 기만성을 공격했다. 그리고 정부와 인민과의 관계에서, 정부가 베푸는 각종 은혜를 인민이 단순히 복종관계에서 황송해하는 마음으로 받아들일 것이 아니라 책임관계에서 이를 수용할 필요가 있다고 지적했다. 국가가 국민을 법으로 보호하는 것은 정부가 마땅히 져야 할 책임일 뿐 은혜로 생각하고 감사해야 할 일은 아니라는 것이다. '정부는 고귀하고 국민은 비천하다' 식의 봉건적인 생각에서 벗어나, 이제는 개인의 자존의식을 회복하고 독립된 정신의 소유자로 성장해야 함을 말하고 싶었던 것이다.

후쿠자와는 제7편 「국민의 본분을 논한다」에서도 일본인의 전통적 윤리관의 부당성을 지적했다. 특히 그는 국법의 존엄함을 논

게이오 의숙 안에 있던 '미타연설관'(1874).
후쿠자와는 대중연설을 통해 민중을 계몽하고,
토론이라는 형식을 도입하여 반대자의 의견을 수렴하고
또 인정할 수 있다는 생각을 전파하고자 했다.

거로 하여 생명의 존엄성에 대한 문제를 제기하며 권력자의 전제적인 관행과 문명에 역행하는 관습, 풍토를 냉정하게 비판했다. 민중은 내심 갈채를 보냈겠지만, 비판을 받는 정권의 편에서는 매우 당혹스러웠을 것이다.

그는 또 주군을 위해 목숨을 바치거나 원수를 갚는 행위, 할복자살 등의 반사회적이고 반인륜적인 행위가 문명사회를 열어가는 데 방해가 된다는 사실을 역설하여 큰 반향을 일으켰다.

"사람들은 모두 말할 것이다. 곤스케(權助)[9]의 죽음은 단돈 한 냥 때문이고, 그 사건의 전말은 극히 사소하다고. 그렇다 하더라도 사건의 경중은 금액의 크고 작음, 인원의 다수로서 논할 수 없고, 세상의 문명에 기여하느냐 아니냐에 따라서 그 경중을 결정해야 할 것이다. 그런데 지금 저 충신의사가 만 명의 적을 죽이고 원수를 갚은 것이나, 이 곤스케가 한 냥의 돈을 잃고 목매어 자살하는 것이나, 그 죽음으로써 문명에 기여하지 못한다는 점에서는 분명히 같은 것이다. 그러므로 어느 쪽을 가볍다 하고 어느 쪽을 무겁다 할 수 없기 때문에, 의사나 곤스케나 모두 목숨 버릴 곳을 모르는 사람이라 해야 할 것이다."(『학문의 권유』제7편, 전집 3, 76쪽)

이 인용문에서 후쿠자와는, 주인의 심부름을 갔다가 한 냥의 돈을 분실한 뒤 그 죄책감으로 목매어 자살한 일개 하인의 죽음이,

충신의사의 사적인 원한을 풀기 위해 목숨을 버리는 행위와 마찬가지로 문명사회에서는 배격되어야 한다는 논리를 전개하고 있다. 일본인의 전통적인 미덕으로 찬양되어오던 '할복자살'의 미학을 그야말로 당돌하게 공격한 발언이었다.

정부와 인민의 관계가 양자의 계약에 의해 결정된 것인 이상 인민은 국가의 주체인 동시에 객체이므로, 인민은 인민 스스로가 만든 국법을 따름으로써 안녕과 이익을 얻는다는 '사회계약설' 또는 법치주의의 원칙을 주장하고자 했던 것이다. 후쿠자와는 이런 양자 대비의 과정에서, 국민적인 추앙을 받아오던 전국시대 충신의사들의 죽음을 이름 없는 일개 하인의 죽음과 동일시했다.

인민의 직분이란 무엇인가. "국법을 지키는 것이야말로 인민의 직분이다"라고 후쿠자와는 말하고 싶어한다. 정부와 인민이 대등한 위치에 선다는 것은 양자의 관계가 '계약'에 의해 성립되었음을 의미한다. 다시 말해 그 계약상의 서류가 곧 국법이라는 것이다. 따라서 국법은 정부에 의해서도 지켜져야 하는 것이지만, 인민에 의해서도 반드시 지켜지지 않으면 안 된다.

그런데 정부가 인민에게 폭정을 행했을 경우, 인민은 과연 어떤 태도를 취할 수 있을 것인가. 이에 대해 그는 세 가지 답을 제시하고 있다. 첫째, 절개를 굽히고 정부에 복종할 수 있다. 둘째, 힘으로 정부에 대적하여 내란을 일으킬 수 있다. 셋째, 희생을 각오하고 오로지 정의를 부르짖어 정부에 개선을 촉구할 수 있다. 그는 이 세 가지 대안 가운데서 마지막 세 번째, 즉 희생을 각오하고 정부에 시정을 촉구하는 방법을 선택해야 한다고 충고했다.

그러나 이와 같은 계약의 관념은 정부의 방자한 정치를 억제시 키다는 의미를 지니고 있기는 하지만, 한편으로는 그 국법이라는 것이 어떠한 경로를 밟아서 제정되었는지에 대해서는 문제 삼지 않았다는 점에서 대단히 불충분한 계약 관념이라 하지 않을 수 없 다. 즉 인민의 대표가 법의 제정단계에 직접 참여하여 만들어진 법이냐 아니냐 하는 관념이 아직은 후쿠자와의 염두에는 존재하 지 않았던 것이다.

이처럼 법의 제정과정이 불투명하고 전제적임에도 불구하고 그 는 마땅히 국법을 준수해야 한다는 사실과 함께 '한 사람이 독립 하여 한 나라가 독립한다'는 사실을 역설해나간다.

또『학문의 권유』제12편「연설의 방법을 권유하는 의견」에서는 서양의 연설 회합에 대해 다음과 같이 소개하고 있다. 말하자면 대중연설을 권장한 것이다.

"연설이라 함은 영어의 스피치라고 하는 것인데, 많은 사람을 모아서 의견을 말하고, 모임의 자리에서 내가 생각하는 바를 남 에게 전달하는 방법이다. 우리나라에는 예로부터 그러한 방법 이 있다는 말을 듣지 못하였으니, 절이나 교회에서 행하는 설법 같은 것이 아마도 이런 부류일 것이다.

서양 여러 나라에서는 연설을 하는 일이 대단히 성행해서, 정 부의 의회, 학자의 집회, 상공인의 회사, 그리고 시민들의 모임에서 관혼상제, 개업이나 개점 등의 사소한 일에 이르기까지, 불과 10여 명의 사람들이 모이는 일이 생기면 반드시 그 모임에 관하여, 또는 만나게 된 취지를 설명하거나 사람들이 평소의 지론을 토로하고, 더러는 즉석에서 떠오른 생각을 설명하여 많은 관중에게 피로하는 풍습이 있다."(『학문의 권유』제12편, 전집 3, 102쪽)

그는 이와 같은 취지를 실천에 옮기기 위해 1874년 게이오 의숙 내에서 '미타연설회'(三田演說會)[10]를 개최했다. 이것이 일본에서 공중을 대상으로 한 최초의 연설이었다. 연설회를 활성화하여 언론의 자유로운 확산을 기대하던 후쿠자와는 특히 의숙의 교정에 '미타연설관'이라 이름 지은 회당을 건립하여 이를 일반에 공개하기도 했다. 대중연설을 통해 민중을 계몽하고, 토론이라는 형식을 도입하여 반대자의 의견을 수렴하고 또 인정할 수 있다는 생각을 전파하고자 했던 것이다. 후쿠자와가 사비를 들여서 건축한 미타연설관은 당시의 독특한 서양식 벽 건축 양식으로 멋을 냈는데, 그 설계도면은 미국에서 가져온 것이라고 한다. 지금은 문화재로 지정되어 방문객이 끊이지 않는 명소가 되어 있다.

후쿠자와는 『학문의 권유』집필 중에 모리 아리노리(森有礼), 니시무라 시게키(西村茂樹), 쓰다 마미치(津田眞道), 니시 아마네, 나카무라 마사나오(中村正直), 가토 히로유키, 미쓰쿠리 슈헤이 등 당대의 대표적인 양학자, 사상가 들과 더불어 '메이로쿠샤'

(明六社)라는 학술단체를 결성했다. 말하자면 일본 최초의 학회인 '메이로쿠샤'는 사회적인 활동으로 연설회를 개최하고, 기관지 『명육잡지』(明六雜誌)를 간행하여 일반 대중을 상대로 활발한 문명개화운동을 펼쳐나갔다.

국가와 국민의 공존이라는 명제

그러나 『학문의 권유』 제4편 「학자의 직분을 논하다」에서는 '메이로쿠샤' 그룹의 양학자들과 첨예하게 대립하는 모습을 보이기도 했는데, 후쿠자와는 당대의 학자들을 비판하며 그 직분과 책무에 대해 다음과 같이 말한다.

　"학자들이 더러는 글을 읽고도 의미를 모르는 것인지, 아니면 의미를 이해하고도 이것을 실제로 실천에 옮길 성의가 없는 것인지, 그 행동에 대해 내가 의문을 가지는 것이 적지 않다. 이런 의문을 가진다 함은, 이 학자와 사군자 들이 모두 관이 있는 것만 알았지 민이 있음을 모른다는 것이다. 정부에 몸을 두는 방도만 알았지 정부 밑에서 살아갈 방도를 모르는 것이 한 가지 문제점이다. 필경 한학자의 악습을 벗어날 수 없는 증거로, 흡사 한(漢)의 몸을 하고서 양(洋)의 의복을 입은 것과 같다." (『학문의 권유』 제4편, 전집 3, 51쪽)

『학문의 권유』에서 축첩 관습을 비난한 후쿠자와의 글을 따서 풍자한 그림.
여러 명의 여성을 데리고 농락하고 있는 남자의 모습을 볼 수 있다.

이 인용문에서 보듯이, 그는 아직도 관존사상에 안주하여 정부를 찬양하고 미화하는 지식인 계층의 이중적인 태도를 비판했다. 이것은 '메이로쿠샤'의 학자들을 의중에 둔 계획적인 발언이었다.

그 전해인 1874년에 결성된 '메이로쿠샤'의 학자들 가운데 특히 가토 히로유키, 니시 아마네, 모리 아리노리, 간다 다카히라(神田孝平) 등 당대의 대표적인 논객들은 관계에 진출해 있는 상태였다. 그 가운데 가토, 모리, 쓰다, 니시 등은 반론을 제기하여『명육잡지』에 논설을 게재했다. 그러나 이들의 논지는 그 기백이나 필치, 민중을 향한 설득력 등에서 어느 하나도 후쿠자와의 수준에 미치지 못했다. 따라서 그는 논쟁에서도 완승을 하고 명성은 급상승하게 되었다.

신문기사나 여기저기서 정부에 제출하는「상소문」또는「의견서」같은 글에 창녀가 교태를 부리듯 터무니없이 정부를 찬양하는 글이 난무하고, 정부를 신주 모시듯이 떠받드는가 하면, 인간사회에서 있어서는 안 될 위선적인 문장을 나열하고도 부끄러워하지 않는 비열한 행태에 대해 후쿠자와는 미치광이들이나 하는 짓으로 매도했다. 그리하여 그들과의 사이에 대립각을 세웠다. 후쿠자와는 이러한 지식인의 태도를 비굴한 기풍(spirit) 때문이라 여겼다. 달리 표현하면, 일본에는 정부는 있으나 국민(nation)은 없다는 말과 같은 것이 된다. 그는 거듭 문명과 독립, 정부와 국민의 공존이라는 명제에 대해 사색했다.

제4편에서 후쿠자와가 각별히 강조한 또 다른 부분은 일본의

독립과 그 독립의 지속적인 유지에 관한 것이었다. 이 문제는 후쿠자와에게는 매우 중요한 관심사였다. 일찍이 미국과 유럽 사회를 직간접으로 경험해보았던 그는 국가 발전의 동력을 문명에서 찾으려 했던 것이고, 이때는 그 발전의 기지로 설립한 게이오 의숙의 기반을 조성하고 있던 시기와도 일치한다. 또 이 시기는 문명사상의 이론적인 근거를 저술로 남기기 위해 노력하던 때이기도 하다. 이런 상황에서 발표한 『학문의 권유』 제4편 「학자의 직분을 논하다」에서는, 지식인 집단으로 출발한 '메이로쿠샤'의 성격과 함께 후쿠자와와 다른 회원들 사이에 존재했던 견해 차이도 살펴볼 수 있다.

메이지 정부는 서양의 압박에 대항하기 위해 국력을 키우고 강화하는 일에 최우선적으로 착수하여, 적대 관계에 있던 서양으로부터 근대적인 군비와 전술을 적극적으로 도입하는 정책을 실행했다. 따라서 메이지 정부가 추진하고자 하는 문명정책은 기본적으로는 '부국강병'으로 결집될 수밖에 없었다. 그러나 문명사를 다룬 버클[11]과 기조[12]의 저서들은 메이지의 지식인을 강하게 촉발시키면서 다방면에 걸쳐 영향을 주었다. 니시무라 지로(西村二郎)는 버클의 『영국문명사』를 번역하여 『세계문명사』(1923)라는 제목으로 발간했고, '로마 제국의 붕괴에서 프랑스 혁명에 이르는 유럽 문명사'라는 부제가 붙어 있는 기조의 『유럽 문명사』는 최고 국가기관인 태정관(太政官) 번역국에서 무로타 아쓰미(室田充美)가 『서양개화사』(1875)라는 제명으로 번역 발간했다. 그러나 일본에 소개된 것은 프랑스어 원전이 아니라 헨리(C.S. Henry)의 영역본이다. 무로타의 번역본 외에도 나가미네 히데키(永峰秀樹)의 번역본이 있었고, 아라키 다쿠지(荒木卓爾)와 시라이 마사오(白井政夫)가 공역한 『태서개화사』(1874)도 있었다.

이를 숙독한 후쿠자와는 문명의 진보와 국가의 독립이 동시적으로 진행되어야 한다는 자각을 가지게 되었다. 그 자신도 다른 양학자와 마찬가지로 서구로부터의 압박을 '외환'으로 인식했고, 국가의 독립과 문명을 숙원으로 삼기에 이르렀다.

"물론 정치라는 말의 자의에 국한된 일을 실천하는 것은 정부의 책임이지만, 사람이 하는 일에는 정부가 관여할 수 없는 것들도 또한 많다. 그러므로 국가 전체를 총괄하기 위해서는 백성과 정부가 양립해야 비로소 성공을 이룰 수가 있는 것이다. 따라서 우리는 국민의 일원으로써 본분을 다하고, 정부는 정부로서의 책임을 다하여 함께 서로 도와 그로 하여금 국가의 독립을 유지해야 할 것이다."(『학문의 권유』 제4편, 전집 3, 48~49쪽)

또 한 가지 『학문의 권유』에서 주목해야 할 내용은 '사립민업론'(私立民業論)이다.

그는 이미 세상 사람들로부터 개혁가라는 명성을 얻고 있었고, '그 신분이 중류 이상의 위치에 있으므로 세인은 더러 우리의 행동을 보고 표본으로 삼는 경우도 있을 것'이라는 자기인식을 가지고 있었다. 그것은 게이오 의숙을 중심으로 한 사립민업의 성과에 비추어볼 때 당연히 가질 수 있는 자부심이기도 했다. 국가의 문명개화를 촉진해야 할 학자들이 벼슬길만 바라본다거나 재관위무(在官爲務)만을 꿈꾸어서는 안 된다는 주장인 것이다. 후쿠자와는 지식인만이 민과 관의 조화를 이룰 수가 있고 그 중간자의 역할을 할 수 있다고 보았다.

그는 학자가 민간인으로서 독립할 때 국가도 독립을 할 수 있다는 소신을 가지고 있었다. 오늘날에도 정부정책에 호의적인 정치학자들이 비판을 받는 이유가 여기에 있음을 알 수 있다. 당시 '사립민업'의 상징이라고 할 수 있던 게이오 의숙은 서양의 원서로 강의를 하는 최초의 권위 있는 교육기관으로 발전했고, 교육자로서의 본분과 국법을 준수하는 전문 지식인의 장이었다. '사립민업'의 기본적인 전제는, 국민은 국민으로서의 본분을 다하고 정부는 정부로서의 본분을 다함으로써 본분의 상호 등위관계가 성립되는 것에 있다 할 것이다.

후쿠자와가 관민의 조화 또는 균형론에서 주장한 민권은 이후에 전개되는 일본의 민권운동에도 영향을 주었다. 그러나 엄격히 말해서 후쿠자와의 민권은 민권운동가들이 주장하는 민권과는 다소 다른 색깔을 띠고 있었다. 그가 주장했던 민권은 정치적인 민권운동의 측면이 아니라 국민의 힘과 정부의 힘이 서로 균형과 조화를 이룸으로써 국력을 키운다는 국가주의적 관점에 초점을 두고 있었던 것이다.

4

앞서지 못하면 제압당하는 것이 이치다

문명론의 개략

"문명은 죽은 물체가 아니고 살아 움직여서 앞으로 나아가는 것이다. 살아 움직여서 앞으로 나아가는 것은 반드시 순서와 단계를 거치지 않을 수 없다. 즉 '야만'은 '반개'로 나아가고, '반개'는 '문명'으로 나아가고, 그 '문명' 역시도 지금 실로 진보하는 시기다."

유교주의자를 설득하기 위한 책

당시의 일본은 정치적으로는 동요와 혼란의 연속이었다. '폐번치현' 이후 새로운 학제가 발포되었고, 징병령과 토지세법의 개정 등 일련의 근대화정책이 추진되고 있었다. 하지만 사이고 다카모리(西鄕隆盛)[1] 등이 추진한 '정한론'(征韓論)이 실패로 돌아갔고(1873), 사가(佐賀)의 난(1874),[2] 신문조례의 반포(1875), 강화도의 운양호 피격사건(1875), 세이난 전쟁(西南戰爭, 1877)[3] 등 연이은 대정부 공격과 국제적인 긴장 상황이 발생하던 시기였다.

이런 정황 속에서 후쿠자와는 버클의 『영국문명사』와 기조의 『유럽 문명사』를 숙독하고 아라이 하쿠세키(新井白石)의 『독사여론』(讀史余論)[4] 등을 참조하면서 본격적으로 문명론을 제기하기 위한 저술을 준비하고 있었다.[5]

『문명론의 개략』은 후쿠자와의 저서 가운데 가장 학문적으로 체계가 잡힌 책으로, 서구문명의 큰 줄기를 기술하면서 이 문명을 향해 나아가는 것이 곧 일본의 독립을 완수하는 근거가 된다는 내용을 설득력 있게 전개하고 있다.

"종전의 저서와 역서는 오로지 서양의 새로운 사물의 수입과 더불어 우리나라의 구습과 폐습의 배척을 목표로 하였으니, 말하자면 문명을 한 마디씩 떼어서 소개한 것과 다르지 않았다. 특히 1874~75년이 되면서 세태가 점차 안정되었고 사람들의 생각 역시 그럭저럭 성숙해진 시절이라, 이즈음에서 서구문명의 개략을 기술해 세상 사람들에게 보이고, 특히 유교를 신봉하는 노인들에게 호소해 찬성을 얻을 수도 있겠다는 생각이 절묘하게 여겨졌다. 그리하여 이들을 적으로 생각하지 말고 지금은 오히려 이들을 이용해 내 편으로 만들어야겠다는 복안을 가지고 저술한 것이 『문명론의 개략』 여섯 권이다."(『후쿠자와전집 서언』, 전집 1, 60쪽)

위의 인용문에서 보는 것처럼 후쿠자와는 이 책의 집필에 앞서 주도면밀한 준비를 했음을 소상히 밝히고 있다. 『학문의 권유』에서는 유교적 봉건사상에 대한 통렬한 공격으로 일관하면서 그 문장을 거침없이 표현했던 데 비해, 이 책은 '유교를 신봉하는 노인들에게 호소하여 찬성을 얻어낸다'는 목표를 가지고 집필했기 때문에 논리적인 설득력이 강할 수밖에 없었던 것이 그 특징이라 하겠다.

후쿠자와가 붓을 들어 『문명론의 개략』 저술에 착수한 것은 1874년 3월경이었다. 약 반년에 걸쳐 글을 완성한 후 다시 반년에 걸쳐서 원고를 손질했다. 이듬해인 1975년 3, 4월경에 원고가 완성되었고, 4월 19일에 출판허가를 얻은 것으로 전하고 있다.

이 책의 원본 여섯 권에는 발행연월일의 표기도 되어 있지 않고 표지에 간략하게 '메이지 8년 4월 19일에 출판허가를 득함'이라고만 되어 있어, 실제로 제본이 되고 발매가 시작된 것이 언제쯤인지는 분명하지 않다.

『후쿠자와 유키치 전집』 제4권의 「후기」에서 도미타 마사부미(富田正文)는 다음과 같이 말하고 있다.

　"후쿠자와의 원고를 보면, '글을 읽고는 붓을 잡고, 붓을 놓고는 또다시 글을 읽는다'는, 앞의 편지[6]에 기술된 고심의 흔적이 역력하게 나타나 있다. 고쳐 쓰고 가필한 것이 몇 번이나 반복되면서 점차 판본의 모습으로 완성되어간 흔적이 그대로 보인다. 하물며 그 퇴고(推敲)의 고심은, 삭제에서도 물론 그렇지만 대개는 부족한 내용을 보충하고 가필하는 데 있었다. 후쿠자와의 문장이 매우 유창하고 읽기 쉽게 쓰여 있어 단숨에 써내려간 것처럼 생각되기 쉬울 것이다. 그리고 사실 속필로 서둘러 완성된 저작도 있기는 하다. 그러나 이 『문명론의 개략』은 문장을 다듬고 또 다듬고, 고쳐 쓰고 또 고쳐 쓰는 고심을 거듭한 끝에 완성을 본 작품이기 때문에, 어떤 부분은 실로 네 번을 고쳐 써서 다섯 번째의 원고로 겨우 목판에 조각하는 단계에 이르기도 했다."(『문명론의 개략』, 전집4, 677~678쪽)

근대 일본 사상사 분야를 연구하고 있는 필자는 '원본'을 연구의 기초로 삼고 있다. 일찍이 후쿠자와의 저서인 『학문의 권유』와 『후쿠옹자전』을 번역 출판하면서도 판본의 영인본을 원전으로 했는데, 오늘날 대량 유포되어 있는 활자본에 의거하지 않은 이유는 간단하다. 원본은 그 시대의 소산이기 때문이다.

현대의 우리가 그 책과 직접 마주하면, 예상치도 않게 책이 무언가 말을 걸어오는 경우가 있다. 읽는 사람의 입장에서는 그 책의 문화 배경과 사회 배경까지도 해독할 수 있는 경우가 있기 때문에 결코 원본을 포기할 수가 없는 것이다.

믿는 것을 의심하지 않으면 문명의 진보란 없다

당대의 계몽사상가 후쿠자와는 '문명은 진보한다'는 신념을 가지고 있었다.

"문명은 죽은 물체가 아니고 살아 움직여서 앞으로 나아가는 것이다. 살아 움직여서 앞으로 나아가는 것은 반드시 순서와 단계를 거치지 않을 수 없다. 즉 '야만'은 '반개'(半開)로 나아가고, '반개'는 '문명'으로 나아가고, 그 '문명' 역시도 지금 실로 진보하는 시기다. 유럽 역시 그 문명의 유래를 더듬어서 밝힌다면, 반드시 이러한 순서와 단계를 거쳐 오늘의 모습에 도달한 것이므로〔……〕"(『문명론의 개략』, 전집 4, 18쪽)

기조가 쓴 문명사의 영향을 받은 후쿠자와는, 사회는 다원화되면서 서로 이질적인 요소들이 상충하는 과정을 겪으면서 다양하게 발전해간다는 인식을 가지고 있었다. 또한 인민의 자유로운

풍랑을 만난 간린마루 호의 모습을 그린 그림.
함장 가쓰 가이슈는 이 배를 총지휘하여 미국에 가고자 했다.

'기풍'(spirit) 역시 이질적 요인들이 상충하는 과정을 거치면서 생겨나는 원소로 보았다. 그는 사회적 관계들이 다원적으로 교차하는 가운데 여러 가지 이해와 견해가 서로 부딪히고 어울릴 수 있게 되며, 이와 같은 현상을 공개적으로 인정하고 보장하는 사회에서만이 비로소 자유가 생겨날 수 있다는 신념을 피력했다. 그러나 그의 '3단계론'은 '진보한 유럽'이라는 창을 통해 후진적인 아시아를 들여다보려 하는 단선적이고 평면적인 인식의 한계를 드러내고 있다.

일찍이 그는 1869년에 펴낸 『세계국진』(世界國盡)에서 거의 무비판적으로 서양 찬미의 태도를 보인 바 있다. 그러나 『문명론의 개략』에서는 냉정한 자세로 미국을 보려 했다. 그러면서 과거의 서양 찬미적인 태도에서 일변하여 미국의 결점을 가차 없이 비판하고 있다.

"또한 서양 제국을 문명국이라고 하나 정확하게 말해 현재에만 이러한 명칭을 부여할 수 있을 따름이고, 구체적으로 문명국인지 여부를 따져본다면 불충분한 점이 허다하다. 전쟁(미국의 남북전쟁)은 세상에 다시없는 재앙인데도 서구 열강은 전쟁을 예삿일로 생각해왔다. 절도와 살인은 인간이 저지르는 가장 큰 죄악임에도 서구 열강의 나라에는 절도범이 있고 살인자가 있다. 나라 안에서는 도당을 결성하여(국회에서의 정당 활동) 권력투쟁을 하는 자들이 있다.

> 하물며 국가 간의 외교에 있어서 어찌 권모술수가 횡행하지 않
> 는 곳이 있겠는가. 그런 나라는 지구상에 존재하지 않을 것이다."
> (『문명론의 개략』, 전집 4, 18쪽)

서양 제국을 향한 비판적인 태도는 과거의 서구문명에 대한 과
신 또는 과찬으로부터의 자세 수정이라고 할 수 있다.

후쿠자와는 '문명의 진보'라는 논리를 적극적으로 수용하여, 그
에 근거해서 일본의 역사를 새롭게 인식하고 또 역사적 의의를 부
여하기도 했다. 그리고 민주주의의 이름으로 행해지는 '다수의 폭
력'을 비판했다. 투기와 축재에 몰두하는 미국인의 처세를 지적하
는 등 사회비판에도 눈을 떠갔다.

그는 '노예해방'이라는 숭고한 이념적 동기 아래 발발한 남북전
쟁이, 결국 천리(天理)와 인도(人道), 사리사욕을 혼동하여 살육
이 횡행하게 됨으로써 결과적으로는 숭고한 이념으로부터 일탈하
고 만 것을 비판했다. 역사에는 아이러니가 있다는 것, 따라서 역
사는 여러 개의 시각으로 보아야 한다는 새로운 자각이 후쿠자와
를 이끌고 있었다.

> "예를 들어, 과거의 문명의 진보와 그 발단이라는 것도 모두
> 이른바 이단과 망설(妄說)에 기인하지 않은 것이 없다. 애덤 스
> 미스가 처음으로 경제론을 설파했을 때는 세상 사람들 모두가
> 이를 망설이라 반박하지 않았던가. 갈릴레이가 지동설을 주장

했을 때는 이단이라 하여 형벌을 당하지 않았던가. 이설쟁론(異說爭論)이 해를 거듭해가면서 세상의 평범한 백성들은 지자(知者)의 편달을 받아 무의식중에 그들의 세계로 들어가게 되었다. 그리하여 오늘의 문명한 시대에 이르러서는 학교에 다니는 아이들조차도 경제론과 지동설을 의심하는 이가 없다. 의심하지 않는 정도가 아니라, 이 이론을 의심하는 자는 오히려 어리석은 자로 낙인찍혀 한 무리에 끼지 못하게 되는 지경에까지 이르렀다."(『문명론의 개략』, 전집 4, 14~15쪽)

위의 인용문에서 후쿠자와는 세상의 여론을 독식하고 있는 지식인들의 일반론에도, 또 권력자가 휘두르는 압박에도 두려워 말고 신념을 가지고 학문과 연구 성과를 발표해 사회를 개명해가야 한다는 소신을 드러내고 있다. 문명의 진보는 그렇게 함으로써 가능한 것이라는 사실을 역설한 것이다.

그러나 문명의 진보를 바라보는 이러한 후쿠자와의 역사관은 이미 18세기부터 19세기 초에 걸쳐 유럽의 사상계를 풍미했던 것으로, 다시 말해 후쿠자와의 독창적인 사상은 아니었다.

문명 3단계론, 그들을 배우는 목적은 독립이다

후쿠자와는 1869년 그의 저서 『장중만국일람』(掌中萬國一覽)에서 인간의 성장 정황에 따라 문명의 단계를 '야'(野)와 '문명' 두 단계로 구분한 뒤, 이를 다시 네 가지 형태, 즉 '혼돈' '야만' '미개' '개화문명'으로 분류했다.(『장중만국일람』·2, 463~464쪽)

두 번째 미국 여행에서 돌아온 뒤 저술한 이 책에서 그는 유럽과 미국을 문명국의 대표적인 모델로 소개하면서, 세계 각국의 인구, 인종, 문명의 정도, 언어, 정치형태, 교통, 재정 등에 대한 내용을 덧붙였다.

이에 따르면 뉴기니(New Guinea)를 비롯하여 오스트레일리아의 원주민은 '혼돈', 몽골과 아라비아 및 아프리카의 북방 원주민은 '야만', 중국과 터키 및 페르시아는 '미개', 미합중국과 영국, 프랑스 등의 국민은 '개화문명'으로 규정하고 있다. 그러나 여기서는 자국의 문명 정도에 대해서는 언급하지 않았다.

그로부터 6년 뒤에 발표한 『문명론의 개략』에서는 문명의 단계를 '야만' '반개' '문명'의 3단계로 구분하고, 아프리카와 오스트레일리아를 야만, 아시아를 반개, 유럽과 미국을 문명국으로 분류했다. 즉 문명의 상태를 지리적으로 구분함으로써, 말하자면 지정학적 위치에 따라 문명의 발전 정도가 다르고 또 영향을 받게 된다고 보았음을 알 수 있다.

이에 따르면 제1단계의 '야만'은 사람들이 정착하지 않은 상태로 어업과 농업(채집과 수렵)을 하는 사회로, 기술과 학문이 필요하지 않은 단계다. 특히 문자를 사용하고 있다 하더라도 그것은 단지 의사전달의 도구에 지나지 않는 수준인데다, 사회를 지배하는 것은 오로지 무력이라는 수단 한 가지뿐이다. 따라서 권력이 한쪽으로 편중되지 않을 수 없는 단계로 규정했다.

제2단계의 '반개'라는 지점에는 막부시대 말기와 유신기의 일본을 두고 있다. '야만'에 비해서는 좀더 문명한 쪽이 '반개' 단계가 된다는, 그의 염원이 담긴 조어라고 할 수 있다.

"또한 농업은 발전하여 의식주 문제가 해결된다. 도시와 농촌이 형성되고 국가로서의 체제도 갖추는 등 외형적으로는 어느 정도 발전을 이루었다고 하겠으나, 그 내실을 살펴보면 부족한 것이 매우 많다. 학문은 활발하나 힘써 실생활에 도움이 되는 학문을 하는 사람이 드물고, 인간관계에서는 시기와 질투심이 심하다. 반면 사물의 이치를 담론할 때는 의구심을 드러내어 미심적은 점을 물어볼 용기가 없다. 흉내를 내는 잔꾀는 능란하지만 새로이 사물을 창조하는 연구가 부족하고, 옛것을 배우는 것은 알면서도 옛것을 고칠 줄은 모른다. 사람이 살아가는 사회에 법칙이 없는 것은 아니지만, 습관에 압도되어서 법칙이 체계화되지 못했다. 이것을 '반개'라고 한다. 아직 '문명'에 다다르지 않은 상태를 말한다."(『문명론의 개략』, 전집 4, 17쪽)

'반개' 상태의 국가에 대해 그는 이렇게 정의하고 있다. 일면 추상적인 논리같이 보이면서도 매우 구체적인 관찰이라고 할 수 있다. 그의 상대적인 사유법에 의해서, 만약 '반개'를 '야만' 쪽에서 바라본다면 오히려 '문명'이거나 '문명'에 가까운 것일 수 있다는 논리가 나온다. 이는 일본 문명을 비판한 것이다.

후쿠자와는 또 제3단계의 '문명'을 이렇게 기술하고 있다.

"세상의 모든 현상을 과학적 법칙성에 의해 자유로이 지배한다. 하지만 과학적 법칙성 일변도가 아니라 법칙을 지키면서도 자유로운 의사활동을 전개하고, 사람의 기풍은 활발하여 과거의 습관에 빠지지 않고, 스스로 독립하여 남이 베푸는 은혜에 의존하지 않고, 자발적으로 인격을 수양하고 스스로 지식을 연마하며, 옛것에 집착하지 않고, 현재에 만족하지 않고, 작은 평안에 안주하지 않고, 미래의 대성을 도모하며, 나아가되 물러서지 않고, 당도하되 머무르지 않는다. 학문의 길은 허(虛)가 아니라 하여 창조의 기초를 개척하고, 상공업은 날로 번성하게 하여 행복의 원천을 심오하게 하고, 사람의 지혜는 지금 당장 사용하되 그 얼마간은 남겨두어, 그것으로써 미래의 책략으로 삼는 것과 같은 것이다. 이것을 현재의 '문명국'이라고 한다. '야만'과 '반개'의 상태를 통과한 시점이 이 문명국에게는 까마득한 과거라고 할 수 있다."(『문명론의 개략』, 전집 4, 17쪽)

'세상의 모든 현상을 과학적 법칙에 따라 자유로이 지배한다'는 것은 자연과학의 법칙에 의거하여 사물을 판단한다는 의미다. 또한 '과거의 습관에 빠지지 않는다'는 것은 과거에 무비판적으로 신봉해온 가치, 또는 무조건적으로 신앙해온 봉건사회의 문화적

후쿠자와는 "서구문명으로부터 배워야 한다"는 말로써
문명사상과 국가적 이상을 가장 구체적이고 체계적으로 표현했다.

풍토 전반에 대해 반성하고 개선, 개혁함을 의미하는 것이다.

후쿠자와가 기술한 이와 같은 문명 3단계론은 '문명이란 무엇인가' 하는 논의이기 이전에 동서 문명의 비교론이기도 하다. 현재라고 하는 시점은 아직 세계 전체가 문명이 발달하지 않은 단계이므로 완전한 문명이 존재할 수가 없다. 하지만 적어도 현재의 시점에서는 동양에 비해 서양의 문명이 발전해 있음을 인정하고, 문명 후진국 일본으로서는 서양에 제압당할 수밖에 없는 현실임을 시인하고 있다.

"일본의 문명은 서양의 문명보다 뒤떨어져 있다고 하지 않을 수가 없다. 문명에 선과 후가 있다면, 선진 문명은 후진 문명을 제압하고, 후진 문명은 선진 문명에 제압당하는 이치다."(『문명론의 개략』, 전집 4, 183쪽)

이 때문에 그는 무엇보다도 먼저 서구문명으로부터 배워야 할 필요성을 강조했다. "그것을 배우는 것은 어디까지나 일본의 독립을 지키기 위한 수단이고, 자국의 독립은 곧 서구문명을 섭취하는 궁극의 목표가 아니면 안 되는 것"으로 인식했던 것이다. 이러한 인식이야말로 『문명론의 개략』의 총론이라 하겠다. 말하자면 후쿠자와 유키치의 문명사상과 국가 이상을 가장 구체적이고 체계적으로 표현한 부분이기도 하다.

『문명론의 개략』에서 논의한 문명의 본질, 즉 후쿠자와가 서양의 문명에서 학습한 문명의 본질은 '3단계론'에서 피력한 바와 같이 대략 다음과 같이 정리할 수 있다.

첫째, 미개의 시대는 무력 또는 지력(智力)이 강대한 자가 군사와 정치의 전권을 장악하고 일반 인민을 통제한다. 그러나 문명이 점차 진보함에 따라 인민은 스스로 인식을 할 수 있게 된다. 단순히 무력에 의한 정치만이 아니라 상공업의 번창이나 창조적인 학문에 이르기까지 모든 제반 요건이 사회를 움직이게 하는 유력한 요소가 되는 것이다.

따라서 문명의 진보는 사회를 구성하는 세력들의 다변화에 근거한다. 그리고 필연적으로 그 세력들이 상호 대립하여 자유롭게 경쟁해야 하고, 그런 가운데 권력이 편중되어서는 안 된다. 요컨대 가치의 다원화, 모든 세력의 평균화가 즉 문명의 본질인 것이다.(제2, 8, 9장)

둘째, 문명이란 인민 전체의 생활수준의 향상과 지덕(知德)의 진보를 말한다. 소수의 지식인 또는 일부의 유력자가 존재하는 것만으로는 문명사회라 말할 수 없다. 즉 다수 인민의 물질적, 정신적 생활수준의 정도가 문명사회의 요건이 된다.(제3, 4장)

셋째, 문명이란 인민의 지덕이 진보함을 말한다. 그런데 덕의 경우는 인류가 생성한 이래 전혀 변화하지 않았으나, 지는 부단히 진보를 거듭해왔다. 이를테면 공자나 그리스도 이후 성인은 더 이상 나타나지 않았지만, 인류의 지(실학, 자연과학과 경제학)는 현저한 진보를 가져왔다. 지의 면에서는 고대의 성현들조차 오늘날의 삼척동자와 같은 수준이다. 고로 문명이라 함은 주로 지의 진보에 속하는 것이라고 할 수 있다.(제6, 7장)

넷째, 문명사회에서는 사회 전반이 대규모로 진보하여 개인적인 덕이나 덕망은 효력을 잃게 되고, 법과 규제, 제도 등이 사회를 유지하는 힘을 얻게 된다. 고로 문명사회는 덕치주의나 인정주의가 아니라 법치주의와 규약주의 사회다.

다섯째, 문명의 진보에 필요한 것은 회의(懷疑, skepticism)의 정신이다. 과거의 사람들이 믿어 의심하지 않았던 것에 대해 의문을 품고 끊임없이 새로운 진리를 추구해나가는 것이 문명의 요체다. 옛것을 믿어 의심하지 않는다면 문명의 진보는 없다. 즉 이설쟁론이 곧 문명의 모체가 되어야 한다.(제1, 7, 9장)

서구문명의 모델, 버클과 기조를 만나다

문명의 역사적 발전 단계와 각 민족의 지리 조건을 결부시킨 이러한 3단계론은 버클 등 19세기 유럽 사상가의 발상이다. 이 3단계론에서 문명을 구별하는 지표는, 그의 문명론의 열쇠인 '얼마나 자유롭게 사고하고 행동할 수 있는가' 하는 문제다.

서구문명을 소개하며 근대 일본의 모델로 가장 영향을 미친 것 가운데 하나로 버클과 기조의 저서를 들 수 있다. 버클의 『영국문명사』와 기조의 『유럽 문명사』는 일본의 지식인에게 특별한 자극을 주고 한편으로 방향을 제시해주기도 한 책이다. 후쿠자와가

『문명론의 개략』에서 그 이름을 인용한 영국의 경제학자 존 스튜어트 밀(John Stuart Mill)과 그가 쓴 『대의정체론』(1861), 『경제학원론』(1848) 등의 영향도 무시할 수는 없다. 그러나 버클과 기조가 쓴 문명사는 당시의 구미에서도 '문명사'를 대표하는 참신한 저작물로 이미 평판이 높았다.[7]

기조의 『유럽 문명사』는 로마 멸망 이후 프랑스 혁명에 이르는 유럽의 역사를 간결하고 명쾌하게 소개한 책으로, 소르본 대학에서 강의한 내용이 주가 되고 있다. 버클의 『영국문명사』는 저자의 이른 사망으로 완결을 보지는 못했지만, 인간의 역사도 자연과학적 법칙의 지배를 받는다는 독자적인 역사관으로 주목을 받았다. 제목은 '영국문명사'이나 그 내용과 목차를 보면 세계 문명사를 다룬다는 것을 알 수 있다.

후쿠자와가 어떻게 이 두 사람의 저서를 수용하고 여기서 얻은 지식을 지적인 도구로 활용하게 되었는가에 대해서는, 마루야마 마사오(丸山眞男)의 『문명론의 개략을 읽는다』(1986), 마루야마와 가토 슈이치(加藤周一)가 공저로 펴낸 '일본근대사상대계' 시리즈 『번역의 사상』(1971), 오자와 에이이치(小澤榮一)의 『근대 일본사학사의 연구: 메이지편』(1968) 등을 통해 이미 학계에 자세히 보고되어 있다.

영국 빅토리아 시대의 재야 역사가였던 버클의 『영국문명사』는 후쿠자와를 비롯하여 '메이로쿠샤'의 가토 히로유키, 다구치 우키치(田口卯吉) 등 메이지 초기의 지식인을 촉발시켰고, 결국 니시

무라 지로에 의해『세계문명사』라는 제목으로 번역, 소개되기에 이르렀다.[8]

기조는 소르본 대학 근대사 교수로 출발하여 장관과 수상을 거친 뒤 만년에는 저술에만 전념했던 프랑스의 역사가였다. 그의 역저『유럽 문명사』의 원서와 영역본은 당시 도쿄사범학교와 나카에 초민(中江兆民)[9]이 설립한 프랑스어 학숙을 비롯한 공사립 중등 교육과정의 교재로 채용되었고, 더불어 개화 지식층의 필독서로 각광받았던 사실들이 기록으로 전하고 있다.

쓰다 마미치는 당대의 대표 지성지인『명육잡지』에서, 당시의 메이지 정부가 추구하는 이상은 문명의 진보였다는 것과 함께 세인들 역시 문명개화를 열망하는 분위기였음을 다음과 같이 증언해 주고 있다.

"나라의 정세 변환에 즈음하여 그 유행 또한 신속하여, 마침내 오늘날 입을 열면 곧 개화를 논하는 형세에 이르렀다."(『명육잡지』제3호, 1874년)

문명개화의 분위기가 세상을 뒤덮고 있던 1870년대에는 역사에 대한 사람들의 관심이 높아져서, 세계사를 비롯해 영국·미국·프랑스 등 구미 각국의 역사서적을 번역하고 읽는 일이 대단히 활발했다.[10] 특히 기조의 영향은『문명론의 개략』가운데 제2장 '서양의 문명을 목표로 할 것', 제3장 '문명의 본질을 논함', 제8장

'서양문명의 유래' 등에서 집중적으로 나타나고 있다.[11]

후쿠자와는 문명은 미개국일수록 세력이 단일하고, 진보를 거듭해감에 따라서 다세포적으로 분화하며, 그리고 수많은 세력이 자유롭게 대립하고 경쟁하면서 가치의 다원화가 이루어져야만 문명사회로 발전할 수 있다고 주장했다. 이러한 그의 논리 역시 기조가 유럽 문명의 기본 특색으로 강조했던 정신이니, 후쿠자와는 기조의 주장을 답습한 것이다.

그는 『문명론의 개략』 제8장 '서양문명의 유래'에서 기조의 문명사의 전체적인 개략을 본인의 언어로 재구성하여 소개하면서, 과거 서양에서 왕후·귀족·사제·서민 등 모든 세력이 부단히 접촉하고 경합했던 사실들을 예를 들어서 논증하고 있다. 이어서 제9장 '일본문명의 유래'에서는, "일본사회에는 모든 면에서 권력의 편중(偏重)과 편경(偏輕)이 있으며, 그것이 문명의 발전을 저해한 최대의 요인"이었다고 역설했다. 이것 역시 기조의 문명사를 응용한 것으로 보아야 할 대목이다. 특히 제4장에서 언급한 '건무중흥사론'(建武中興史論)과 제5장에서 다룬 '메이지유신사'와 관련한 내용의 경우는 버클의 문명사에서 영향을 받았으나, 제9장 '일본문명의 유래'는 기조의 사론에서 영향받은 것이 크다고 보고되어 있다.

제8장 '서양문명의 유래'에서 유럽의 문명이 과거 여러 세력 간 대립과 항쟁 과정을 거치며 발달해온 사실을 소개한 후쿠자와는, 다음 장 '일본문명의 유래'에서는 논지의 방향을 바꾸어 그 반대

현상을 일본 역사에서 지적하고 나섰다. 즉 고대에서 근세까지 각 시대와 각 계층의 역사적 사실을 아우르면서 '권력의 편중과 편경'이 어떻게 일본의 문명 발달을 방해했는지, 그 근본 원인을 종횡으로 논증한 것이다.

"일본사회는 고대로부터 치자(治者) 계층과 피치자 계층이라는 두 개의 원소로 나뉘어 권력의 편중 현상을 이루었고, 오늘날에 이르기까지도 그 형세를 바꾼 적이 없다. 인민들 사이에서 자신의 권리를 주장하는 사람이 없는 것은 두말할 것도 없다. 종교든 학문이든 모두 치자들의 세계에서 농락되기 때문에 이제껏 자립할 수가 없다.

난세의 무인들은 의용(義勇)이 있는 것처럼 보이지만 그들 역시 독립된 일개인으로서의 자각을 하지 못한다. 난세든 태평한 세상이든 인간관계의 극히 큰 것에서부터 극히 사소한 것에 이르기까지 편중이 횡행하지 않은 곳이 없으며, 이 편중에 의존하지 않으면 성사될 수 있는 일이 없다. 그것은 흡사 만병통치약과 같아서, 이 영약의 효능으로 치자들의 권력을 보강했고, 그 권력을 모아서 이를 집권자의 전술로 밀어붙인다는 취지인 것이다."(『문명론의 개략』, 전집 4, 168쪽)

문명개화의 문제에 대하여 제2장과 제3장에서는 그 해명에 집중하고 있다. 또한 제4장과 제5장 '일국 인민의 지덕을 논하다',

제6장 '지덕의 변', 제7장 '지덕이 행사될 수 있는 시대와 장소를 논하다', 제9장 '일본문명의 유래' 등은 버클의 『영국문명사』에서 영향을 받았다는 것이 통설이다.[12]

역사연구의 과학적 법칙성과 통계

버클은 역사를 과거의 영웅과 위인 등 소수 인물들의 개인사 중심의 기록으로부터 해방시켜 인민 전체의 발전의 기록이 되게 해야 한다는 것을 연구의 기본 방향으로 설정했던 사학자다. 그리고 이러한 역사의 기술과 연구에서도 자연과학적 법칙성을 적용할 수 있다고 했다.

후쿠자와는 기후와 풍토, 음식물 등 자연적인 조건과 역사 사이에 존재하는 불가분의 관련성에 비상한 관심을 보였고, 여기에 과학적 객관성을 가진 통계(統計, statistic)의 필요성을 누차 강조했다. 또 유럽이 세상에서 가장 앞선 문명을 보유하고 있는 것은 활발한 회의(懷疑)의 정신이 문명 발전의 동력이 되었기 때문임을 유력한 원인 가운데 하나로 꼽는다. 바로 버클의 『영국문명사』 '총론'을 적극적으로 인용한 부분이다. 그리고 관찰을 통해 과학적인 법칙성을 찾아내고, 그 통계를 바탕으로 변화를 예측하는 연구방법을 도출해야 한다는 버클의 주장을 후쿠자와는 이렇게 표현하고 있다.

1862년 유럽 여행 당시
구입한 수첩.
후쿠자와 유키치는 '서항수첩'이라
불리는 이 수첩에 틈틈이
짧은 글을 적어두었다.

"그러므로 사회의 사정은 일사일물(一事一物)만으로 마음대로 판단을 내려서는 안 된다. 반드시 광범하게 사물의 작용을 보고, 그것이 전반적인 현상으로 나타나는 바를 관찰하여 비교 연구를 하지 않으면 진상을 명확하게 밝힐 수가 없다. 이처럼 광범위하게 사물의 실태를 조사하는 방법을 서양에서는 '스타티스틱'(statistic)이라고 한다." (『문명론의 개략』, 전집 4, 56쪽)

이렇게 '통계'라는 학술용어는 후쿠자와에 의해 번역되어 오늘에 이르고 있다. 이미 『학문의 권유』 제15편에서 '믿음의 세계에 거짓이 많고, 의문의 세계에 진리가 많다'고 하여 버클을 인용한 바 있는 후쿠자와는, 『문명론의 개략』 제7장에서 다시 '회의의 정신'이 문명 발전의 동력임을 강조하고 있다.

"문명과 지력이 점차 진보함에 따라서 사람의 마음속에 의문이 생기게 되었고, 온 세상의 사물을 가볍게 보아 간과하지 않고 사물의 작용을 보면 반드시 그 원인을 밝히려고 한다. 설사 진정한 원인은 발견되지 않는다 하더라도 일단 회의의 정신이 일어난 이상, 그 사물의 이와 해를 판단하여 이익을 취하고 해를 피하는 연구를 하지 않을 수가 없다. 비와 바람의 재해를 피하기 위해서는 가옥을 엄중히 하고, 하천과 바다의 수해를 막기 위해서는 제방을 쌓고, 물을 건너기 위해서는 배를 만들고, 불을 막기 위해서는 물을 이용한다." (『문명론의 개략』, 전집 4, 120쪽)

버클은 인간에게 가장 큰 영향을 주는 물리적인 요인, 즉 기후, 음식, 토양, 자연의 일반적 상황(전 세계에 분포해 있는 각기 다른 문화와 습관),[13] 그리고 나아가 인간의 행동까지도 법칙에 의해 조절된다고 했는데, 앞의 인용문에서도 언급한 바와 같이 후쿠자와는 그것이 통계에 의해 산출해낸 사실임을 인지하게 되었다. 이 통계와 관련한 학문이 현재로서는 아직 미미한 상태에 놓여 있어도 다른 분야의 과학이 발전하는 데 지대한 영향을 미친 것임은 말할 것도 없다.

이상에서와 같이 버클과 기조를 통해 얻게 된 충격과 또 이를 통해 촉발된 지적인 에너지에 의존하여 서구문명의 개략적인 내용을 연구하고, 버클이 소개한 통계적 실증적 방법 등을 채용한 점 등은 후쿠자와의 성과라 하겠다. 또한 후쿠자와는 '지리적 환경론'[14]에 입각하여 상호적인 관계를 주목한 점, 나아가 인지(人智)를 출발점으로 하여 시세(時勢: 대세)라는 사회 문제를 제기한 점, 그리고 사회적인 관심과 책무에 대해 논리를 개진한 점 등 대량 관찰이라는 시각에서 과학적인 법칙성과 편향성에 관한 인식이라는 새로운 논리를 제시한 것으로 평가할 수 있다.

버클이 살던 시대는 빅토리아 왕조의 중기에 해당하는 시기다. 이미 200년 전에 영국은 시민혁명을 이루었고, 입헌정치도 어느 정도 발전을 이룬 상태였다. 그리고 세계 시장을 점유하여 상공업의 패권을 장악했기 때문에 영국의 산업 생산력은 세계 최고의 수준에 달해 있었다. 또한 보수당과 자유당에 의한 모범적인 정당정치가 정착되어 있었고, 캐나다·오스트레일리아·뉴질랜드·홍콩, 그리고 중국의 일부를 지배 아래 두고 전 세계에 걸쳐 광대한 식민지를 확보하는 등 당시 영국의 상황을 고려할 때 국세는 크게 신장되었고 사회도 안정된 상태에 놓여 있었다.

이런 사회 정치적 배경 속의 1860~70년대에, 영국은 역사와 철학보다는 '과학적 방법론'의 보급과 발달 쪽에 관심을 두고 있었다. 버클 역시 인류사에는 일관된 법칙이 존재하며, 역사 역시 과학적인 법칙성에 의해 증명되어야 한다는 신념을 가지고 있었다. 이것이 바로 통계(Statistic)라는 것이었다.

> "문명은 한 개인을 보고 논해서는 안 되며, 국가 전체의 상태 (지덕의 진보)를 보고 판단해야 한다."(『문명론의 개략』, 전집 4, 51쪽)

여기서 말하는 지덕은 개개인의 지덕이 아니라 국가 또는 국민 전체가 가진 지덕을 말한다. 다시 말해 한 나라 전체에 분포되어 있는 지덕의 총량, 즉 한 국가의 평균적인 지덕의 수준을 의미하는 것이다. 후쿠자와의 논리는 "지식과 덕망을 갖춘 훌륭한 인물 하나가 살고 있다고 하여 그 나라 전체가 문명국일 수는 없다"는 것이다. 그는 『후쿠자와 전집 서언』에서 "문명론이란 인간의 정신 발달에 관한 논의다"라고 언급한 후, 『문명론의 개략』에서는 한 국가 국민 전체의 정신의 발달을 일체로 묶어서 이를 논해야 할 것임을 피력했다. 바로 통계적인 방법을 적용하여 일반 법칙을 도출해낸다는 버클의 이론을 도입했음을 알 수 있다.

유럽의 문명이 아시아의 문명과 다른 점은, 유럽의 문명에서는 인간이 자연을 '정복'하고 있다는 점이다. 바꾸어 말하면, 자연과학이 발달한 유럽에서는 인간이 이룩해놓은 문명의 힘이 자연의 힘보다도 우위에 있다는 의미다.[15] 이런 논리의 연장선에서 버클은, 이성과 지혜에 따른 '이지'(理智)적 요인의 결과는 시간이 지나도 영속한다는 사실을 논증했다.

"이지적 원칙은 도덕적 원칙보다 훨씬 진보적일 뿐만 아니라 그 결과 또한 훨씬 영속적이다. 어떤 문명국에서도 이지에 의해 얻어진 수확물은 주도면밀한 주의로 오랫동안 보존되고, 잘 이해된 일정한 법칙으로 기록되며, 또한 전문적이고 과학적인 용어를 이에 사용함으로써 보호된다. 더구나 이들 수확물은 용이하게 한 세대에서 다음 세대로 이전되고, 이렇게 하여 알기 쉬운, 이를테면 이해하기 쉬운 형태로 다듬어져 왕왕 까마득한 후세에까지도 영향을 미친다. 또한 인류 대대의 가보가 되기도 하며, 그것을 낳은 천재의 불후불멸의 유산으로 장구히 후세에 전달되는 것이다.

그런데 우리의 도덕적 능력이 낳은 선행은 이만큼의 이전 능력이 없고, 오히려 은밀하고 퇴영적인 특성을 띠고 있다. 이렇게 되어버린 것은 대개 자기수양과 자기희생의 결과이기 때문에,

각자 자기 자신의 이익을 위해 베풀 수밖에 없는 것이다."(『문명론의 개략』, 전집 4, 237쪽)

후쿠자와는 이미 『문명론의 개략』 제4장과 제5장에서 인민의 지덕(intellect, moral)의 진보가 문명의 추진력이라는 사실을 설명했는데, 지덕 가운데서도 특히 지에 논의의 중점을 두었다. 제6장 '지덕의 변'에서는 지와 덕을 상호 비교 대조하여, 문명의 발전을 위해서는 지가 덕보다 우선이어야 한다는 주장을 내세웠다. 그리고 그는 문명을 진전시키는 결정적인 힘은 인류의 지식과 지력, 지성의 발달밖에 없다는 결론을 내렸다.

즉 후쿠자와는 인류의 도덕교육은 태초 이래 변화가 없었지만, 지식의 내용은 부단히 진보하여 잠시도 멈추지 않는다는 사실을 인식하고, 덕이 영향을 미치는 것은 시간적으로나 공간적으로나 그 범위가 좁지만 지식 보급의 범위는 매우 넓다고 주장했다. 따라서 지의 진보가 문명 발달의 원인이 될 수밖에 없다는 데 역점을 두고자 했다. 이러한 논증은 다음과 같이 정리된다.

문명사회는 개인적인 덕(私德)으로 지배할 수 없다. 덕의(德義)는 사람의 마음속에 존재하기 때문에 움직이지 않지만, 지혜 또는 지성은 외적인 조건에 따라 항상 이해와 득실을 계산하는 마음의 작용이다. 또 덕의는 일개인의 행위이므로 그 미치는 효과가 개인이나 가정을 크게 벗어날 수 없으나, 지혜는 사물의 법칙을 발견하여 이를 광범위한 세계로 전파시키고 확산시킨다. 덕의는 기독교의 '십계'나 유교의 '삼강오륜'처럼 영원불변의 성격을 가지고 있으나, 인류의 지혜는 부단히 발전하고 변화한다.

다시 버클의 이론으로 돌아가보자. 버클은 그 시대 국민 가운데 가장 재능이 있는 계층이 보유한 지식의 양, 그 지식의 방향, 그 지식이 지향하는 주제, 그리고 그 지식이 사회의 각 계층에 얼마나 보편적으로 영향을 미치는가 하는 점이 문명한 국민을 변화시킬 수 있는 요인이라고 보았다. 그러나 후쿠자와는 그 시대의 국가 전반에 확산되어 있는 지덕의 총량 가운데 어느 것이 문명의 진보에 공헌하는가 하는 선택의 문제에서, 덕의는 정체 상태에 있는 것으로 보았으나 지혜는 부단히 전진하는 유기적인 생명체로 보았다. 이것은 후쿠자와의 감추어진 의도, 즉 과거의 역사관을 비판하겠다는 의도가 작용하고 있었음을 암시하는 근거가 되고 있다. 즉시 그는 역사문제로 전환한다.

목적은 독립이요, 문명은 그 수단이다

후쿠자와는 역사를 과학적으로 파악해야 한다는 견해를 피력하며 역사 기술의 그 전제적(專制的)인 방법론에 문제를 제기했다. 즉 지덕의 진보는 궁극적으로 국가의 독립이라는 목적을 달성하게 된다는 전제(前提) 아래, 지덕의 진보와 문명의 발달에 아무런 관계도 없는 역사의 서술, 말하자면 과거의 역사관을 무가치한 것으로 폄하했다. 과거의 역사는 정권의 교체와 그 변화의 과정, 아니면 전쟁을 기술한 내용밖에 없다는 사실을 지적하고, 이런 식의 역사 서술을 지지해온 '유교적 치란(治亂)의 흥망사관'을 정면으로 반박한 것이다.

『문명론의 개략』은 그 내용의 대부분을 역사 문제를 다루는 데 할애하고 있다. 역사에 대한 과거의 접근법에는 어떤 문제가 있었는가 하는 의문에서 시작하여, 전통적인 역사 서술 방법론에 대한 비판이 제4장과 제5장에서 전개되고 있다. 그리고 역사 속에서 지와 덕이 각각 어떤 책무를 지니고 있었는가 하는 문제가 그다음의 제6장으로 이어진다.

후쿠자와가 비판의 대상으로 삼고 있는 '전통적 사관'이란 바로 앞에서 말한 '유교적 치란의 흥망사관'으로, 쉽게 말해 역사가 한 사람의 영웅이나 한 사람의 지배자에 의해 움직인다는 관점이다. 또한 '대의명분사관'이나 '권선징악사관' 역시 간과할 수 없는 내용을 담고 있기는 마찬가지인데, 이러한 역사관들은 하나같이 역사를 도덕이라는 거울에 비추어본다는 특징을 가진다. 그리하여 그 거울에 비친 역사를 통하여 대의명분을 세상에 알린다. 역사를 도덕의 거울로 삼게 되면 아무래도 개인의 행동이 중심이 될 수밖에 없는데, 그 개인이란 다름 아닌 치자(治者)다. 이를테면 덕의를 갖춘 군주가 통치하면 세상은 편안해지고, 부덕한 군주가 군림하면 세상은 어지러워지는 것이다.

후쿠자와는 근세 이후의 전통사관이 가진 결함을 야유하면서, 이러한 사관 아래 깔려 있는 도덕주의의 맹점을 통박했다. 후쿠자와가 이상으로 생각하는 미래의 일본은, 한 사람에 의해 지배되는 국가가 아니라 국민 전체의 의지에 의해 받들어지는 국가여야 했다.

서구문명이 지닌 최대의 장점은 그 사회가 자유를 기반으로 하고 있다는 점이다. 그러나 일본사회는 권력이 편중되어 있다. 후쿠자와가 특별히 신경을 집중하고 있는 것은, 그것이 단순히 전제적인 정치에만 국한된 것이 아니라 사회 구석구석 모든 분야에서 권력의 편중 현상이 만연되어 있다는 것, 즉 권력의 편중이 일본사회에서 체질화되어 있다는 점이다. 이러한 지적은 기존의 질서에 안주하고 있는 사람들에게 원리적인 변혁을 촉구하는 것이 된다. 후쿠자와는 권력이 편중된 일본사회의 특징을 이렇게 꼬집었다.

"치자와 피치자는 서로 다르다.
국가권력이 왕실에 치우쳐 있다.
정부는 신과 구가 교체되었으나 국가체제는 변한 적이 없다.
일본의 인민은 정치에 관여하지 않는다.
국민이 스스로의 권리를 존중하지 않는다.
종교의 자유가 없다.
학문의 자율권이 없고 오히려 세상의 전제를 조장한다.
난세의 무인들에게 단 한 줌의 기상도 없다.
권력이 편중된 탓으로 평시든 난세든 어떤 경우에도 문명은

진보할 수 없다."(『문명론의 개략』, 전집 4, 171쪽)

사실 일본사회는 불교와 유교는 물론 전통을 중시하는 신도(神道)[16]에서도 예외 없이 고대를 성현의 이상사회로 상정해놓고 있다. 더구나 시대의 변천과 더불어 인간을 타락해가는 존재로 보아왔다. 그러나 후쿠자와는 인간의 지혜가 진보하는 것을 최고의 가치로 인식했고, 역사의 진보와 문명의 발달이 어떻게 이루어지는지에 대해서도 끊임없이 사유하고 성찰했다.

"조용히 중국과 일본의 역사를 생각건대, 예로부터 영웅호걸의 사군자(士君子)들 가운데 때를 만난 이가 매우 드물다. 그리하여 스스로 이를 탄식하여 불평을 늘어놓고, 후세의 사가들 역시 이들을 추모하여 눈물을 흘리지 않는 자가 없다. 공자도 때를 만나지 못하였다 했고 맹자 역시 그러하다. 스가와라 미치자네(菅原道眞)[17]는 쓰쿠시(筑紫)에 유배되었고, 구스노키 마사시게(楠木正成)[18]는 미나토가와(湊川)에서 죽었으니, 이런 사람들의 예는 수없이 많다. 고금을 통하여 더러는 당대에 공덕을 쌓은 사람도 있으나 이를 가리켜 천재일우라고 말한다. 생각건대 때를 만나는 것이 쉽지 않음을 이르는 말이다."(『문명론의 개략』, 전집 4, 59쪽)

후쿠자와는 구스노키 마사시게의 죽음이 고다이고(後醍醐) 천

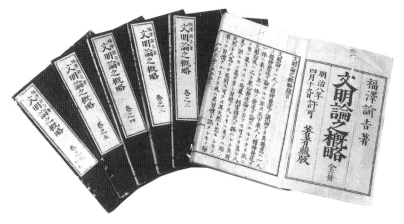

1875년에 펴낸『문명론의 개략』표지와 본문.

황[19]이 영민하지 못했기 때문이 아니며, 당시의 형세로는 구스노키가 멸망할 수밖에 없었다는 대세론을 제기함으로써 과거의 역사 서술, 다시 말해 과거의 역사관이 역사 그 자체가 갖는 의의에서 볼 때 무가치하다고 판단했다. 그는 과거의 역사 서술방식에 대해 대단히 부정적인 시각을 가지고 있었던 것이다.

이러한 그의 판단을 이끈 기조의 기본적인 신념은 역사가 '사실'로서 존재해야 하며 또 이야기되어져야 한다는 것이다. 더불어 그는 이야기되어야 할 '사실'의 양과 그 내용의 다양함 역시 우리가 상상하는 것보다 훨씬 더 방대하다는 점도 환기시켰다.

"전투와 전역(戰役), 정부의 공문서 같은 물리적이어서 눈으로 확인 가능한 사실 외에 현실적이면서 정신적인, 보이지 않는 사실들이 있다. 고유명사를 가진 개인적인 사실도 있다. 이름을 갖지 않은 일반적인 사실도 있다. 이러한 것은 정확한 날짜를 확인할 수도 엄밀하게 기록해둘 수도 없지만, 다른 사실과 마찬가지로 그 역시 사실이다. 그래서 이것을 역사에서 제외한다면 반드시 역사가 불구가 된다는 것 또한 역사적인 사실이다."[20]

이러한 기조의 진술은 사건과의 관계, 사건과 결부되어 있는 유대, 원인과 결과 등도 엄연히 역사 속의 진실이기 때문에 역사의 한 부분이 되어야 한다는 주장이며, 동시에 민중의 역사, 일반 국민의 역사 또한 경시되어서는 안 된다는 엄중한 경고다.

후쿠자와는 역사가 정부의 역사가 아니라 국가와 국민의 역사이기 위해서는, 그 목적으로서는 한 나라의 독립과 다를 바가 없는, 다시 말해 국민의 지혜의 발달에 대한 관심과 함께 사회 전반에 걸친 문명의 발달과정과 내용이 사실과 결부되어 있어야 한다는 입장을 피력했다. 현실상황에 어두운 사가가 쓴 역사는 역사그 자체로 볼 때 가치가 없다고 전제하고, 그런 전제 아래 새로운 역사관의 출현을 유도했던 것이다. 이러한 새로운 역사에 대한 발견이 『문명론의 개략』의 집필에 앞선 독서의 성과, 즉 버클과 기조의 영향임은 말할 것도 없다.

> "양가 역대의 군왕들[21]은 모두 염치를 모르는 간사한 인간들일 뿐 아니라 평생의 언행이 모두 사욕을 위해 한 것이니 흡사천하제일의 악당과 같다. 이 사서의 문장이 과연 진실하다면, 양 천황가의 군왕은 대대로 모두 천하제일의 악인이고 천하제일의 권세가들이다."(「걸씨만방사략서」, 전집 19, 762쪽)

후쿠자와는 『문명론의 개략』을 집필하기 직전에 『걸씨만방사략서』[22]에서, 역사가의 주관적 해석과 판단으로 당시의 역사를 국민들이 기꺼이 이러한 악당들에게 복종한 역사로 단정지어버림으로써 역사 기술의 목적을 망각하는 오류를 범하고 있다고 주장했다.
또한 유교 분위기를 풍기는 역사나 국학자들이 쓴 역사 역시 옛문물이나 사상만을 귀하게 여기는 국체론적 상고주의(尙古主義)

나 대의명분만 앞세우는 도덕주의 태도를 견지하고 있다 하여 강력하게 비판했다. 그리고 무가치한 역사 서술방식은 문명을 저해하고, 나아가 국가의 독립을 보전하는 데도 전혀 도움이 되지 않는다고 역설했다.

후쿠자와가 기조를 인용한 데 대한 연구는 학계에도 많이 보고되어 있으나[23] 여기서는 이 정도로 정리하는 것이 좋겠다.

이미 제2장 '서양의 문명을 목적으로 할 것', 제3장 '문명의 본질을 논함' 등에서 기조를 대거 인용했던 후쿠자와는, 제8장과 제9장에서는 각각 '서양문명의 유래'와 '일본문명의 유래'에 관해 심도 있는 논의를 했다. 특히 '서양문명의 유래'에서는 기조의 『유럽문명사』의 목차를 순서대로 답습하고 그 역사적 유래를 설명하고 있다.

그러나 제9장의 경우, 일본문명의 유래에 대해서는 역사적인 설명을 하지 않았다. 역사가가 아닌 그는 대신 '권력의 편중'이라는 독특한 명제를 들고 나와서 수백 년에 걸친 일본사의 흐름을 사상가답게 비판했다. 따라서 제9장은 부정적인 시각으로 서술될 수밖에 없었다. 이어서 마지막 제10장에 이르러서는, 장차 일본국민이 직면하게 될 '자국의 독립을 논하다'라는 과제를 설정하여 격정적인 톤으로 문명론 전체를 종결하는 형식으로 마무리를 짓고 있다.

문제는 제8장과 제9장에서 왜 버클이 아니고 기조여야 했는가 하는 점이다. 버클과 기조는 『문명론의 개략』 집필 초기부터 문명사의 바탕이 되는 참고자료로서 주요 목록에 올라 있었다. 두 사람은 공히 진보사관에 철저한 역사학자였지만, 그러나 중대한 차이가 있었다.

기조의 『유럽 문명사』의 경우 '로마 제국의 붕괴에서 프랑스 혁명에 이르는 유럽 문명사'라는 부제가 붙어 있음에 주의할 필요가 있다. 즉 기조는 그리스·로마의 고대문명은 언급하지 않고, 로마 제국의 말기에서 그 사론을 전개하기 시작해 프랑스 혁명 전야에서 전체 내용을 끝낸다. 이에 대해 마루야마 마사오는 다음과 같이 설명하고 있다.

"한마디로 말하면 기조는 유럽 문명의 기본적인 특징을 고대문명(고대 그리스까지 포함하는 모든 고대문명)과의 대비에서 파악하고 있다. 고대문명의 단일성, 획일성과 유럽 근대문명의 다양성(다른 요소의 대립과 병존)을 대비시킨 것이다."[24]

덧붙이자면, 근대 유럽은 이를테면 정치사상의 문제에서 신정주의(神政主義), 군주정치, 귀족정치, 민주정치 등 모든 원리가 서로 끊임없이 투쟁하는데, 그 투쟁이 일상화되고 항구화됨으로써 어느 하나가 사회를 독점할 수 없게 되었다. 때문에 그 부단한 동요와 투쟁이 유럽사회의 문화를 풍요롭게 하고 정체하지 않게 해준 비밀이었다는 것이다. 이처럼 버클에게는 결여되어 있는 기조식 역사 해석에 매료된 후쿠자와는, 이를 일본의 전통사회와 문화에 대한 이데올로기 비판의 중대 거점으로 삼게 되었다.

또 한 가지 언급할 것은, 기조의 『유럽 문명사』는 버클의 『영국 문명사』만큼 방대한 내용이 아니고 소르본 대학에서 진행한 강의 노트를 정리한 것이라는 한계가 있다. 그러나 버클이 평범한 재야 역사가였던 데 비해 기조는 『프랑스 문명사』와 『17세기 영국혁명사』등 본격적인 연구업적을 남긴 역사학자였고, 일찍부터 정치에 참여하여 프랑스 정계의 지도적인 인물이 되었던 사람이다. 학자이기보다는 현실정치의 중심에 서 있었던 사람이지만 정치와 학문은 엄격히 구별했고, 사가의 임무는 철저히 진리를 발견하는 데 있다고 믿었다. 그는 그런 자신의 소신을 누누이 공언했다. 또한 역사적인 사실도 중요하지만 사실과 사실의 연쇄를 중시했고, 거기서 역사를 진화시키는 두 가지 정신, 즉 질서와 자유를 이끌어 냈다.

당시의 일본은 독립국이기는 했으나 영국과 프랑스의 함대가 요코하마에 정박하며 군대를 주둔시키고 있었고, 미국과는 불평등조약을 체결한 상태에서 이의 개정 문제를 놓고 몇 년에 걸쳐 고심하고 있었다. 후쿠자와는 일본의 국력이 열세인 상태로 국제 외교 무대에서 구미 열강과 경쟁하지 않으면 안 된다는 사실을 직시하고, 『문명론의 개략』 제10장을 '자국의 문명을 논하다'로 하여 마지막 결론을 맺고자 했던 것이다.

그가 전달하고자 했던 내용의 핵심은, "일본이 서양으로부터 배우는 것은 수단에 지나지 않는 것이며, 그 본래 목적은 국가의 독립에 있다"는 것이었다. '문명'이라는 단어는 그 의미가 매우 깊고 함축적이지만, 지금의 단계에서는 일단 자국의 독립을 도모하는 것이 후쿠자와에게는 곧 '문명'이었던 것이다.

서양 근대문명의 이식을 국가 위기를 극복할 수 있는 꼭 필요한 도구로 인식했다. 그리고 일본의 문명화를 국제사회에서 살아가는 생존 수단으로 삼고자 했던 그는, 스스로 철저한 공리주의 사상가임을 입증했다.

모든 가치는 상대적으로 정당하다

후쿠자와의 사유법

"경중·장단·선악·시비와 같은 단어는 비교에서 생긴 관념이다. '경'이라는 관념이 없으면 '중'이라는 관념이 없다. 즉 '경'은 '중'보다 가볍고, '선'은 '악'보다 착하다는 것이기 때문에 양쪽을 비교하지 않는다면 경중과 선악을 따져서는 안 될 것이다. 이처럼 비교하여 '중'이라 정하고 '선'이라 정한 것을 '논의의 본질'이라 이른다."

기성의 가치로부터 세상을 해방시키다

『문명론의 개략』은 『학문의 권유』와 더불어 후쿠자와 유키치의 사상을 대표하는 저서다. 후쿠자와 유키치의 정신은 이 두 권의 저술에 유감없이 표출되어 있다.

『학문의 권유』가 당시의 청소년과 서민층을 상대로 저술한 국민 독본의 성격을 띠고 있었다면, 『문명론의 개략』은 학식도 있고 머리도 대충 굳어진 성인과 지식층을 대상으로 한 학문적인 저술이라고 할 수 있다. 따라서 인기도와 보급 측면에서는 『학문의 권유』에 미치지 못했던 것이 당연하다. 그러나 그런 만큼 저자로서는 전력을 투구한 저작임에는 의심의 여지가 없다.

『학문의 권유』는 후쿠자와라고 하는 선각자가 철없는 백성을 가르치듯 어조를 낮추어서 민주주의와 자유주의의 정신을 알아듣기 쉽게 타이르듯 이야기하고 있지만, 『문명론의 개략』은 말하자면 저자가 독자와 대등한 입장에서 정성을 다하여 자신의 주장을 역설하는 모양을 갖추고 있다고 할 수 있다. 『문명론의 개략』은 후쿠자와의 전 저작 가운데 가장 이론적인 체계를 갖춘 학문적 주저(主著)라 할 수 있어, 이런 이유로 이토 마사오(伊藤正雄)는 전자를 초등독본, 후자를 고등독본이라 표현하기도 했다.[1]

후쿠자와는 "이 숙(게이오 의숙)이 세상에 존재하는 한 대일본은 세계의 문명국이다. 세상사에 괘념치 말아라"하고는, 하루도 거르지 않고 웨일런드의 『경제학 요론』을 원서로 강의하면서 메이

지유신을 맞이했다.[2]

문명개화로의 정세 변화가 급속하게 진행되고 있는 가운데 후쿠자와는 메이지 신정부로부터 출두명령을 받게 된다. 그러나 이를 거절하고 게이오 의숙을 경영하는 데 진력하는 한편 '메이로쿠샤'의 일원으로서도 활발한 활동을 했다. 그러던 중에 『학문의 권유』와 『문명론의 개략』을 비롯한 여러 권의 저서를 내며 집필활동을 계속했고, 그의 명성은 전국적으로 퍼져갔다.

일본의 계몽사상을 대표하는 이 두 권의 저서는 공히 문명을 규범으로 하여 일본을 '반개'(半開)로 규정하고, 문명화에 관한 구체적인 방법을 논의한 것이다. 그 가운데서 후쿠자와는 특별히 신분제도와 전제정치의 기만성을 집요하게 비판했다.

인민의 지력이 발달하지 않았던 야만 또는 미개의 시대에는 권력에 의존하는 경향이 강하기 때문에 군주의 선정(善政)이 정치와 사회를 주도하게 마련이다. 말하자면 어진 군주가 덕을 가지고 인민을 다스리면 인민은 이에 복종했고 천하는 태평했다. 그러나 시대가 변하고 지력이 발전하면 인민의 마음에 의심이 생기고 모든 기성의 사물은 자연 비판의 대상이 된다. 때문에 이제 단순히 선정만으로 지배할 수가 없게 된다. 덕이 효력을 가지는 것은 미개사회에서만이다.

"결국 군주의 어진 정치는 야만의 시대가 아니면 통용되지 않고, 어진 군주는 야만의 백성을 만나야 감사하는 마음이 생긴

다."(『문명론의 개략』, 전집 4, 123쪽)

후쿠자와는 문명의 요건으로 개인의 자유와 독립을 역설했고, 과거의 비굴한 기풍에서 벗어나는 길을 학문에서 찾고자 했다. 독립의 문제는 한 개인의 일신상의 문제로 끝나는 것이 아니라 국가에서도 매우 중대한 문제임을 환기하고, 일신의 자유와 독립의 문제를 한 국가의 자유와 독립의 문제로 확산시켜갔다.

일신의 독립이라 함은 한 개인이 타인의 삶에 기생하거나 복종하지 않고 독립한다는 말이다. 이것은 한 국가가 독립국이 되기 위한 기초적인 단위가 되는 것이고, 새로운 국가 체제의 구상을 명확하게 제시하는 표어이기도 하다.

후쿠자와의 발상은 곧 당시의 일반적인 가치체계를 전환시키는 논의로 볼 수가 있다. 그가 비판한 것은 정치 분야만이 아니라 넓은 의미에서 당시의 일본사회에 체질화된 봉건적 전제주의였던 것이다. 이것은 일본인의 사유방법의 변혁이라고 할 수 있었다.

인간은 기성의 가치와 의식을 관행으로 생각하고 이에 순응하는 존재다. 그 사회를 지배하고 있는 사고방식이나 습관에 익숙하게 마련인 인간이 그런 기성의 가치와 의식으로부터 자신을 해방하는 일은 결코 쉽지 않다. 그러나 후쿠자와는 사람들이 의식하지 않는 것을 의식하게 하여, 그들이 습관적으로 의존해 있는 가치를 흔들어 움직이게 만들었던 것이다.

『학문의 권유』제6장에서 후쿠자와는 죽음의 가치를 문명에 비추어 평가하며 역사적인 사례를 들어 설명했다. "죽음으로써 군신의 본분을 다한 사람을 충신의사라 칭하여 기린다면, 주인의 심부름을 갔다가 한 냥의 금전을 잃어버리고 어찌할 바를 모르다가 귀중한 목숨을 끊은 어느 집 하인 곤스케의 죽음도 이와 다를 바가 없다. 그러나 이 두 경우는 어느 쪽도 문명에 기여하는 바가 없는 죽음이라는 점에서 동질의 것이기 때문에 충신의사의 죽음을 말터덤(martyrdom, 순교)이라 칭송해서는 안 된다." 이렇게 평가 절하한 후쿠자와는 이 장에서 문명을 이렇게 정의했다.

"원래 문명이라 함은 사람의 지와 덕을 고양하고, 사람이 스스로 그 자신을 다스리고, 원만한 사회활동을 하고, 서로 해를 끼치지도 해를 입지도 않고 각자 자신의 권리를 향유하고, 사회의 안정과 번창을 달성하는 것을 말한다."(『학문의 권유』, 전집 3, 75~76쪽)

여기서 말하는 충신의사는 앞 장에서 언급한 남북조 시대의 무장 구스노키 마사시게(楠木正成)를 이르는 것인데, 그런 이를 일개 하인 곤스케(權助)와 동일시했다는 점 때문에 사회적으로 큰 반향을 일으켰다. 당시 후쿠자와의 대담한 논쟁은 '남공권조론'(楠公權助論)이라 하여 보수파의 격분을 샀음은 말할 것도 없다.

인민이 의문시하는 것 자체를 금기시하던 '충'(忠)의 문제를 제기했던 후쿠자와는, 다시 세인들이 또한 짐짓 무관심한 척해오던

'돈'의 문제를 공론화하여 사회적인 이슈로 삼는다.

도쿄 시내 한복판 뎃포즈(鐵砲洲)에 있던 후쿠자와의 양학숙을 시바의 신센자로 옮긴 것은 게이오 4년이자 메이지 원년인 1868년이었다. 그러나 이때는 아직 메이지가 개원하기 전이어서 당시의 연호를 따서 '게이오 의숙'이라 부르고 있었다. 학생 수가 늘어나면서 숙사의 관리도 필요하게 되어 학칙을 만들게 되는데, 여러 가지 조항 가운데 학생들에게 매달 교육비를 받는다는 조항은 게이오 의숙이 창시한 새로운 제안 가운데 하나였다.

과거에는 학생이 처음 입숙(入塾)할 때 '속수'(束脩: 스승에게 바치는 예물이라는 의미로 입학금이라는 뜻)를 바쳤고, 가르치는 사람을 스승으로 우러러 받들었다. 입학한 뒤에는 음력 7월 보름과 섣달 세모에 걸쳐 두 번 정도 각자의 분수에 맞게 금전과 물품 등을 진상하는 관례가 있었을 따름이다. 따라서 당시의 관례로 볼 때 학생에게 교육비를 징수한다는 발상은 상식에 반하는 무모한 행위였다.『후쿠옹자전』에서는 이 문제에 대해 다음과 같이 진술하고 있다.

"학문을 가르치는 것 역시 사람이 하는 일이다. 사람이 할 일을 하고 돈을 받는데 무슨 난처한 문제가 있겠는가. 염려할 것이 없으니 공공연하게 가격을 정하고 받는 것이 좋겠다 하여 '수업료'라는 명칭을 만들었다. 생도 한 사람당 매월 금 2부(1부는 금 4분의 1냥)씩 징수하고,〔……〕 그래서 매월 생도들이 가져온 수업료를 모아 교사 한 사람당 넉 냥씩 골고루 돌아가면 죽지 않는다 하고는 대원칙을 세웠다. 그 위에 여분이 더 있으면 숙사의 비용으로 충당하기로 했다."(『후쿠옹자전』, 전집 7, 163쪽)

이렇게 하여 근대 학교의 수업료와 교사 봉급의 기준이 설정되었다. 이러한 후쿠자와의 금전관(金錢觀)은 일본사회의 통념적인 금전관과 다른 데가 있다. 봉건사회에서는 무사계급의 금전관과 상인사회의 그것이 또 달라서, 무사들은 금전을 가벼이 여기는 풍조였다. 그것은 금전을 취급하는 상인의 세계를 경시하는 분위기와도 상통하는 것이나, 상인은 이익을 추구하는 정신에 투철할 수밖에 없다. 대신 그들은 명예와 권세를 바라보아서는 안 된다는 원칙을 가지고 있었다. 바꿔 말하면 무사는 이(利)를 버리고 정의와 명예를 취했고, 상인은 이를 취하는 대신 정의와 명예를 체념하고 살았던 것이다.

무사와 상인은 금전에 대해 이처럼 상반된 관념을 가지고 있었으나 이(利)를 추구하면 의(義)를 포기한다는 인식에서는 기묘하게 일치해 있었다. 즉 어느 편에 서 있든 이를 추구하는 데에는 심리적인 속박이 있게 마련이었던 것이다.

후쿠자와는 그러한 사유의 구조를 파괴하여 이의 추구를 윤리화하는 논의를 확립했던 것이다. 이것은 이의 추구에 대한 심리적인 속박을 제거한다는 의미로, 근대 자본주의의 정신과도 상통한

후쿠자와가 세운 게이오 의숙은 훗날 게이오 대학의 전신이 되었다.
1904년경의 대학부 건물.

다. 또 한편으로는 노동의 가치를 정당하게 평가해야 한다는 그의 믿음과도 연관된다. 이 때문에 후쿠자와는 더러 '배금종(拜金宗)의 종자(從者)'라는 비난을 받았지만, 그의 근대적인 금전관이 근대적이라는 것은 머지않아 판명되었다.

후쿠자와의 기묘한 발상은 이에 그치지 않았다. 그는 동화로 전해 내려오던 어린이 필독서인 옛날 이야기 「모모타로」(挑太郞)의 영웅담을 비판하여 전통적인 윤리 가치관에 충격을 주기도 했다.

"모모타로가 귀신이 산다는 상상의 섬에 간 것은 보물을 빼앗기 위해서라 했다. 도리를 벗어난 짓이 아니더냐. 보물은 귀신이 소중히 여겨 잘 간직해온 것이니 보물의 주인은 귀신이다. 주인이 있는 보물을 이유도 없이 빼앗으러 가는 것은 도둑놈으로 볼 수가 있는 행동이니 모모타로는 악한이다. 만약 그 귀신이 애당초 나쁜 놈이어서 이 세상에 해를 끼친 적이 있다면 모모타로가 찾아가서 혼내주는 것이 매우 장한 일이겠지만, 보물을 빼앗아 와서 할아버지와 할머니에게 드렸다는 것은 단지 욕심 때문에 한 일이므로 비열하기 그지없다."(『나날의 교훈』, 전집 20, 70~71쪽)

이렇게 후쿠자와는 일본의 어린이들을 대상으로 전해져온 전설적인 영웅담을 한낱 부도덕한 악당이 저지르는 악행 정도로 폄하함으로써 기성의 가치관을 냉소했다. 후쿠자와는 1871년에 두 아들을 훈육하기 위해 '나날의 교훈'이라는 제목을 달아 공책을 만들고 매일 한 가지씩 교훈을 써주었는데, 위의 인용문은 그 가운데 한 구절이다.

이처럼 한쪽으로만 치우친 인식의 방향을 바꾸는 새로운 방법론을 제시함으로써 일본인의 정신을 개조하고자 했던 그는, '가치'라는 관념을 '상대적 정당성'을 갖는 것으로 정의한 초근대적 사상가였다.

지동설도 당대에는 이단망설이었다

이와 같은 가치의 상대성에 관한 논의는 『문명론의 개략』 첫머리에 있는 '논의의 본의를 정할 것'이라는 장에도 잘 나타나 있다. 이 장에서 후쿠자와가 단호히 배격하고자 했던 것은 '획일성'이다. '획일성'(uniformity)이란 무엇인가. 자기를 절대시하면서 타인을 전면 부정하려 드는 전제적인 태도가 아닌가.

"어떤 나라에서도 어떤 시대에서도, 그 시대의 세상 사람들을 보건대 지극히 어리석은 사람도 매우 적고 지극히 현명한 사람도 매우 드물다. 그저 세상의 많은 사람들은 지혜로운 사람과 어리석은 사람의 중간에 있으면서 세상과 더불어 변화하고, 사회를 문란하게 하지도 않고, 사회를 위해 공헌하지도 않고, 서로 부화뇌동하며 평생을 마치는 사람들이다. 이런 무리들을 세상의 보통사람이라고 한다. 이른바 세론(世論)이란 이런 무리의 세계에서 생겨난 논의에 지나지 않는 것이다."(『문명론의 개략』, 전집 4, 14쪽)

그런데 이 세론은 과거로 회귀하려 하지도 않고 미래를 향해 나아갈 선견지명도 없다. 후쿠자와는 위정자들이 세상의 중론을 모두 이 세론의 수준에 맞추어 통제하고, 그 틀에서 돌출하는 새로운 주의나 주장이 있으면 바로 이 세론의 틀 속에 가두어 사회의 중론을 획일화하려드는 것을 걱정했다.

"학문에 뜻을 둔 사람들은 모름지기 세론이 시끄러울 것을 겁내지 말고, 이단망설의 비방을 두려워하지 말고, 용기를 내어 자신이 생각하는 바의 주장을 마땅히 토로해야 할 것이다. 또한 세인들도 남의 주장을 경청하고, 자기의 의견에 부합하지 않는 점이 있어도 상대방의 의견 또한 존재한다는 점을 헤아려, 취해야 할 것은 취하되 받아들일 수 없는 주장은 잠시 상대방이 주장하는 바에 맡기고, 훗날 쌍방의 의견이 자연히 일치하는 때를 기다려야 할 것이다."(『문명론의 개략』, 전집 4, 14쪽)

즉 논의란 이해득실을 따지는 데서부터 출발하는 것이므로 그런 점에 있어서는 모두가 상대적일 뿐이라는 사실을 부각시킨 것이다.

162

후쿠자와는 사물을 평가하기 위해서는 '경중'(輕重)의 비교를 통해 판단해야 한다는 생각에서 출발하고 있다. 모든 사물을 상대적으로 생각하고, 현재의 조건 아래서 좀더 나은 것을 선택하고, 또 더 나은 방향으로 점진해간다는 생각에 논점의 핵심을 두고자 하는 것이다.

> "경중·장단·선악·시비와 같은 단어는 비교에서 생긴 관념이다. '경'이라는 관념이 없으면 '중'이라는 관념이 없다. 즉 '경'은 '중'보다 가볍고, '선'은 '악'보다 착하다는 것이기 때문에 양쪽을 비교하지 않는다면 경중과 선악을 따져서는 안 될 것이다. 이처럼 비교하여 '중'이라 정하고 '선'이라 정한 것을 '논의의 본질'이라 이른다."(『문명론의 개략』, 전집 4, 9쪽)

여기서 후쿠자와는 상대적 가치판단이라는 사유법을 제안하고 있다. 그는 기성의 가치를 고집하면서 그와 다른 견해에 대해서는 관심을 가지려들지 않는 기득권자들을 설득하겠다는 의지를 가지고 있었다.

마루야마 마사오는 특히 위의 인용문이 들어 있는 제1장의 첫 문장을 중시하여, '그 첫머리의 테제는 문명론의 개략을 관류하는 사유방법의 요약이다'라고 정의했다. 그리고 '그 가치판단의 상대성의 주장'과 '그때그때의 현실 상황에 대한 처방전', 그리고 '프래그머틱한 유동성'이야말로 언론에 대한 후쿠자와의 자세에서 시종일관하는 특성이라고 규정했다.

"과거의 이단망설이 오늘에 와서는 일반적인 이론이 되었다. 어제의 이상야릇한 주장은 오늘의 일상적인 이야기다. 그렇다면 오늘의 이단망설 역시 몇 년 뒤에는 일반론이요, 일상적인 이야기가 될 것이다. 그러므로 학문을 하는 사람들은 기꺼이 세론이 시끄러운 것을 주저하지 말고, 이단망설을 비방하는 것을 두려워하지 말고, 용기를 내어 자신이 생각하는 바의 주장을 토로해야 할 것이다."(『문명론의 개략』, 전집 4, 15쪽)

여기에도 세론이 등장한다. 이것은 소수의 의견에 대한 다수의 의견인 세론의 압박을 몸소 체험하고 있는 후쿠자와 자신의 육성이다. 그는 개국론자였던 만큼 일찍부터 양학의 선두 주자로 알려져 있어서 보수적인 존왕파의 압력을 의식하지 않을 수 없는 상황이었다.

과거, 문명의 진보라는 것이 모두 이른바 이단망설에서 시작하지 않은 것이 없음을 확신하고 있는 그는, 새로운 관념의 가치를 적극적으로 옹호하고자 했다. 그는 애덤 스미스의 경제론도 갈릴레이의 지동설도 어느 것 하나 이단망설 아닌 것이 없었다고 역설했다. 가까이는 '폐번치현'이라는 일대 행정개혁이 여론의 반대에 부딪혀 좌초될 뻔했으나 결국 지금은 제자리를 잡고 있다고 했다. 그는 역사의 흐름에 비추어보면 어떤 논의도 상대적인 정당성을 지닐 수 있다고 강조하면서, 시대의 새로운 동향에 관심을 가져야 한다고 민중을 깨우쳤다.

후쿠자와의 다음 주장은 사물을 탐색하는 데 지엽적인 것, 말초적인 것은 버리고 근본을 파악하라는 지적이다.

> "사물을 연구하기 위해서는 지엽적인 것에 구애받지 말고 끝까지 문제의 핵심을 탐구하여 그 궁극의 근원을 찾아내야 한다. 그렇게 하면 논의해야 할 문제점이 점차 집약되어 그 본질이 더욱 뚜렷해진다."(『문명론의 개략』, 전집 4, 1쪽)

후쿠자와는 뉴턴이 모든 운동의 현상을 검토하여 '운동 법칙'이라는 원리를 발견했으며, 그에 의해 모든 사물의 운동을 오로지 하나의 원리로 설명할 수 있게 된 과정을 예로 들었다. 그러면서 그는 세상사 모든 것에 이와 같은 법칙과 원리의 발견이 무엇보다 중요하다고 역설했다.

'근원'에 대한 그의 탐색은 제1장을 벗어나 제4장에서도 계속된다. 후쿠자와는 "모든 현상에는 근인(近因)과 원인(遠因)이 있게 마련인데, 근인은 찾아내기 쉬우나 원인은 알아내기가 쉽지 않다. 근인은 수효가 다양하나 원인은 그 수가 적다. 그러므로 원인(原因)을 탐구하는 중요한 방법은 근인에서 차츰 소급하여 원인에 이르게 하는 것"이라는 논리를 전개했다.[3]

이러한 후쿠자와의 논법은 버클의 『영국문명사』에서 힌트를 얻은 것으로, 역사가는 무엇보다도 역사적인 현상의 내부에서 드러나지 않은 법칙성을 찾아내지 않으면 안 된다고 한 그의 역사관에 근거한 것이었다.

지엽적인 것을 버리고 문제의 근본을 중시하라 했던 후쿠자와는, 서양의 문명을 이입하는 과정에서 함부로 외형적인 문명에 현혹되지 말고 먼저 문명의 정신을 파악해야 한다는 점을 강조했다. 이는 『학문의 권유』에서도 『문명론의 개략』에서도 심도 있게 논의되었던 테마다.

후쿠자와는 메이지 7년 1월 1일의 「게이오 의숙 신년 기념사」에서 문명의 형태를 유형과 무형으로 구분하고, 무형의 문명, 즉 문명 정신은 곧 국가의 독립과 연결되는 중요한 요소라고 역설하기도 했다.

"국가의 문명은 형태로 평가해서는 안 된다. 학교·공업·육군·해군 같은 것들은 모두 문명의 형태일 뿐이다. 이 형태를 만드는 것은 어렵지가 않아서 단지 돈을 가지고 살 수 있는 것이다. 그러나 여기에 무형의 요소도 있으니 이것이 무엇이겠는가. 눈으로 볼 수 없고, 귀로 들을 수 없고, 사고팔 수 없고, 빌리고 빌려줄 수 없으며, 널리 백성들 사이에 자리하여 그 작용이 몹시 강하다. 이것이 없으면 학교를 비롯한 모든 게 사실상 소용이 없으니, 참으로 이것을 문명의 정신이라고 해야 할 더없이 크고 더없이 소중한 것이다. 생각건대 이것이란 대체 무엇일

까. 백성의 독립 기개가 바로 이것이다."(『학문의 권유』, 전집 3, 58쪽)

이는 메이지 정부가 부지런히 신식 학교를 세우고, 공업을 장려하고, 육군과 해군의 군제를 개편하는 등 나날이 새로운 제도와 문물을 받아들이고 있으나, 한편으로 국민의 의식 속에는 외세에 대항하여 국가의 독립을 지키고자 하는 애국심이 부족하다는 데 대한 질타다. 더불어 서양의 문명을 이입하여 취사선택을 하는 데 무비판적으로 서양을 맹신하는 관습에 젖지 말라고 경고한 것이기도 하다.

의식주를 비롯한 유형의 문명을 수입하는 것은 아주 쉬운 일이다. 돈만 있으면 수중에 들어오지 않는 것이 없다. 정치와 법률까지도 서구의 것을 배우는 것은 그리 어렵지 않다. 그러나 이러한 유형의 문명을 수용하기 위해서는 당연히 자국의 사정을 감안하여 취사와 선택을 해야 한다. 그런데 무형의 정신문명은 돈을 주어도 살 수 없을뿐더러 그 섭취가 그리 간단하지 않다.

따라서 그의 주장은 우선 서양의 정신문명을 배운 뒤 일본국민의 마음을 변화시키는 것이 선결과제라는 논리다. 그 본말을 전도하여 쉬운 것을 먼저 취하고 어려운 것을 뒤로 미룬다면, 일본 문명은 나아가기는커녕 어쩔 도리 없이 퇴보하고 말 것이라는 우려가 이 애국주의 사상가를 불안하게 만들었던 것이다. 문맥 속에 국민 대중의 경박한 구미 모방에 대한 우려가 그대로 드러나

1896년 12월에 찍은 졸업사진.
후쿠자와 유키치(맨 아랫줄 가운데)를 비롯한 당시의 학생과 스승이 한자리에 모였다.

있다.

또 당시에는 국가 전체의 이익은 고려하지 않고 개인의 이익만 좇아 서양 상인과 터무니없는 거래를 하다가 거액의 손해를 입는 경우도 많았다. 눈앞의 외형적인 유행에 이끌려 함부로 외래품을 구입하여 외관을 장식하고 이를 문명개화로 생각하는 분위기가 일기도 했다. 또는 외채를 도입하여 서양의 자재를 매입하고, 그것을 국내에 배분하며 문명을 흉내 내기도 했다. 서양식 석조건물의 건축, 철교, 기선, 군함, 총포 같은 것이 모두 외자(外資)에 의존해 만들어진 것이라는 점을 우려하면서 그는 다음과 같은 결론을 내렸다.

"우리 일본은 문명을 만들어내는 나라가 아니고 그 문명이 일시적으로 머무는 곳일 뿐이다. 결국 그 서양 상인과 거래하며 행한 경제활동, 그 문명을 흉내 낸 외형적인 겉모습들은 국가재정의 빈곤을 초래해 먼 장래에 반드시 조국의 독립을 해칠 것이 자명하다."(『문명론의 개략』, 전집 4, 210쪽)

이 인용문이 들어 있는 제10장에서 후쿠자와는 의도적으로 문명과 국가의 독립이 떼려야 뗄 수 없는 관계임을 재삼 강조하고 있다. 여기서 말하는 문명은 물론 서구의 문명이고, 독립은 일본의 독립이다. 즉 조국의 독립을 떠나서는 문명의 존재가 허락될 수 없다는 논리를 해명하는 데 정성을 쏟고 있다. 그는 문명주의

자인 동시에 강경한 내셔널리스트이다.『문명론의 개략』의 마지막 장은 후쿠자와의 이러한 진면목을 여실히 보여주고 있다.

일상의 언어로 생각을 표현하다

'국어'(일본어)에 대해서도 깊은 관심을 가지고 있던 후쿠자와 는, 특히 그 표현 형태에 관한 문제점과 개선점을 지적하며 선구 적인 제안을 하기도 했다. 후쿠자와는 한학의 교양을 지니고 있었 지만, 평생 익숙했던 한문 투의 난해한 문장을 배제하고 누구나 읽기 쉬운 속어와 속문을 구사하려 했다. 그는 한학으로 학문의 길을 개척했으면서도 한학의 봉건적인 문체에 대해서는 강한 거 부감을 가지고 있었다.『문자지교』(文字之敎)는 한자를 제한하자 는 자신의 견해를 전파하기 위한 저술이기도 하다. 그「머리말」에 서 그는 이렇게 말하고 있다.

"일본에 가나(假名) 문자가 있음에도 한자를 혼용하는 것은 문제가 있다. 예로부터 습관적으로 온 나라가 일상의 문서 등에 모두 한자를 쓰는 풍토가 되었으므로 지금 갑자기 이를 폐지한 다는 것도 어려운 문제다. 지금 형편은 전자와 후자가 균형을 이루어, 문제는 있으되 사태의 해결을 하는 상황이므로, 한자의 완전한 폐지를 주장해야 하겠지만 즉시 시행될 수는 없는 실정 이다. 이 주장을 관철하기 위해서는 시일을 두고 기다릴 수밖에

방법이 없겠다."(『문자지교』, 전집 3, 555쪽)

세속에 통용하는 언어로 속인과 더불어 문명사회를 만들어가겠다는 후쿠자와의 문제의식은 『문명론의 개략』을 집필한 동기와도 일치한다고 볼 수 있다. 특히 동시대에 활동했던 니시 아마네나 모리 아리노리 같은 양학자들이 한문체의 어려운 문장을 선호했던 것과는 뚜렷하게 비교가 되는 주장이기도 하다.

"훗날 한자가 폐지될 때를 대비하여 당분간은 한자의 제한부터 시작해야 할 것이다. 여기에 실은 것은 1000자가 되지 않을 정도의 한자이나, 이런 정도만 알아두면 일상용어로 대충은 부족함이 없을 것이다.〔……〕 '의사'(醫者)나 '석공'(石工) 같은 경우는 한자로 표기하는 편이 편리하나, '오르다'(上·登·乘·攀)라는 동사는 일본어에서는 '노보루'라고 발음하므로 가나를 사용하는 쪽이 편리하다."(『문자지교』, 전집 3, 555쪽)

또 이 책에서는 '사람'(人), '말'(馬), '가다'(行), '오다'(來)라는 단어를 지정하여 이 텍스트의 서른세 단락 가운데 첫 번째 단락을 편성하고 있다. 그가 여기에 뽑아놓은 한자는 오늘날 일본 문부성에서 지정한 '교육한자'와 대부분 일치한다.

후쿠자와는 또 문체의 변혁에 대해서도 설명하면서, "이상과 같은 사정으로 헛되이 3, 4년의 성상을 거쳐, 목금(目今)에 이르러서는 일신활계(一身活計)의 방법도 없어, 춘래구우(春來舊友)의 집에 식객이 되어 있는 처지"라는 문장을, "이상과 같은 사정으로 헛되이 3, 4년을 보내고, 지금은 혼자 살아가는 것도 어려워 봄이 온 이래 지금까지 옛 친구의 집에 식객이 되어 있는 처지"[4]로 문체의 형식을 고치라고 권하고 있다.

후쿠자와의 이런 주장은 단순히 국어학적인 문제에 국한된 것이라기보다는 일본국민의 총체적인 변혁이라는 문제로 보아야 할 것이다. 그는 형식을 중시하는 허황된 한문식 발상을 의도적으로 파괴하고자 했고, 이런 노력의 결과 그의 문장은 더 쉽고 분명해지면서 정확성을 갖추었다고 하겠다. 법규와 질서에 의해 운영되는 자본주의 사회에서는 헌신과 복종에 의해 움직이는 봉건사회보다 훨씬 엄밀한 표현양식이 필요하게 마련이다. 후쿠자와의 노력이 그러한 표현을 만들어내는 데 일조한 것이다.

봉건사회에서는 개인의 자유와 권리, 공동사회라는 관념 같은 것은 존재할 수가 없었다. 물론 한자 어휘로 '자유' '권리' '사회'라는 단어가 없었던 것은 아니다. 그러나 막부 말기와 메이지 초기에는 과거 역사에서 경험해보지 못한 전대미문의 새로운 사조와 신문명의 수용에 급급했기 때문에, 일본어의 어휘가 증가하거나 기존의 의미를 버리고 새로운 의미를 가지게 되는 어휘가 생기는 등의 혼동이 있었다.

물론 이런 혼동에서 이 시기의 후쿠자와도 예외는 아니었다. 그는 일상생활에서 통용되는 일본어를 사용하고 평민적인 문장을 쓰고자 했는데, 용어의 선택에 매우 신중한 태도를 취하고 있음을 알 수 있다.

> "문장의 사정 여하에 따라 서슴지 않고 한자어를 쓰기도 하고, 속문 속에 한자어를 삽입하기도 하고, 한자어로 이야기해야 할 부분에 속어로 대치하기도 하는 등, 아속(雅俗) 잡탕으로 혼용함으로써 마치 한자 사회의 성역을 범하고 그 문장의 관습을 문란케 했다. 오로지 빨리 이해하고 더 쉬운 문장을 사용함으로써 일반 대중사회에 널리 문명의 신사상을 갖도록 해주겠다는 생각으로, [……] 한학자 부류의 교정을 받지 않았음은 물론이요, 짐짓 교육을 제대로 받지 않은 이웃집의 아이들을 불러 반드시 한 번은 초고를 읽혔는데, 모르겠다고 지적하는 내용 중에는 꼭 난해한 한자어가 있음을 발견하고는 이런 부분을 수정했던 사례가 많았다."(『후쿠자와 전집 서언』, 전집 1, 6쪽)

이 인용문에서 알 수 있듯이 후쿠자와가 추구한 문장은 일상어, 즉 속어속문이었다. 교육의 기회가 균등하게 주어져 있지 않은 농공상인은 말할 것도 없고, 무지한 산골 하녀 수준에서도 듣기만 해도 책의 내용을 알 수 있을 정도의 속문이어야 한다는 것이 그의 지론이었다.

속문이란 문학성과는 관계가 없으며, 어떤 사람이라도 쉽게 읽을 수 있고 이해할 수 있는 문장, 일상적으로 사용하는 어휘로 쓰인 문장을 말한다. 그것은 곧 사상과 언어가 일치하는, 후쿠자와의 말 그대로 '세간보통'(世間普通)의 문장이다.

저서의 판매부수, 유행어의 양산, 광범위한 독자층 등을 고려해볼 때, 그리고 실제로 그가 쓴 문장을 보면 후쿠자와는 위의 조건들을 충족시킨 문장가임을 알 수 있다. 그는 일상의 일본어로 생각하고 표현하고자 했던 사상가였다. 약 40년간의 저술활동을 회고하면서 만년의 그는 이렇게 말했다.

"그 뒤 에도로 가서 여러 저작을 시도할 때도 굳이 난해한 한자를 피하고 쉬운 문장을 원칙으로 삼는 문제만은 뇌리를 떠나지 않았다. 그러나 에도의 양학 사회를 보니, 번역서가 많은데다 어느 것 할 것 없이 가나 혼용의 문체인데도 걸핏하면 한자어를 사용하면서 문장 작성의 정확성과 품위만 생각하고 있었다. 번역서는 원서의 문법적인 이해에 심혈을 기울인 나머지 문장의 해석에는 문제가 없으나, 합당한 역어를 찾아내는 일이 어려워 학자들의 고민은 오직 이 방면에만 있을 뿐이었다.

이 상황을 있는 그대로 말한다면 이런 형국이다. 한학이 주류를 이루고 있는 작금의 시대에, 서양의 책을 번역하고 서양의 학설을 주장하는 사람들이 문장이 속문으로 변형되어가는 것만은 차마 눈뜨고 볼 수가 없다 하니, 이른바 한학자들 앞에서 외관을 치장하는 꼴과 다를 바가 없다."(『후쿠자와 전집 서언』, 전집 1, 5~6쪽)

양학에 정진하는 한학자들은 문장이 세속화되는 현상을 우려했지만 후쿠자와는 오히려 그것을 당연시했고, 될 수 있으면 쉬운 일상의 언어를 사용할 것을 장려했던 것이다. 이처럼 문체의 과감한 변화를 촉구하여 구어체의 문장화를 실생활에서 구현하는 행위는 시대를 앞선 또 하나의 근대적 정신으로 보아야 할 것이다.

이것이 언어 사용에 대한 후쿠자와의 기본적인 태도였다. 그는 어떤 사람을 독자로 삼을 것인가, 또 무엇을 말할 것인가, 하는 물음에 분명한 입장을 정리해놓은 뒤 실생활의 쉬운 문체를 선택했다. 우선 독자를 보고 난 다음에 문장을 결정한다는 배려가 결국 흥미를 유발하는 문장을 낳은 것이었다.

극단적 계급사회를 당연시하던 막부 정권의 봉건적인 분위기 아래서도 그의 문장은 투지를 발휘했다. 구태의연하고 무기력한, 부정부패의 상징이던 막부 정권의 관리와 그 정부를 향한 그의 야유와 비판은 특유의 속어를 사용하면서 위험 수위를 넘나들 정도로 격렬했다.

"그러나 막부시대에는 정부의 호칭을 오카미사마(御上樣)[5]라 하면서, 오카미사마의 공적 업무를 수행할 때는 그 위세가 참으로 기고만장했다. 행차할 때는 음식값을 떼어먹고 나룻배의 품삯을 지불하지 않고 인부의 노임을 착복하는가 하면, 직위가 높은 사람이 인부를 협박하여 술값을 갈취하기까지 했다."(『학문의 권유』, 전집 3, 39쪽)

후쿠자와는 이렇게 막부시대 관리의 횡포를 폭로하고, 맹목적으로 관존민비의 관행을 일삼는 국가, 부정부패가 만연한 국가를 신랄하게 비판함으로써, 이런 관행적인 부패를 근절하지 않는 한 결코 문명국도 문명국민도 될 수 없다고 호소했다.

후쿠자와의 문장에 담겨 있는 정부와 관리에 대한 불신감의 표현은, 일상어만이 갖는 침투력과 전파력이 상승작용을 하면서 극단으로 치닫는 느낌을 주는 면이 있다. 바로 속어속문이 갖는 파괴력이라 할 수 있을 것이다.

후쿠자와는 또 일본인의 모방심리에 대해서도 경계를 표했다.

"믿음의 세계에 거짓이 많고, 의문의 세계에 진리가 많다."
(『학문의 권유』, 전집 3, 123쪽)

이는 한마디로 창조와 비판의 정신을 촉구하는 슬로건에 가깝다. 하지만 사실 그는 서구문명 예찬론자이기는 하나, 이른바 '개화자류' '개화선생'으로 지칭되는 서양 맹신론자들이 깊이 생각하지 않고 쉽게 믿어버리는 경신(輕信) 풍조를 지닌 것에 대해서는 경계했다. 그는 근대 서양의 학술과 사상, 문명 발전의 근원적 동인인 '회의의 정신'을 일본식으로 번안했다. 그러고는 서구문명 일변도에서 깨어나 맹신을 삼가고, 취사선택을 통해 전통과 외래문명의 장점을 조화해야 한다고 말했다.

개명한 사회가 되었다고는 하나 메이지 초기의 일본은 아직도 국민의 생활과는 거리가 먼 문어체의 문장이 주를 이루고 있었고, 여전히 과거의 전제정치와 지배자의 역사를 영탄(詠歎)하는 문화가 배경을 이루고 있었다. 그러나 과거의 역사와 문명을 의문하고 불신했던 그는, 사회의 이런 환경 요소들을 냉소하고 조롱하며 속어와 속문을 문장의 원칙으로 삼았다.

후쿠자와가 이런 원칙을 세운 데는 과거 데키주쿠 시절의 스승인 오가타 고안의 영향도 있다. 그는 대담한 번역술과 번역에 임하는 자세 등에서 스승의 영향을 많이 받았다고 『자서전』에서도 술회한 바 있다. '문장을 평이하게 표현'해야 한다는 것과 행문(行文) 속에 적절하게 '속어'를 구사하는 특유의 문장술을 익힌 그는 이렇게 하여 문명의 정신을 일반 국민에게 빠르고 단호하게 전파하는 계몽사상가로서의 자세를 구축해갔던 것이다. 자신의 문장이 오가타 선생에게서 받은 교육의 영향이었음을 그는 이렇게 회고하고 있다.

"40여 년 전 나는 오사카의 대 의학자(大醫學者) 오가타 고안 선생의 문하에 있었다.〔……〕그런데 선생께서 일단 문장을 지으실 때는 대담하다고 할까 호방하다고 할까, 비유하기 힘든 호탕한 성격이었는데, 그 논리에는 언제나 독자를 경탄케 하는 것이 있었다. 당시 오사카에서 난학의 대가라고 하면 일단 선생 한 분뿐이셨으니, 문하에는 문하생들이 가득했고 번역서 또한 엄청났다. 그런데 오사카를 벗어나 에도쯤 되면 난학당(난학숙)을 열었던 학자가 많았는데, 그 가운데 가장 유명한 사람은 스기타 세이케이(杉田成鄕) 선생이었다."(『후쿠자와 전집 서언』, 전집 1, 4쪽)

이 인용문에 이어서 후쿠자와는, 스기타 선생이 진실하고 무구한 학자답게 네덜란드어의 원서를 번역하는 데 시종일관 용의주도하게 한 글자 한 구절도 무시하지 않고 원문 그대로를 번역해나갔던 사실을 언급했다. 그리고 스기타는 극도로 고상한 자구와 문장을 고집했기 때문에, 그의 번역서는 읽기 힘든 난해한 문장이 되어 재차 삼차 숙독을 해야 그 의미가 진진한 명문임을 알게 되는 번역 방식이었다고 회고한다.

그러나 스기타와 달리 스승 오가타의 문장은 원서의 자구에 구애받지 않고 원서를 무시하는 경향을 보였는데, 후쿠자와는 그 빼어난 번역술의 독특한 방식에 감명을 받았다고 했다. 그는 번역서의 내용을 난해한 한문으로 나열해놓아 읽고 또 읽어야 뜻을 알게 하거나, 심지어 번역서와 원서를 대조해야 하는 경우도 다반사였던 사례를 들었다. 그러면서 스승인 오가타에게서 쉽고 과감한 번역기술을 전수받았던 일화를 전했다. 오가타는 후쿠자와에게 무엇보다 난해한 한자가 번역서에는 금물임을 가르치고, 이해하기 쉬운 문장을 구사할 것 등을 주문했다고 한다.

에도 막부 시대 이른바 양학의 세계에서는 저서와 역서가 유행처럼 범람했다. 가나와 한자를 혼용한 문체를 채택하고는 있었지만 당시의 학자들은 한자를 남용함으로써 행문의 품위와 명문의 품격을 지키려 했고, 후쿠자와는 속문과 속어로 이러한 구폐를 극복하려 했던 것이다.

그런데 이와 같은 방법론의 차이가 다른 사상가들과는 노선과 행보를 달리하게 하는 결과를 낳게 되었다. 즉 후쿠자와가 재야의 속인으로서 세속과 더불어 문명화의 길을 모색해간 것과는 달리, 다른 부류의 계몽사상가들은 메이지 신정부의 관료로 출발하여 위로부터의 문명화를 추진해갔던 것이다.

그렇다면 근대적인 학풍으로 후쿠자와라는 사상가를 낳고, 그의 자유로운 문체를 확립시키는 데 영향을 준 데키주쿠의 교육 시스템에 대해 여기서 잠시 살펴보기로 하자.

신입생은 우선 네덜란드어 문법서 두 권을 교재로 삼았다. 하나는 에도 후기 양학자 미쓰쿠리 겐포(箕作阮甫) 번역의 목판 복각본(復刻本) 『화란문전전편』(和蘭文典前編, *Grammatica of Nederduitsche Spraakkunst*, 1843)이고, 다른 하나는 『화란문전후편 성구론』(和蘭文典後編 成句論, *Syntaxis, of Woordvoeging der Nederduitsche Taal*, 1848)이다. 신입생은 이 『문전』(문법서)을 입문서로 사용하면서 전편을 『가람마티카』, 후편을 『세인타키스』라 불렀다. 오가타는 최상급의 학생들에게만 직접 강의를 했고, 그 아래 대부분의 숙생은 스스로의 절차탁마에 맡기는 자율학습의 형식을 취하고 있었다.

신입생에게는 선배가 『가람마티카』를 음독(音讀)하며 읽기 중심의 독해와 강역(講譯)을 했고, 후속편이 끝나면 열 명에서 열다섯 명 정도로 이른바 스터디그룹을 만들어 회독(會讀)과 토론을 하는 자유로운 학습방법을 취했는데, 오늘날의 근대적인 자율교육 시스템이 바로 양학 전문 학숙에서 시작된 것이다.

이 회독을 위해서는 오직 자력으로 네덜란드어 원서를 독파하는 준비를 해야 했으며, 일체의 질문과 답변이 금지되는 규칙 아래 이루어졌다. 준비는 『문전』을 토대로 『사전』에만 의존해야 했고, 『사전』은 두 종류밖에 없었다.

프랑수아 알마(François Halma)의 네덜란드어판과 프랑스어 『대역사전』이 있었는데, 이 사전을 당시 재일 네덜란드 상관장(商館長)[6] 헨드리크 두프(Hendrik Doeff)가 네덜란드어 번역관과 협력하여 일본어로 대역한 것(『난일 대역사전』)이 있었다. 그리고 네덜란드의 언어학자 베일란트(P. Weiland)가 쓴 『네덜란드어사전』(*Nederduitsch Taalkundig Woordenboek*, door P. Weiland) 여섯 권이 있었는데, 두프로 찾을 수 없는 것은 베일란트에서 찾는 방식을 취해야 했다.

메이지 초기의 약 10년은 신과 구가 혼재한 과도기였다. 번벌(藩閥)[7]과 비번벌, 수구와 혁신, 완고(頑固)와 문명이라는 피차 양보할 수 없는 가치가 서로의 영역을 주장하는 시기이기도 했다.

그러나 재빨리 시대의 흐름을 읽고 문명의 힘을 체험한 이 계몽주의자는 봉건시대에 만연했던 한학사상을 배척하고, 일본인들이

낯설어하는 '가나전용론'을 제안하여 점진적인 한자 철폐를 주장했다. 그는 그 방법으로 가능한 한 어려운 한자를 피한다면 매일 사용하는 한자의 수를 2000~3000자 정도로 제한할 수 있다는 주장을 내놓았다. 언어의 봉건성을 배격하고 속어와 속문의 생활화, 한자제한론 등을 주장했던 후쿠자와는, 일찍이 일본 근대 문단의 진보적 문인 쓰보우치 쇼요(坪內逍遙)가 주도했던 '언문일치운동'보다 더 앞서 언문일치운동을 주도했던 것이다.

"구두로 말한 것을 종이에 옮겨서 책으로 만들고 싶다"[8]고 했던 그대로, 그는 『후쿠옹자전』을 출간하여 자신의 희망을 실천에 옮겼다. 『후쿠옹자전』은 병상에서 후쿠자와가 구술한 것을 속기한 책이다. 입으로 말한 것을 그대로 받아 적는 것, 이것이 곧 언문일치 정신이었던 것이다.

언문일치의 문체를 구어문(口語文)이라고 한다면, 앞장서서 이를 외친 이는 후쿠자와만이 아니었다. 메이지유신을 전후하여 학자들의 세계에서 의식적으로 이를 실천해오고 있었기 때문에 후쿠자와가 주장한 언문일치운동도 그런 일련의 흐름을 타고 있었던 것이라 할 수 있다. 그러나 후쿠자와의 경우는 문장어 이전의 그 밑바탕이 되는 구어에 주목했고, 그 구어를 문장어로 시도하고자 했던 것으로 또 다른 의미를 가진다고 하겠다.

그 이치를 실용화하여 사회에 기여하라

실학사상

"해와 달과 별의 운행, 바람과 비와 눈과 서리의 변화, 불이 뜨거운 이치와 얼음이 차가운 이치, 우물을 파면 물이 솟는 이치, 불을 지피면 밥이 되는 이치 등 일일이 그 작용을 관찰하고 그 원인을 규명하는 것이 물리학이다."

일상의 일을 해결해주는 '활용'의 학문

사유(思惟)의 문제를 도마 위에 올린 후쿠자와는, 이제 학문 자체에 대한 문제를 제기하고 나섰다. 그의 학문관은 아래 인용문에 대체로 잘 드러나 있다.

"학문이란 단지 어려운 한자를 알고, 난해한 고문을 읽고, 와카를 즐기고 한시를 짓는 등 실제 사회생활에 쓸모가 없는 공부를 말하는 것이 아니다."(『학문의 권유』, 전집 3, 30쪽)

이 인용문의 뒤를 이어서도 그는 새로운 시대의 학문이 '활용'에 있음을 역설하고 있다. 즉 인간 개개인의 인생과 그들이 형성하는 사회가 현실과 어떻게 연관되어야 하느냐에 대한 의문과 반성에서 시작하여, 기본적인 학문의 자세와 그에 상응하는 정신의 방향을 명료한 화법으로 기술하고 있다. 이런 내용을 종합해보면 그의 학문관은 학문 비판에서 나아가 학문무용론에까지 이르고 있다. 학문에 대한 그의 비판은 고문과 한시, 와카로 대표되는 '무사의 학문'에 대한 부정에서 출발한다. 바로 반유교주의, 반봉건주의 정신에서 비롯된 것이다. 그 대안으로 후쿠자와가 제시한 것은 다름 아닌 실학이다.

"결국 그 학문이 실용성과 인연이 멀어서 일상생활에 쓸모가 없다는 증거다. 그러므로 지금은 이처럼 실용성이 없는 학문은 잠시 미루어두고, 일념으로 힘써 배워야 할 것은 만인에게 공통되며 일상생활과 밀접한 실학이다."(『학문의 권유』, 전집 3, 30쪽)

사람이 살아가며 부딪히는 실제적인 일상의 일들을 초연한 자세로 일관하는 한학자들, 한학을 익힌 기득권층의 사람들, 영웅호걸 같은 부류의 이른바 성공한 사람들과 그들의 행태를 냉소하는 후쿠자와에게, 실학이란 실제 인간의 삶에 필요불가결한 물리학과 경제학이었다.

과학의 괴력을 동경하다

물리학은 자연과학의 중추적인 학문이다. 물리학의 발달은 갈릴레이나 뉴턴을 생각하면 이해할 수 있듯 근대정신 그 자체의 발달이기도 하다. 중세적 세계관을 크게 흔들어놓은 물리학의 정신이 문명개화 분위기를 타고 일본에 이식돼 왔을 때 후쿠자와 유키치는 앞장서서 이를 받아들였던 대표적인 인물이었다.

후쿠자와의 아버지 햐쿠스케는 노모토 세쓰간(野本雪巖)에게 사숙했는데, 그 아들 노모토 신조(野本眞城)가 대를 이어 물려받은 '노모토 숙'(野本塾)에서 후쿠자와도 공부를 한 인연이 있었다. 그 신조가 호아시 반리(帆足万里)[1]의 문하생이었다는 점에서 후쿠자와와 호아시의 학통이 서로 이어져 있음을 유추할 수 있다.

에도 후기의 난학자 호아시는 물리학서인 『궁리통』(窮理通), 『의학계몽』 등을 저술했으며, 특히 수학의 중요성을 강조했다. 또한 신식 무기인 대포와 총포 등 철포의 사용법을 익히고 주판을 배워서 실제로 사용할 것 등을 무사계층에 권장했던 이학자(理學者)였다. 후쿠자와는 아버지를 통해 이런 호아시의 영향을 받았을 것이다.

또한 그에게 최초로 체계적인 학문을 전수한 시라이시 나오토 (白石常人)는 에도 막부의 교육기관인 창평횡(昌平黌)[2]에서 관학이던 주자학을 공부한 뒤 가메이 난메이(龜井南溟)[3]의 한학에 경도되었다. 가메이가 추구한 유학은 오규 소라이(荻生徂徠)[4]의 학통을 계승한 것이었다.

이렇게 가메이의 학류를 이은 시라이시는 후쿠자와의 고향인 나카쓰에 만향당(挽香堂)이라는 가숙(家塾: 개인이 경영하는 소규모의 사숙)을 열었고, 후쿠자와는 여기서도 한학을 배웠다. 오규 소라이의 학통을 잇고 가메이의 사상 체계를 계승한 유학자 시라이시가 후쿠자와에게는 최초의 학문적 스승이었던 것이다. 시라이시는 그러나 권력과 갈등으로 생긴 나카쓰 번에서 출번(出藩)[5] 당하는 비운을 겪기도 했다. 이런 사실을 볼 때, 후쿠자와가 『학문의 권유』 '학자 직분론'에서 "학문과 학자는 정치권력과는 일정한 거리를 두어야 하나 정치적 조언과 지도 그리고 진단은 반드시 해야 한다"는 신념을 피력한 것은 시라이시의 정신과 맥을 같이하고 있었기 때문인 것으로 풀이할 수 있다.

당시는 의학을 중심으로 연구되던 난학이 학문의 전 분야로 다양하게 분화하거나 변모하는 과정이었다. 특히 일본이 서양 함대로부터 유린당하던 1840~50년대는, 자존심 강한 일본의 사족이 서양의 군사력에 감탄하고 눈부시게 발달해 있는 서구의 자연과학을 동경하던 시기이기도 했다. 그리고 의학을 비롯하여 천문, 지리, 박물학, 화학, 군사기술 및 번역술에 이르기까지 다방면에 걸쳐서 새로운 이론과 기술을 도입하는 문제가 얼마나 중요한 일인지 인식하는 단계에 와 있었다. 무사계급은 군사기술과 병기에 지대한 관심을 가지고 있었고, 하급 사족인 후쿠자와도 자연과학에 관심을 집중하고 있었다. 그 흔적은 그가 번역한 글에서 발견할 수 있다.

이처럼 군사적인 필요성 때문에 최신의 군사기술인 포술이 서양의 기술 가운데 가장 빨리 일본에 토착하게 되었던 것이다.

19세의 후쿠자와가 나가사키로 떠날 때, 출번 허가를 얻기 위해 제출한 청원서에서 내세운 명분도 '포술을 배운다'는 것이었다. 또 오가타의 데키주쿠에서 처음으로 번역한 원서 역시 군사학서인 축성서[6]였다. 1865년에 센다이 번의 의뢰로 번역한 「해안방어론」(海岸防禦論)은 미국의 바너드(J.G. Barnard)가 쓴 것으로, 대포의 제작과 사용법에 관한 내용을 담고 있었다. 이 책은 15인치 대포의 구조와 사격술, 그 설치법 등이 주요 내용이었다. 1866년에 번역한 『뇌총조법』(雷銃操法)은 막부의 정부군이 조슈(長州) 정벌에서 패퇴한 이유가 다름 아닌 영국에서 구입한 신형 라

이플 때문이었다는 사실을 인지하고, 라이플을 '뇌총'(雷銃)으로 번역하여 이의 조작법을 번역 출판한 것이었다. 그 외에 야전에서의 전술을 담은 『병사회중편람』(兵士懷中便覽), 『양병명감』(洋兵明鑑) 같은 번역서는 영국과 미국의 군사관련 서적을 초역(抄譯)한 것으로, 기병·포병·보병의 전략과 군의 전략사에 남을 실제 전투사례를 열거하고, 합동작전 등을 소개한 획기적인 군사이론서다.

이렇듯 초기의 후쿠자와는 군사관계 원서를 주로 번역했는데, 그의 서양학 수업이 서양식 군사기술과 병기에서 출발하고 있음을 잘 보여준 사례다.

후쿠자와는 1860년과 1862년에 각각 미국과 유럽을 방문하여 서양의 문물을 더욱 충격적으로 체험하고, 1867년에 재차 미국을 순방한 뒤 『서양사정』을 출간했다. 이 책의 초편에는 '문학기술'이라는 표제어가 붙어 있는데, 이는 영문 'science and useful arts'의 역어[7]다. 여기서 문학이란 '문헌에 의해 지식을 배운다'는 의미로 학문을 뜻하는 말이다. 이 말에는 근대적 의미로서의 '자연과학'이 포함되어 있음을 알 수 있다.

자연과학이 서양에서 본격적으로 궤도에 오른 것은 1600년대 이후이다. 1687년 뉴턴은 서양의 과학 혁명을 불러일으키게 되는 물리학서 『프린키피아』(Principia)[8]를 출간했다. 이 책은 뉴턴의 역학과 우주론에 관한 연구를 집대성해놓은 것으로, 『서양사정』은 『프린키피아』가 서양의 과학자들 사이에 물리과학의 붐을 일으킨 사실을 들면서 이 책의 위업을 격찬했다. 후쿠자와는 특히 "서양 학술의 대정신은 만물의 법칙성을 규명하여 그 활용을 밝히고, 인생의 편의를 달성하기 위해 사람으로 하여금 천성의 지력을 발휘케 함에 있다"[9]는 주석을 달아서 서양의 과학기술에 대한 확고한 신념을 천명했다.

『서양사정』은 과학과 기술 외에도 근대 학교제도, 복지기관으로서의 병원, 각국의 정치체제, 세법, 국채, 지폐, 상사와 회사, 각국 교제(외교), 군사제도, 신문, 역사, 군비, 국가의 재정 등 서양의 사회 사정 전반에 걸친 이해를 구함으로써 과학기술을 제도적으로 지원할 수 있는 사회 기반에 유의한 점을 또 하나의 특징으로 들 수 있다.

막부 정권 말기와 메이지 초기의 약 10년간은 후쿠자와에게 학구열과 사상의 전개가 매우 활발하던 시기였다. 근대 일본의 학문과 사상사의 새로운 전환기가 이 시점에 해당한다고 볼 수 있으며, 후쿠자와의 학문적 업적이 진지하게 축적된 것도 이 시기였다. 그 대표적인 저작이 『학문의 권유』와 『문명론의 개략』이다. 1868년에 출판된 『훈몽궁리도해』(訓蒙窮理図解)는 게이오 4년에 집필이 완료되었으나, 인쇄에 들어갔을 때는 메이지라는 새로운 연호로 바뀌어 메이지 최초의 물리학서가 되어버렸다.

이 책의 제명인 '궁리'(窮理)라는 말은 주자학적 학문 체계에서 이미 통용되고 있던 용어였다. 그런데 후쿠자와는 이를 자연철학(natural philosophy)으로 이해하고자 했고, 근대의 과학적·비

판적 탐구라는 의미로도 해석하고 있다. 저자에 따르면『훈몽궁리
도해』는『체임버스 물리학』(영국, 1865),『쾩켄보스 물리서』(미
국, 1866),『체임버스 박물학』(영국, 1861),『스위프트 물리서 초
보』(미국, 1867),『코르넬 지리서』(미국, 1866),『미첼 지리서』
(미국, 1866),『본 지리서』(영국, 1862)와 그 외 영미의 여러 서적
등 양국의 물리학과 박물학, 지리학 서적을 인용해 번역한 것이었
다. 이는 책의 '일러두기'(凡例)에서 밝히고 있는 내용이다.[10] 이
책에서 후쿠자와는 사물을 탐구하는 연구자의 자세에 대해, "먼저
그 대상을 파악하여 이치를 규명하는데, 대소경중에 구애받지 않
고 원문 그대로 하나의 사물에 이르기까지도 방치해두어서는 안
된다"고 하여, 서양식 탐구방법이라 할 수 있는 철저한 비판적 연
구자세가 바로 물리학의 정신이라고 역설했다.

『훈몽궁리도해』는 우리의 일상생활과 아주 관련이 높은 열, 공
기, 물, 바람, 구름과 비, 우박, 눈, 이슬, 서리, 얼음, 인력(引力),
낮과 밤, 사계, 일식과 월식 등에 대해 과학적인 설명을 하고 있다.
후쿠자와는 왜 이처럼 물리학에 집요한 관심을 가졌던 것일까.

봉건사회에서는 필연적으로 도덕이 강조되면서 지식은 이차적
인 문제일 수밖에 없다. 이 인용문에서 후쿠자와는 지식 중시의
태도를 취함으로써 자연과학적 지식으로 무장한 새로운 인간상을
제시했던 것이 아닐까.

특히 이 시기에 주목할 것은『물리훈몽』(物理訓蒙, 요시다 겐포
〔吉田賢輔〕옮김, 1871),『물리계제』(物理階梯, 문부성〔文部省〕

1868년에 펴낸 『훈몽궁리도해』. 이 책에는 열, 공기, 물,
바람, 낮과 밤, 일식과 월식 등에 대해 과학적인 설명이 담겨 있다.
후쿠자와는 서양식 탐구방법이라 할 수 있는 철저한
비판적 연구자세가 바로 물리학의 정신이라고 역설하기도 했다.

펴냄, 1872), 『물리전지』(物理全志, 우다가와 준이치〔宇田川準一〕옮김, 1875~76) 전10권, 『백과전서』(百科全書, 문부성 펴냄, 1877) 같은 물리학 서적들이 잇달아 출판되었으니, 메이지 초기는 말 그대로 자연과학의 전성기였다고 할 수 있다.

물리학, 모든 현대문명의 출발점

당시의 지식이라 함은 자연과학적인 지식을 말한다. 자연과학의 근본은 물리학이고, 물리학을 중시해야 한다는 생각은 이제 피할 수 없는 명제가 되고 말았다. 왜 물리학이 이렇게 각광을 받아야 하는지에 대해서는, "탐구의 정신은 공익을 우선하는 실용주의 정신에서 비롯되어야 한다"는 후쿠자와의 평생의 소신이 이즈음 뿌리를 내리고 있었다고 보아야 할 것이다.

그는 「게이오 의숙학교지설」이라는 글에서 물리학을 이렇게 정의하고 있다.

"물리학이라고 하여 이론만을 연구하는 난해한 학문인 것은 아니다. 사물의 성격과 작용을 터득하는 것이 이 학문의 목적이다. 해와 달과 별의 운행, 바람과 비와 눈과 서리의 변화, 불이 뜨거운 이치와 얼음이 차가운 이치, 우물을 파면 물이 솟는 이치, 불을 지피면 밥이 되는 이치 등 일일이 그 작용을 관찰하고 그 원인을 규명하는 학문이다. 연구하고 발명한 기계의 작동법 등 모두가 이러한 이치에 기인하지 않는 것이 없다. 사물을 보고도 그 이치를 모르는 것은 눈을 가지고 있으면서도 보지 않는 것과 같다. 그러므로 물리학 책을 공부하지 않는 사람은 장님과 다를 것이 없다."(「게이오 의숙학교지설」, 『게이오 의숙 관계문서』(1870. 3), 전집 9, 378쪽)

이렇게 물리학의 성격과 함께 물리학을 공부해야 하는 이유를 설명한 그는 1871년에 이르러서는 물리학의 정신을 다음과 같이 정의하기도 했다.

"물리학의 정신은, 사람이 평생 습관이 되어서 미심쩍어하지 않는 점에 착안하여, 미심쩍어 하는 바의 사물을 면밀히 조사하고 그 이치를 추구하여 이를 실용화함으로써 사회에 기여하는 유일정신에 있다."(『계몽수습지문』, 전집 3, 16쪽)

그로부터 약 10년 뒤, 그는 물리학이 인류문명의 발달에 어떻게 기여하고 있는지에 대해, 그리고 그 성격에 대해 좀더 구체적인 언급을 했다.

"유럽의 현대문명은 모두 이 물리학에서 출발하지 않은 것이 없다. 저 신 발명품인 증기기선, 증기기관차, 총포와 병기, 전신과 가스 등 그 위력이 대단하다고 하나 그 발단은 사소한 이치를 추구하고 분석하여 마침내 인간만사에 적용한 것뿐이니, 그 대단한 업적을 보고 놀라지 말 것이며, 그 사소한 업적에 이르기까지 모든 것이 우연이 아니다."(「물리학의 요용」, 『시사신보』(1882), 전집 8, 55쪽)

그는 물리학을 유럽 근대문명의 핵심 학문으로 보고 있다. 또한 물리학의 정신을 '우연성'에서 찾지 않고, 사소한 이치까지도 등한시하지 않고 과학 원리를 발견해내는 정신, 즉 과학정신에서 출발해야 한다는 사실을 명확히 했다. 사물의 법칙성과 과학 원리를 발견하는 것은 관찰과 분석이라는 인간의 주체적인 자각에 입각할 경우에만 가능해지는 일이다.

자연을 주체적인 대상으로 파악하고 자연을 스스로 통제하고 변혁할 수 있기 위해서는, 자연에 대한 인간의 인식 전환은 필수적이다. 다시 말해 기존의 동양적 자연관으로부터 벗어난 새로운 자연관, 즉 발상의 전환이 요구되는 것이다. 자연의 법칙을 발견하고 이에 대응함으로써 삶의 공간을 주체적으로 확장해간다는 것, 후쿠자와에게는 그것이 근대문명의 출발점이었던 것이다.

이러한 인식의 변환은 유교정신의 근본적인 변혁을 말한다. 윤리와 도덕을 근간으로 삼아온 유학을 대신하여, 앞으로는 자연과학을 학문의 원리로 대체해야 한다는 주장이 되기 때문이다. 필연적, 맹목적인 굴종에서 탈피하고 기존의 질서에 대항하여 주체적인 자세를 가져야 할 것이라는 물리학 정신의 발견이라고 해야 할 것이다.

후쿠자와가 근대 물리학을 일본 학계와 사회 전역에 전파하기 훨씬 전에도, 그러니까 1870년대 이전에 후쿠자와가 『훈몽궁리도해』에 실은 내용들은 이미 막부 말기에 출간된 여러 종의 물리학 서적에 소개되고 있었다. 일찍이 난학자 시즈키 다다오(志筑忠雄)는 칩거 30년의 정진을 통해 케일(John Keill)[11]과 뉴턴에 경도되어 '태양중심설'을 소개했고, 천문학과 물리학 도입, 네덜란드어 문법 해설, 유럽의 도량형 소개 등 다양한 학문적 업적을 남겼다.[12] 그러나 당시에는 후쿠자와 같은 실천적 계몽사상가가 없었다. 따라서 물리학적 지식으로 국민을 계몽한다는 숙원은 계승되지 못하고 말았다.

일본 문무성은 교육문제와 함께 정부차원의 계몽정책을 시행한다는 취지에서 1878년 '도쿄학사원'을 설립했다. 이 기구는 최고의 학자 7인을 회원으로 선정하여 학술과 기예에 관한 의견을 청취하는 관변기관으로 출발했는데, 바로 오늘날의 '일본학사원'(日本學士院)의 전신이다. 이들 7인의 면면을 보면 다음과 같다.

- 니시 아마네(西周): 서양철학자로 최초로 네덜란드 유학을 했다. 개성소(開成所)[13]의 교수, 누마즈(沼津) 군사학교장 등을 지냈고, 국제법을 소개한 『만국공법』(萬國公法)을 저술했다.
- 가토 히로유키(加藤弘之): 서양철학자로 천부인권설과 자

유·평등사상, 사회진화론 등을 소개했다. 개성소 교수를 거쳐 초대 도쿄 대학교 총장을 지냈다. 저서로『국체신론』(國體新論) 등이 있다.

- 간다 다카히라(神田孝平) : 서구문화를 소개하는 데 진력한 사상가. 문부성 차관급으로 메이지 정부에서 관료생활을 했다.
- 쓰다 마미치(津田眞道) : 법학자로 개성소 교수를 지냈다. 저서『태서국법론』은 일본 최초의 서양 법률서다.
- 나카무라 마사나오(中村正直) : 양학자로 영국 유학 후 계몽사상 보급에 앞장섰다. 도쿄 대학교 교수를 지냈고 대장성에서도 일했다. 저서로『서국입지편』(西國立志編)과『자유의이』(自由之理) 등이 있다.
- 후쿠자와 유키치(福澤諭吉) : 계몽사상가로 게이오 의숙을 설립하고 일간지『시사신보』를 창간했다.
- 미쓰쿠리 슈헤이(箕作秋坪) : 메이지 정부의 관료로 외무성 번역국장을 지냈다.

그런데 이들 가운데 후쿠자와를 제외한 니시, 가토, 쓰다, 나카무라 등은 철학을 공부했다. 게다가 메이지 정부의 고급 관료였다. 계몽을 선도해야 할 인물들이, 후쿠자와의 말 그대로 '물리적인 사람'이 아니었다는 점에서, 후쿠자와가 그토록 중시했던 '물리학'은 변혁기의 학문일 수밖에 없었다.

이상에서 살펴본 것처럼 후쿠자와의 양학은 서양 군사학의 번역에서 시작하여 물리학으로 완성이 된다. 1850년대의 일본은 서양의 군사력과 자연과학이 지닌 괴력을 동경하고 있었고, 자연히 후쿠자와의 학문적 관심 역시 자연과학의 중요성을 인식하는 단계까지 발전하게 되었던 것이다.

금전의 출납으로 나라의 빈부를 보는 것이 곧 경제다

물리학과 경제학은 대표적인 서양 학문이다. 후쿠자와의 양학은 오사카로 건너가 오가타 고안의 데키주쿠에서 본격적인 출발을 한다. 그리고 막부 말기에 세 번에 걸친 미국과 유럽 여행으로 서구를 발견하게 된 것이 그의 사상 형성에 결정적인 계기가 되었음은 주지의 사실이다.

1860년에는 군함봉행(軍艦奉行) 장관 기무라 셋쓰노카미의 수행원 자격으로 미국행에 올랐으나, 1861년 말에는 당당하게 막부 정권 번역국의 번역관 자격으로 유럽사절단과 동행하게 된다. 그리고 1867년에는 막부의 군함수령 사절단 일행으로 재차 미국을 방문한다. 이렇게 미국과 유럽을 항해하면서 얻은 견문과 이 기간에 수집하고 섭렵한 문헌들을 통해 그의 식견은 한층 더 넓고 깊이 있게 성장하게 되었다. 이후 그는 당대의 사상가로서 확고하게 입지를 구축하게 된다.

막부 정권이 기울고 있던 1866년 6월, 재차 조슈를 정벌하려던 막부의 기도는 쇼군 이에모치의 사망으로 좌절되고, 그해 8월 도쿠가와 요시노부가 쇼군의 지위를 계승했다. 이어 천황(孝明天皇)이 사망하자 개국과 양이로 갈라진 양대 세력의 갈등이 극에 달하더니, 급기야 극렬한 존왕양이론이 횡행하게 되었다. 후쿠자와의 『서양사정』 초편이 출간된 시점은 바로 이런 시국 한복판이었다.

이 책의 등장은 유럽문명을 소개함으로써 향후 일본이 나아가야 할 길을 제시했다는 중요한 의미를 지니는데, 초편에 이어서 1867년에는 『서양사정』 외편이, 1870년에는 제2편이 발표되면서 시리즈가 완결되었다. 이 책의 출현은 유럽에 대한 일본인의 인식 또한 크게 바꾸어놓았다.

『서양사정』은 서구의 많은 저작을 참고하고 인용하여 만든 저술이지만, 그 안에는 후쿠자와의 정치 및 경제 사상의 기조가 그대로 드러나 있다. 3회에 걸쳐서 출간된 책은 각각 그 집필 동기에 다소의 차이가 있는데, 그는 『서양사정』 초편 제1권 「서문」에서 일본에 서양서적을 수입해온 이유와 배경에 대해 다음과 같이 서술하고 있다.

　"물리(窮理), 지리, 병법, 항해술 등의 모든 학문은 일취월장 발전하는 모습이고, 자국의 문명 정치에 도움을 주어 군비의 부족을 보완하였으니 그 실익이 어찌 크다 하지 않겠는가. 하지만 〔……〕 설사 그러한 학문과 기술을 얻었다 해도 그 정치의 본질을 변혁시키지 않는다면, 단지 실용에 도움이 되지 않는 정도가

아니라 오히려 해악을 끼칠 수 있다는 점도 예측해야 할 것이다.〔……〕

사회 전반에 걸쳐 서양의 신학문을 빨리 정착시키기 위해 노력하는 학자가 흔치 않은 현실을 거울삼아, 미국, 영국 등지에서 출간된 역사와 지리서 여러 권을 열독했다. 그 가운데 서구 열강과 관련한 자료를 뽑아서 번역하고, 조항마다 가장 중요한 내용을 정리해 역사, 정치, 육해군, 금전출납 등 네 개 항목으로 만들었다.〔……〕

사기(史記)로써 역사의 연혁을 널리 알리고, 정치로써 국체의 장단점을 명확히 하고, 육해군으로써 군비의 강약을 인지하고, 금전의 출납으로써 정부의 빈부를 보여주는 것이다."(『서양사정』전집 1, 285쪽)

이 네 가지 항목에 한정한 이유에 대해서도, 이런 항목에 의거하여 서양 각국의 대략적인 형세와 실정을 이해할 수 있기 때문이라는 취지를 밝히고 있다. 또한 이 초편은 번역을 위주로 저술한 것이나 정교한 문법적 해석에 중점을 둔 것은 아니고, 원문의 내용을 숙지한 뒤 그 내용을 일본어의 어감에 맞추어 의역했다는 점도 밝히고 있다.

체임버스 형제의 『정치경제학교본』(*Political Economy for Use in Schools and for Private Instruction*)을 필요한 부분만 가려 뽑아서 번역한 『서양사정』 외편에서는, 경국경세(經國經世)의 실

정을 논하며 여기에 '폴리티컬 이코노미'(Political Economy)라는 용어를 쓰고 있는데, 이에 관해서는 간다 다카히라가 번역한 『경제소학』(經濟小學)[14]에 자세한 설명이 있으므로 여기서는 생략하기로 한다.

'폴리티컬 이코노미'는 논지를 크게 두 단원으로 나누었다. 전반부에서는 '세상교제'(사회)의 '도리'에서 시작하여 각국이 독립국가가 된 내력과 외교에 관한 사항, 정부의 기원과 체제, 국법과 풍속(문화) 및 국민의 교육 등에 관해 설명하고, 여기에 '사회경제학'(Social Economy)이라는 용어를 처음으로 사용했다. 후반부에서는 경국제세의 사정에 관해 논하고, 여기에 '정치경제학'(Political Economy)이라는 용어를 사용했다. 외편의 내용은 이렇게 체임버스에 의존하면서, 초편에서보다 훨씬 선명하게 후쿠자와의 사상 전반이 이야기되고 있다.

우선 초편의 내용을 살펴보자.

초편에서는 입군정치(군주정), 귀족합의정치(귀족정치), 공화정치의 세 가지 정치 형태와 함께 각각의 특징을 설명하고 있다. 특히 영국의 정치에 주목하여 다음과 같이 덧붙이면서, 후쿠자와의 정치경제 사상이 영국의 그것과 밀접한 관련을 맺고 있음을 시사한다.

"즉 영국과 같이 왕족의 혈통을 가진 사람을 왕으로 받들고 왕명으로써 국가를 통치하는 것이 입군(立君)체제다. 전국의 귀족이 상원에 모여서 정사를 돌보는 것은 귀족정치다. 문벌을 따지지 않고 인망을 얻은 사람을 선거하여 하원을 설치하는 것은 공화정치다. 고로 영국의 정치제도는 세 가지 정치를 혼합한 일종의 유례가 없는 제도다."(『서양사정』, 전집 1, 289쪽)

이 설명은 영국의 의회정치를 제대로 인식하고 정확한 평가를 내린 것으로 볼 수 있다.

그리고 문명을 이루는 핵심 요소로 첫째, 자유임의(liberty, freedom의 번역어), 언론·행동의 자유, 직업 선택의 자유, 둘째, 종교의 자유, 셋째, 학문과 기술을 장려하여 신발명의 길을 개척하는 것, 넷째, 학교를 세워 인재를 육성하는 것, 다섯째, 치안 유지, 여섯째, 기근이나 추위로부터 생존권을 확보하는 것 등 여섯 개 조항을 들고 있다.

이상 여섯 개로 요약된 문명정치의 요건은 자유주의에 입각하여 국가관의 기초를 이루는 것으로서 후쿠자와의 문명론에도 깊이 영향을 주었던 내용이다.

"서양 각국은 공산품 생산과 무역으로 국가의 재정을 확립하는 방식이며, 세법(稅法)은 일본과 중국의 제도와는 다르다."(『서양사정』, 전집 1, 291쪽)

그리고 이러한 문명국가의 재정정책을 인식시키기 위해 관세

수입, 물품세, 인지세(印紙稅), 토지세, 가옥세, 우표세, 국채, 어음 및 지폐 등에 대해서도 상세한 해설을 덧붙였다. 또 '상인회사'(商人會社: company의 역어), 즉 상사의 조직과 경영에 관해 설명하고, 주식에 의한 자본의 충족, 자기자본과 사채의 관계에 대해서도 언급했다. 또 개인과 상인 사이의 어음 결제방법을 설명하고, 자금 융통방법을 모르는 상인을 위해서는 "정부가 발행한 어음으로서의 지폐가 있고, 5인 또는 10인씩 동지를 규합하여 일을 함께 할 수도 있다. 이를 상인상사라 한다"고 하여 상사의 존재를 처음으로 소개했다. 어음과 지폐에 대해서는 구체적으로 설명하면서도 은행에 관한 언급이 없었던 점은 흥미롭다.

'Saving Bank'(저축은행)에 대한 언급은 외편 제2권에서 등장하는데, 이를 '적금예소'(積金預所)로 번역하여 소개했다. 용어의 번역에 고심했음을 유추할 수 있는데, 지폐에 대해 언급한 부분을 살펴보면 아직 은행에 대한 인식은 부족했다는 것을 알 수 있다.

"서양에서는 대개 모든 국가가 지폐를 사용한다. 단 그 가치가 50냥 또는 100냥 이상 되는 것은 '긴자(銀座) 어음'이라고 한다. 지폐라고 일컫는 것은 가치가 한두 냥인 것을 기준으로 하여 시중에서 일상의 매매에 사용하는 화폐다. 프랑스, 영국, 네덜란드에는 지폐가 없고 오로지 긴자 어음만 사용한다. 대체적으로 지폐와 어음은 정부의 긴자 어음으로 발행한다."(『서양사정』, 전집 1, 296쪽)

「도미오카의 실크 제조공장」. 1871년에 완공된 이 공장은
프랑스식 조사 기계가 300대나 설치될 정도로 규모가 컸다.

이렇게 설명하여 후쿠자와는 은행권과 지폐를 분명하게 구별하고 있다. 그러나 '긴자 어음'은 중앙은행권으로, 지폐는 정부가 발행한 것으로 인식하고 있는 것인지, 아니면 여기서의 긴자란 중앙은행을 의미하는 것인지 정확하게 알 수가 없다. 중앙은행과 정부의 관계에 대해서도 이 단계에서는 분명하지가 않다.

『서양사정』 초편 제3권은, 앞서 제1권과 제2권이 영국·프랑스·네덜란드·미합중국을 대상으로 했던 것과는 달리 전적으로 영국의 건국사와 정치상황, 그리고 육해군과 국가재정 등에 대해 소개하고 있는 것이 특징이다. 영국에 대한 관심이 어떠했으며 얼마나 중시하고 있었는지 미루어 짐작할 수 있는데, 그들의 역사와 정치를 소개해 보여줌으로써 일본의 후진성을 의도적으로 부각시키고자 노력했음을 알 수 있게 하는 대목이다.

자연과학적 법칙으로 경제학을 유추하다

『서양사정』 외편은 이런 인식을 바탕으로 '새롭게 다시 쓴 서양의 사정'이라고 할 수 있다. 여기서 후쿠자와는 체임버스의 저서에 많은 것을 의존하면서도 독자적으로 자신의 사상을 이야기하고 있다. 『서양사정』 외편 제1권에서 그는 정부에 대해 다음과 같이 말했다.

"사람이 무리를 지으면 반드시 어떤 경향의 정부를 세우고 감독기관을 설치해야 한다. 실로 갖추어두지 않으면 안 될 의무다. 지금 국법을 범하고 도당을 결성하여 대적하는 자들을 보건대 역시 그 내부에 스스로 법칙이 있다. 즉 이것은 도적의 정부이다. 또한 다리 밑에 사는 거지라 하더라도 다수의 무리가 떼지어 모이면 스스로 법칙을 세워서 편익을 도모해왔다. 즉 이것은 거지 떼의 정부다."(『서양사정』 외편, 전집 1, 416쪽)

논리성은 부족하나 이 인용문은 일종의 낮은 단계의 '사회계약설'이라고 할 수 있는 표현을 담고 있다. 정부의 직무가 무엇이고, 또 이들 국민이 어떤 태도를 취할 것인가가 이후의 문제로 남는다.

외편 제2권에서는 "선량한 정부가 해야 할 가장 중요한 국가적 책무는 다름 아닌 그 민중이 무지와 문맹에 빠지지 않게 하는 데 있다"[15]고 했다. 국가의 중요한 책무 가운데 하나는 국민을 문명의 상태로 인도하는 일이며, 국민이 정치와 경제를 배우는 것은 국민으로서는 결여되어서는 안 될 중요한 사안임을 강조하고 있다. 또 정부의 기본적인 직분으로, "국민을 평온하게 다스리고, 국법을 엄정하게 지키고, 국가 간의 외교관계를 유지한다는 3개 항목으로써 그 대강령을 삼는다"고 했다.

그러나 이른바 행정을 제외한 문제들에서는 학자들의 정설이 확립되어 있지 않다는 설명을 했다. 여기서 주목해야 할 것은 자유방임주의를 신뢰하면서 중상주의(重商主義, mercantilist)를 예찬하고 보호무역을 비판했다는 점이다.

"어떤 학자가 주장하기를, 정부는 적절하게 인부와 기능공의 임금을 약정하고, 실업자를 구제하기 위해 직업을 찾아내고, 물가를 안정시키고, 빈민을 구제하고, 그 밖에 모든 일반 민중의 개인적인 문제에 관여하여 곁에서 그 권리와 의무의 시비를 가려야 한다고 했다."(『서양사정』외편, 전집 1, 433~434쪽)

어떤 학자가 누구였는지는 확인할 수 없으나, 이 인용문은 중상주의정책을 의미하는 것이다. 후쿠자와는 개인의 경제활동에서 권력의 간섭을 배제하고 경제적 자유주의의 입장을 지지한 것으로 볼 수 있다. 동시에 보호무역의 비판, 자유무역의 예찬이라는 관념으로 발전해간다.

"또 어떤 법을 제정하여, 자국의 산업을 번창하게 만들 생각으로 외국에서 제조한 상품은 일체 그 수입을 금지시킨 적이 있다. 하지만 이런 법은 국가를 부하게 하기는커녕 오히려 피폐하게 만들기에 충분했다. 무역부국의 대도는 모든 사람으로 하여금 그 임의에 맡겨서 자유롭게 거래하게 하는 데 있다."(『서양사정』외편, 전집 1, 437쪽)

이처럼 자유무역의 원칙, 즉 정부가 수출입 행위에 관여하지 말아야 할 것을 주장하고, 이어서 그 소극적인 정책을 대표하는 사례로는 빈민구제법, 즉 구빈법(救貧法)을, 적극적인 정책으로는 조세, 민중의 교육, 위생, 가스와 수도의 설치, 치안, 영업규칙과 단속에 관한 법규 등의 필요성을 소개했다.

후쿠자와가 체임버스의 경제학이 경제학서 이상의 어떤 사상을 내포하고 있다고 생각한 것은, 그의 책에서 경제학 원리와 함께 '정부의 직분'과 '민중의 교육'이라는 주제를 발견했기 때문일 것이다. 그는 학교를 세워서 유지시키는 일이 시급하다고 생각했고, 그러한 생각의 배후에는 '지식이 없으면 근로의 진가를 모르고, 따라서 빈궁으로 고생하는 일이 심각할 것'이라는 인식이 있었다.

"과거에는 가난한 백성을 구제하고 죄 지은 사람을 벌하기 위해 세금의 부담액이 엄청나게 높았다. 지금 국민의 교육을 위해 쓰는 돈은 국민들이 빈곤에 빠지지 않고 또 죄악을 범하지 않게 하기 위한 것이므로, 말하자면 화를 미연에 방지하자는 취지다. 일단 빈민을 구제하고 또 범죄자를 제재하기 위해 세금을 징수하기보다는 그 비용을 사회를 위해 사용하는 편이 훨씬 나을 것이다. 그러므로 전 국민적 교육을 위해 교육비를 징수하는 것은 그 돈이 탐나서가 아니라 실은 오히려 세액을 감소하게 하기 위해서다."(『서양사정』 외편, 전집 1, 454쪽)

이처럼 후쿠자와는 국민교육의 필요성을 경제적 견지에서 파악하고자 했다. 국민을 의식화하기 위한 교육, 혹은 부국강병을 목표로 한 교육이 아니라 교육상 필요한 재정과 그 효과를 고려해

교육이 국민의 지적 수준을 높이고 궁극적으로는 빈곤 퇴치에 유용하다는, 이른바 실학적 견지에서 국민교육의 필요성을 인식한 것이다.

그가 보여주고자 했던 것은 경제학의 본질이 무엇인가 하는 점이었다. 경제학에 관한 후쿠자와의 정의는 아주 간단했다. 그는 우선 이 학문의 성격을 자연과학과 동일시하고 있었다. 이런 생각은 물론 체임버스 경제학의 정의를 답습한 것이다. 그의 경제학은 이런 내용이었다.

"사람에게 필요한 물품의 상태를 설명하여 이를 채용하는 방법을 확실히 하고, 개인적으로 소유하는 물품이 증감하는 이유에 대한 이치를 논의하는 것이다. 생각건대 개인의 인격을 명확히 하고 사람과 사귀는 법도를 수양하는 것과 같은 일은 원래 종교, 도덕, 정치학이 관계할 바이기 때문에 경제학에서는 이러한 것을 논의하지 않는다."(『서양사정』 외편, 전집 1, 457쪽)

"세상의 만물을 관찰하건대 해와 달과 별이 회전하는 원리가 있고, 동물과 식물이 생성하는 원리가 있고, 지구의 지표가 층층이 서로 겹치는 원리가 있는데, 각각 일정한 법칙에 귀착하여 일찍이 그 작용을 그르치는 법이 없음은 참으로 놀라움을 금치 못할 바이다. 삼가 경제학에서도 역시 일정한 법칙이 있음은 달리 다를 바 없다."(『서양사정』 외편, 전집 1, 459쪽)

이 인용문을 보면 후쿠자와는 경제학을 자연과학적 법칙의 유추(類推)로서 이해하고자 한 것임을 알 수 있다. 나아가 그는 "경제학을 연구하는 사람은 인체생리학을 연구하는 취지와 다르지 않다"는 말도 덧붙였다. 그리고 경제의 법칙은 인위적으로 바꾸거나 개정할 수 있는 것이 아니라고 하여, 이를 일정한 법칙에 지배되는 경제현상으로 보았다. 또 사유재산제도에 대해서는, 인간이 태초로부터 자연스럽게 터득한 지혜인 이상 사유재산을 누리는 것은 자연의 이치라는 점을 강조했다.

이처럼 후쿠자와는 사유의 원리를 인정하고 또 중시했다. 그는 사유를 동산과 부동산의 두 종류로 분류하고, 그 사유권의 보호, 특히 저작권이나 발명품의 특허권 보호에 대해서도 목소리를 높였다. 그는 일찍이 사유의 원리가 자유라는 관념과는 어떤 연관을 가지며, 개인의 권리는 국민 전체의 이익과 어떤 관련을 갖는지에 대해서도 문제 제기를 했다. 나아가 그는 프랑스와 비교해볼 때 영국에서는 이 양자가 모순하지 않고 조화를 이루고 있다는 사실에 대해서도 주목했다. 영국의 자유주의에 대한 후쿠자와의 신뢰를 엿볼 수 있는 대목이다.

이상의 논리에 비추어, 그의 경제학에서는 사유권의 존중을 곧 문명의 기본 요건으로 보고 있었음을 알 수 있다. 자유주의 경제학에 입각한 사유재산권 존중에 대한 그의 주장은, 『서양사정』 제2편에서도 초편과 외편의 내용을 보완하여 철저히 검증하는 형식으로 나타나고 있다.

제2편에서 그는 특히 '자유'(liberty)와 '통의'(right)라는 단어를 번역하는데, 이처럼 자유와 권리를 근대적인 의미로 해석함으로써 근대 민주주의의 본질로 한 걸음 더 다가가게 된다.

이 단어의 의미에 대해서는, 영국의 법학자 블랙스턴(William Blackstone)의 『영법석의』(英法釋義, *Commentaries on the Laws of England*)와 미국 경제학자 웨일런드의 『경제학 요론』에 근거하여 그 논의를 구체화했음을 밝히고 있다.[16] 이 자유와 통의, 즉 자유와 권리에 관한 후쿠자와의 해석은 매우 정확도가 높은 것이, 블랙스턴과 웨일런드를 숙독하여 그 내용을 명쾌히 파악했던 것으로 보인다. 다음 인용문을 보면 그것을 알 수 있다.

"첫째, 리버티라 함은 자유라는 말의 의미로, 중국사람의 번역에 자주(自主), 자전(自專), 자득(自得), 자약(自若), 자주재(自主宰), 임의, 관용, 종용(從容) 등의 단어를 사용했으나 아직 원어의 의미를 충분히 표현하지는 못했다.

자유라 함은 육체가 원하는 대로 행동하여 답답한 마음을 갖지 않는 것을 말한다. 성현의 말씀에 신체를 자유로이 하여 스스로 지키는 것은 만인에게 부여된 천성적인 것이므로, 사람의 마음속에 가까이 다가가서 보면 재산과 부귀를 지키는 것보다 소중한 것이다."(『서양사정』제2편, 전집 1, 486쪽)

이미 앞에서도 소개한 바와 같이 『서양사정』 외편 제1권, 제2

권, 제3권은 대부분 체임버스의 경제서를 번역해 소개한 것이다.

다카하시 세이이치로(高橋誠一郎)는 체임버스의 『정치경제학 교본』에 대해, "경제 원리를 물리의 법칙과 동일하게 사물의 본성에서 생성된 것으로 보고, 새로운 사회주의의 공세에 맞서 옛 자본주의 사회를 방어하기 위해 이 책을 저술했으며, 후쿠자와는 옛 봉건사회와 그 관념체제를 파괴하고 새로운 자본주의 사회 건설을 위한 원리를 표방하고자 이 책을 번역했다"고 했다.[17]

이것은 후쿠자와의 사상을 이해하는 데 매우 중요한 지적이 되고 있다. 이를테면 '가미'(神)라는 단어가 경제서에 등장하는 것이 흥미로운데, 그 영향을 받아서인지 메이지 초기에 여덟 살과 여섯 살이 된 두 아들을 위해 쓴 『나날의 교훈』에도 이 단어가 등장한다.

"곳도(God)는 부모를 만들고, 곳도는 부모를 살리기도하고 죽게 할 수도 있다. 천지만물 모든 것 곳도가 만들지 않은 것이 없다. 어린 시절부터 곳도의 실체를 알고 곳도의 뜻을 따라야 할 것이니라."(『나날의 교훈』, 전집 20, 69~70쪽)

"천도님을 경외하고 공경하며 그분의 뜻에 따라야 할 것이다. 여기서 말하는 천도님이란 태양이 아니고, 서양의 언어로 '곳도'라 한다. 일본말로 번역하면 조물주라는 뜻이다."(『나날의 교훈』, 전집 20, 73쪽)

이 '곳도'(God)의 관념을 그는 버클에게서 배웠는데, 이상에서 보는 바와 같이 이 '곳도' 관념은 후쿠자와의 인생관에 많은 영향을 주었던 것 같다. 실제로 일본의 기독교는 문명개화와 더불어 서로 제휴하고 협력하면서 정착한 산물이라고 할 수 있다.

기독교 그 자체가 후진 문명을 자극한 것은 사실이지만, 선교사들이 학문과 기술을 함께 들고 와서 일본의 문명화에 이바지했던 것이지 종교 그 자체의 힘만으로 문명화에 기여한 것은 아니었다.

"단순히 민심에 대한 영향이나 효과적인 측면에서 논할 경우, 예수교 역시 언제나 힘이 있다고는 할 수 없다. 유럽의 선교사들이 포교를 위해 동양의 여러 섬나라를 비롯한 미개한 땅으로 건너가서 미개한 주민을 개종시킨 예는 오늘날에 이르기까지 적지 않다. 그런데도 오늘날 원주민은 변함없이 옛날 그대로의 원주민이고, 그 문명의 정도는 여전히 유럽과 비교될 수가 없다. 부부간의 분별도 모르는 벌거숭이 원주민들이 교회에 모여들어, 일처다부 사이에서 태어난 그 자식들에게 예수교의 세례를 받게 한다고 한들, 단지 형식에 불과한 개종의식일 뿐이다." (『문명론의 개략』, 전집 4, 103쪽)

이렇듯 그는 종교에 냉담했지만 그에 부수되는 선기능만은 이용하려 했고, 세론통일의 목적을 위해 종교를 이용한 사례를 남기고 있다. 동시대의 선각자인 기독교 사상가 우치무라 간조(內村鑑

三)[18]는 "종교의 대적(大敵)은 자신은 종교를 갖지 않으면서도 이를 국가나 사회의 도구로 이용하려드는 자들이다"[19]라고 경고했다. 하지만 이 주장에 입각한다면 후쿠자와야말로 종교를 해치는 전형적인 '종교의 대적'인 셈이다.

종교를 구원의 문제와는 무관하게 전술적 수단으로 이용하려 했던 후쿠자와의 태도는, 정세의 변화에 따라 다소 차이는 있으나 사회의 안녕과 질서를 유지하는 데 종교를 이용하는 것이 편리하다는 기능성에 대한 강조였다. 따라서 사회적 공리성 차원에서 종교의 유용론을 주장하는 것이었다.

특히 그는 1897년 이후 노동자들의 빈번한 동맹파업을 우려하면서, 무산계급의 불평불만이 빈부의 대립이라는 사회문제로 비화하는 데 대한 심각성을 환기시킨다. 1884년 이후 지속적인 물가 앙등으로 생계를 위협받는 파업노동자들에 대해 한편으로는 그들의 처지를 동정하면서도,[20] 파업의 저지와 실업자 증가 억제, 사회의 안녕과 질서 회복이라는 현안을 해결하는 수단으로 종교를 이용하자는 견해를 『시사신보』에 게재한다.

그리고 빈부의 대립을 불가피한 역사의 필연으로 수용하면서, "개인의 부가 곧 국가의 부이고, 부자의 수가 증가하면 결국 부국이 될 수 있다"는 논리를 전개했다. 그는 앞으로 닥쳐오게 될 노사 간의 분쟁이 격렬해질 수밖에 없다는 진단을 하고,[21] 그 참상이 빈부의 극한 충돌로 나타날 것임을 경고했다. 그리고 그 해결책으로 당장 종교의 힘을 빌려서 민심을 순화시켜야 한다는 제안을 했다.

갈등과 충돌을 비껴가기 위한 전술적인 수단으로 종교계를 활용하는 것이 좋겠다는 판단을 했던 것이다.

그러나 그리스도교와는 특별한 관계가 없었던 그가 왜 '곳도'의 관념을 선명하게 표현하려 했을까 하는 데는 의문이 남는다. 비록 체임버스와 웨일런드의 영향이기는 하겠지만, 그가 받아들인 관념은 어디까지나 윤리적 도덕적 주체로서의 신일 뿐, 종교로서의 그리스도교 자체는 아니었을 것이기 때문이다. 기독교에 대한 후쿠자와의 태도는 시종 비판적이었다.

프랑스 계몽사상의 영향을 받으면서도 영국의 의회정치에 강렬하게 매료되고, 훗날 자유민권운동이 주로 나카에 초민으로 대표되는 민권운동가들에 의해 프랑스 민권론을 이론적인 지주로 삼아 전개될 때, 후쿠자와가 이를 격렬하게 비판했던 것 또한 흥미로운 장면이다. 체임버스의 경제서가 경제학의 본질을 자연과학과 동일한 선상에서 생각하게 만들었고, 이런 영향이 그의 사상 형성에 매우 결정적이었다는 점에서는 이론의 여지가 없겠다.

7

'만민평등주의'에서 '아시아 맹주론'으로

두 얼굴의 사상가

"사람들이 말하기를 인간의 가장 강한 힘은 요구하지 않음에 있다고 한다. 나는 지금의 정치사회에 대해, 또한 학자사회에 대해, 상공사회에 대해, 개인적으로 추호도 요구할 것이 없고 또한 두려워할 만한 것도 없다. 다만 크게 요구하는 것은, 국권 확장이라는 하나의 소망이 있을 따름이다."

민권을 희생하여 국권의 편에 서다

일본의 자유민권운동이라 하면 통상적으로 1874년(메이지 7년) 1월 이타가키 다이스케(板垣退助) 등이 제기한 '민선의원 설립 건백서 사건'을 계기로 삼는 경향이 있다. 이 운동 후기에는 각처에서 격렬한 민중봉기가 일어났고, 탄압을 받고 강제 진압되는 사례가 비일비재했다. 경우에 따라서는 1900년에 의회가 처음으로 개설된 해까지를 민권운동의 시기로 보기도 한다.

민권운동은 막부 말기부터 싹트기 시작한 민권사상이 메이지 정부 수립 이후 일단의 발전을 보이면서 구체화된 것으로 볼 수 있다. 중앙집권적 국가로서의 기초를 다지는 일이 급선무였던 메이지 정부는 곳곳에서 모습을 드러내는 민권사상에 호응하여 즉시 헌법을 제정하거나 의회를 설립하는 등의 해결책을 제시하지 못했다. 그리하여 헌법 제정과 의회 개설을 촉구하는 자유민권운동이 활발하게 전개되었던 것으로 볼 수 있다. 이처럼 자유민권운동이 사상운동으로서, 또 정치운동으로서 정치 문제화된 시점을 1874년의 '민선의원 건백서 사건'으로 간주한다면, 그 이전에 일어난 사건은 운동의 시작을 알리는 전주곡쯤으로 생각할 수 있을 것이다.

메이지유신은 무엇을 가져왔는가. 당시의 많은 일본인은 이런 자문을 하고 있었다. 유신으로 인해 도쿠가와 막부 260년의 전제정권은 무너졌다. 하지만 새로 세워진 정부는 사실상 또 다른 형태의 전제정부일 수밖에 없었다. 사쓰마와 조슈의 번벌이 곧 이들이었으니, 정권이 들어섰을 당시에는 '정치적으로 중대한 사안은 공론으로 결정'하는 척하던 정부도 1871년의 폐번치현과 함께 약속을 지키지 않게 되었다.

과연 메이지유신의 정신이 실현되었는가 하는 의문이, 특히 권력에서 배제된 사람들 가운데서 강하게 제기되기 시작했다. 이런 상황에서, 다음에 언급할 1873년 10월의 이른바 정한논쟁(征韓論爭)이 하나의 새로운 계기가 되었다.

이 '정한론'을 둘러싸고 일어난 정변으로 정계를 떠났던 전 참의(參議)[1] 이타가키 다이스케 등 여덟 명의 인사는 이듬해인 1874년 1월에 「민선의원 설립 건백서」를 좌원(左院)[2]에 제출했다. 「건백서」에는 관리들의 '전제'를 중단하고, '인민의 여론과 공의(公議)를 펼칠 것'을 요구하는 내용이 포함되어 있었다. 또한 납세의 의무를 진 사람은 참정권을 가져야 한다고 주장, 국민의 참정권을 요구했다. 이것을 기화로 '민선의원론', 즉 의회개설을 요구하는 여론이 급속히 고조되었고, 급기야 1877년의 세이난 전쟁(西南戰爭) 이후 대중적인 정치운동으로 전개되기에 이르렀다.

그리하여 1880년에는 그들의 전국적인 조직으로 '국회개설기성동맹'이 만들어졌다. 한편으로는 일반 민간에서도 헌법 초안을 만든 사례가 있는데, 대개가 "주권은 인민과 국가에 있다"는 식이어서 '천황주권'의 입장을 취해온 메이지 정부를 사상적으로 압박하는 형국이었다.

이런 상황에서 후쿠자와는 1879년(메이지 12년) 7월 29일부터 8월 10일경까지 『유빈호치신문』(郵便報知新聞, 『호치신문』)에 국회 개원을 촉구하는 사설을 실어 민선의원 개원의 불길을 당겼다. 이 사설은 언론이 정치·사회에 지대한 영향을 미친 사례 가운데 하나로 기록되며 역사적인 사건으로 회자되었다.

　"이상도 하다. 대충 2~3개월가량 지났더니 도쿄 시내의 신문은 말할 것도 없고 지방 쪽에서도 점차 떠들썩하게 논란이 되었다. 결국은 앞서 말한 지방의 유력자들이「의회 개설 청원서」니 하면서 도쿄로 쳐들어올 것 같은 소동으로 발전하게 되었다. 이런 것을 보니 재미도 있지만, 또 살짝 바꾸어보면, 가령 문명 진보의 방침이라고는 해도 직접 자신에게 필요하지 않으면 호기심이라고 할 수밖에 없는, 그 호기심에 찬 정치론을 토론하여 생각지도 않게 세상을 진동시키는 큰 난리가 나버렸고, 더구나 앞으로도 끝이 없다. 흡사 가을날 마른 들판에 불을 지르고 나서 스스로 어찌할 바를 모르는 형국이구나 싶어 조금 무서워졌다."(『후쿠옹자전』, 전집 7, 394~395쪽)

이렇게 후쿠자와는 당시의 정황을 회고하고 있다. 이러한 자유 민권사상의 발흥과 운동의 전개에 후쿠자와가 큰 영향을 미친 것은 명확한 사실이다. 그 스스로는 메이지 정부에 적대적이지 않았지만, 아이러니하게도 그의 사상은 국민의 의식을 각성시키는 데 유효하게 작용하고 있었다.

후쿠자와는 평소 의회를 개설하는 것에 반대하지 않았다. 다소 시간이 걸리기는 하겠지만 언젠가는 열릴 수밖에 없는 것으로 판단하고 있었고, 의회를 조속히 개원해야 한다는 소신을 가지고 있었다. 그는 『국회론』(国会論)에서 의회의 조기 개설을 역설하기도 했다. 이처럼 자유민권파와 후쿠자와 유키치가 똑같이 의회의 개설을 요구했던 것은 사실이나 의회개설을 주장하는 양자 간의 논리는 전혀 달랐다.

우선 자유민권파의 국회개설 논리는, 납세의 의무와 교환조건으로 국정 참여를 요구하는 것에서 시작하여 루소의 천부인권설에 근거한 주장에까지 이르고 있다. 자유민권파의 이러한 국회개설 주장이 널리 민중의 지지를 받았던 것은, 그들 민권파가 국정에 직접 참여함으로써 정부의 낭비를 감독할 수 있다고 생각했기 때문이다.

1880년을 전후한 시기에는 정부 재정의 대부분을 지세(地税)에 의존하고 있었다. 따라서 그 부담자는 농민일 수밖에 없었다. 소득세법이 제정된 것은 1887년의 일인데, 그나마 처음에는 세액이 미미했다. 이처럼 농민은 중요한 조세부담자였는데, 1873년 이후 토지세법의 개정이 진행 중이었던 것이다. 그러나 세법 개정은 그들에게 감세의 혜택을 가져다주지 못했고, 해마다 증대되는 재정 규모가 그들에게는 무거운 짐이 되고 있었다. 그런 만큼 감세에 대한 요구는 절실했다.

민권운동가들은 이런 농민을 향해 국회의 개설이 감세효과를 가져올 것이라는 점을 이해시키면서 농민을 운동권으로 끌어들이는 데 유효한 논리로 이용하고 있었다. 그러나 후쿠자와의 국회개설 논리는 달랐다.

후쿠자와가 가나가와(神奈川) 현의 주민을 위해 대필했던 「국회개설 청원서」[3]는 대략 다음과 같은 내용으로 되어 있다.

"오늘의 모습으로는 일본은 정부의 일본이지 인민의 일본이 아니다. 때문에 인민은 정부의 어려움을 자신의 어려움으로 생각하지 않는다. 그렇다면 정부의 어려움이란 무엇인가. 최대의 난제는 국가재정의 부족이다. 하지만 인민은 자진하여 국가재정의 부족을 해소하고자 하지는 않는다.〔……〕

정부가 국재(國財)를 모을 수 없는 것은 민심을 챙길 수 없기 때문이다. 이 민심을 챙기기 위해서는 어떻게 해야 되겠는가. 오로지 국회개설 한 가지 방법밖에 없다."(「국회개설 청원서」(1880), 전집 20, 221~222쪽)

후쿠자와의 이 주장에는 '정부의 국가에서 인민의 국가로'라는 의도가 함의되어 있다. 그러나 실질적으로 그의 의회개설론은 국재를 모으기 위한 가장 효과적인 수단으로 펼친 주장이라 할 수 있다. 여기서 중대한 차이점이 노정된다. 민권파들의 의회개설 논의는 감세를 위한 목적으로 펼쳐졌고, 후쿠자와의 국회개설 주장은 국재를 모으기 위한 방법으로서의 의회, 즉 '증세'에 역점을 두었다고 할 수 있다.

후쿠자와는 왜 증세에 역점을 두었을까. 그것은 그가 '부국강병의 일본'을 꿈꾸었기 때문이다.

1881년에 저술한 『시사소언』(時事小言)에는 그의 정치사상이 비교적 자세하게 진술되어 있는데, 그는 여기서 "오늘 서둘러서 해야 할 일은 첫째, 정권을 강대하게 만드는 것, 둘째, 국고를 풍요하게 만드는 것, 셋째, 식산(殖産 : 산업)을 진흥시키는 것"이라 하여 부국강병에 대한 자신의 의지를 표현한 바 있다. 그에게 국회는 이 세 가지 급무의 수행에 이바지하지 않으면 안 되는 곳이었다.

물론 국회를 개설하여 지나치게 편중되어 있는 정치권력을 분산해야 한다는 신념 또한 없었던 것은 아니지만, 후쿠자와가 감세에 대한 농민의 염원에 아랑곳하지 않고 오히려 증세의 필요성을 부각시켰다는 것은 그가 농민들의 생각에 동의하지 않았다는 증거이기도 하다.

후쿠자와가 제기한 세 가지 급무는 결국 메이지 정부를 중심으로 한 자본주의화를 의미하는 것으로 볼 수 있는데, 자본주의화는 무산계급인 농민의 희생을 어느 정도 감수하고 추진될 수밖에 없는 것이다. 급진적인 정치 변혁기를 맞은 이 부국강병론자에게, 약자의 편에 서서 농민들의 처지를 뒤돌아봐줄 여력은 없었던 것이다.

후쿠자와에게 자유민권운동에 대한 열망이란 앞에서 인용한 그대로, '호기심에 찬 정치론을 토론하여 생각지도 않게 세상을 진동시키는 큰 난리가 나버렸고, 더구나 앞으로도 끝이 없다. 흡사 가을날 마른 들판에 불을 지르고 나서 스스로 어찌할 바를 모르는 형국'이라는 표현 정도의 수준이었던 것이다.

때마침 1881년에는 정부가 홋카이도(北海道)의 국유재산을 사쓰마 출신의 상인에게 거저나 다름없이 불하하려 한, 이른바 '홋카이도 개척사 관유물 불하사건'이 발생했다. 이로 인해 민권파의 정부에 대한 공격은 점점 그 정도가 심해졌다. 민권파의 운동원들은 줄기차게 후쿠자와를 찾아왔고, 게이오 의숙의 학생들까지 공공연히 정치 발언을 하기에 이르렀다.

이 사건에 대한 후쿠자와의 입장은 정부의 결정을 지지하면서 민권파의 정부 공격에 대해서는 비판적인 태도를 보이는 것이었다. 그러나 자유에 대한 인식에서 그의 영향력이 컸던 만큼, 민권 운동의 성장과 함께 그는 정부로부터 위험인물로 지목되기에 이른다.

그즈음 정부 내에서도 국회의 개설을 둘러싸고 심각한 대립의 전조가 나타나고 있었다.

1878년에 오쿠보 도시미치(大久保利通)[4]가 암살된 후에는 오쿠마 시게노부(大隈重信)와 이토 히로부미(伊藤博文)가 메이지 정부의 실질적인 지도자가 된다. 오쿠마는 국회의 조기 개설을 주장하면서, 점진적인 정치발전을 도모하던 이토 및 그 밖의 보수적인 관료들과는 대립하게 되었다. 그런 와중에 '홋카이도 관유물 불하 사건'이 터지면서, 정부에 대한 민간의 불신이 팽배해지고 공세는 드높아졌다.

그런데 이런 분위기 속에서 오쿠마와 후쿠자와가 결탁하여 민간의 정부 공격을 선동하고 있다는 소문이 나돌았다. 1881년 10월, 오쿠마는 마침 메이지 천황의 동북지방과 홋카이도 지방 시찰을 수행하여 도쿄를 떠나 있었고, 이 기회를 이용하여 이토 히로부미는 이와쿠라 도모미(岩倉具視), 이노우에 고와시(井上毅) 등과 획책하여 오쿠마를 정권에서 추방시키는 쿠데타를 일으킨다. 이것이 바로 '메이지 14년의 정변'이다. 그리고 관유물의 불하를 중지하는 조치와 함께, 9년 뒤인 1890년에 국회를 개설한다는 취지의 조칙(詔勅)을 발표한다.

이 정변 이후 후쿠자와는 오쿠마와 가깝다는 이유로 모반자 취급을 받게 되고, 후쿠자와가 설립한 게이오 의숙 출신의 관리들 대부분이 정부기관에서 면직되거나 축출된다. 주관적으로는 정권이 강화되어야 한다는 사상을 가지고 있던 후쿠자와가 오히려 위기상황에 직면했던 것이다. 이런 위기를 타개하기 위한 방편으로 그는 정치적인 자세를 바꾸기로 결심하고, 각의에서 '홋카이도 사건'이 불하 중지로 결의된 바로 그날 탈고를 마친 『시사소언』의 「서언」에 다음과 같은 심경을 피력한다.

"새 의복을 지은 사람은 열심히 그 옷을 입어서 헤어지는 것을 알지 못하고, 처음으로 말을 사육한 사람은 함부로 그 말을 타다가 지치게 되는 것을 알지 못한다는 사실과 다름이 없으니, 이런 패거리들이 흥에 겨워서 끊임없이 민권에 대한 주장을 외치면서도 오히려 크게 깨닫지 못하는 것이 있다는 사실은, 글을 쓰는 사람에게 다시금 불만이 아닐 수가 없다. 즉 그 깨닫지 못하는 바의 것이란 무엇인가. 국권을 주장하는 것, 바로 이것이니라."(『시사소언』, 전집 5, 98쪽)

이처럼 후쿠자와는 국권에 대한 문제를 제기하여, 민권을 지나치게 주장하는 쪽으로 편향하는 행위가 국권의 신장에 방해가 된다는 사실을 새로운 이슈로 삼고자 했다.

후쿠자와가 지금까지 국권을 문제시하지 않았던 것은 아니다. 『문명론의 개략』에서도 그는 "국가의 독립은 목적이고, 국민의 문명은 이 목적에 달하는 기술"이라고 했다. 그만큼 후쿠자와에게 국가의 독립은 중요한 명제였다. 그리고 그때의 논리는, 『문명론의 개략』의 문맥에 잘 나타나 있듯이 국권을 신장하기 위해서는 국민의 문명을 진작시키는 일, 즉 민권을 신장시키는 일이 필요조건이라는 것이었다. 그것은 바로 민권을 신장시켜 자주독립적인 국민을 만들어내는 것이 국권을 키우는 전제조건이라는 주장이었다.

그런데 이 『시사소언』에서의 논리는 이것과는 달랐다. 국권을 신장시키기 위해서 민권 쪽으로 기울어지는 행위를 이제 그만두

자는 요구를 한 것이다. 후쿠자와는 민권과 국권의 연관성에 대해, 처음에는 양자를 서로 보완적인 관계로 보는 견해를 유지하고 있었지만 『시사소언』에서는 입장을 바꾸어 상호 모순되는 관계로 설정하고 있다.

그런데 이 시점에서 후쿠자와가 국권을 강력히 주장한 것은, 정쟁이 격화될 것을 우려하여 소모적인 분쟁을 중지하고, 국민이 힘을 모아 국제 문제로 시선을 돌려야 할 때임을 환기시키는 결과를 가져왔다. 그는 이를 '내안외경'(內安外競)이라는 말로 표현했다. 국제적인 난관이 있을 때는 국내의 안녕을 유지하면서 세계로 나가 경쟁해야 한다는 것이 곧 그것이다. 「내안외경에 관한 것」이라는 글에서 그는 이렇게 고백했다.

"국가가 일단 안정이 되고 나면, 즉시 소극을 버리고 적극을 취하여 국제적으로 경쟁을 한다는 것이 나의 철학이다."(『시사소언』, 전집 5, 128쪽)

이렇게 하여 서구 열강의 국민과 대등해지고자 할 때, 일본은 무엇에 기대어야 할 것인가.

후쿠자와의 처음 생각은, 일본을 책임져야 할 사람은 자주독립적인 국민이었다. 그런데 지금의 그는 이렇게 생각하지 않는다. 정부가 민권운동을 억압하겠다는 태도를 드러낸 이상, 후쿠자와는 이제 자주독립적인 국민을 정면으로 제안할 수가 없었다. 대신

후쿠자와 유키치와 그의 부인 후쿠자와 니시키.
1861년 후쿠자와의 나이 26세에 만나 평생을 함께한다.

그가 기대하고자 한 것은 국권의 신장을 위한 수단으로서의 무력(武力)이었다. 「국권에 관한 것」이라는 글에서 그는 이렇게 목소리를 높였다.

"국내정치가 일단 기초를 굳건히 하고 나서 안녕이 믿을 수 있는 상황에 이르게 되면, 눈길을 해외로 돌려서 국권을 진기(振起)하겠다는 방침이 마땅히 있어야 할 것이다. 나의 필생의 목표는 오로지 이 하나에 있을 따름이다. 독자들도 틀림없이 나와 견해를 같이할 것이다."(『시사소언』, 전집 5, 167쪽)

이처럼 후쿠자와는 강병과 부국의 논리를 천명하며 일본의 국권을 해외로 확장해나가야 한다는 꿈을 피력했다. 그와 더불어 국권의 의미도 점차 변질되어갔다.

'국권'이라는 말은 애초에 일본국의 독립이라는 의미로 사용되고 있었다. 서양 제국과 맺은 불평등조약에서 벗어나 구미 열강에 대항할 수 있는 대등한 지위를 확립하는 것이 후쿠자와의 염원이었다. 그러나 이제는 사정이 달라졌다. 조약의 체결로 인해 국가 독립이 보장되어 있는 현재의 상황에서는, 어떻게 서구 열강국과 경쟁할 것인가 하는 관점에서 국권 문제를 논의하고 싶었던 것이다.

이것은 적극적인 해외 진출, 즉 인접 국가에 대한 침략이라는 명제로 변질, 진화하는 것을 의미한다. 보다 구체적으로는 '중국과 조선으로의 침략'이다. 아시아 시장을 놓고 서구 열강과 경쟁하고, 나아가 그들과 '정치적 지배'를 경쟁하겠다는 의도인 것이다. 이런 의지를 후쿠자와는 숨김없이 밝히고 있다.

이렇게 하여 후쿠자와는 민권과 국권을 양자 대립적인 개념으로 파악하면서도 양자 가운데 국권을 우선해야 한다는 입장을 분명히 했다. 그리고 그런 주장을 좀더 명확하고 보다 상세하게 전개하기 위해 1882년 3월 1일 『시사신보』를 창간하기에 이른다. 이후 그의 논조와 사상은 점점 더 국가주의와 민족주의 경향으로 치닫는다.

문명개화의 지도자였던 후쿠자와가 이처럼 변질한 사실은, 단순하게 후쿠자와 유키치 한 개인의 문제로 보기보다는 좀더 포괄적으로 보아 일본 근대화의 성격에 관한 문제로 파악하는 것이 타당할 것이다.

근대화란 무엇인가, 라는 질문에는 여러 가지 답이 나올 수 있다. 경제 측면에서 볼 때는 자본주의 국가를 건설하는 것이라고 대답할 수 있을 것이고, 정치 측면에서 볼 때는 민주주의 국가를 건설하는 것이라고 대답할 수 있을 것이다. 자본주의 국가든 민주주의 국가든 봉건주의가 무너진 뒤에야 비로소 수립된다는 점에서는 차이가 없다.

그런데 이 자본주의와 민주주의는 모순되는가 그렇지 않은가. 이것은 나라마다 사정이 다르므로 일률적으로 평가할 수는 없다. 예를 들어 미국·영국·프랑스 같은 구미 선진국에서는 자본주의화와 민주주의화가 서로 모순되지 않는다. 오히려 상호 동반적인 관계로 볼 수 있다. 개인의 해방이 자유로운 산업활동을 촉진했고, 그것은 또 개인의 자유를 확산시켜주었다.

그러나 일본의 경우는 사뭇 사정이 다르다. 이 문제를 후쿠자와의 입장에서 볼 때, 처음에는 동반적인 관계로 논의하던 자본주의화와 민주주의화가, 『시사소언』을 집필할 당시부터는 확연히 모순되는 개념으로 인식되었던 것이다. 즉 후쿠자와의 사상은 일본의 정치적 민주주의가 일본의 자본주의에 의해 희생되어가는 것을 방조하는 결과를 낳게 했다고 할 수 있겠다.

민권이냐 국권이냐는 과제를 두고 그는 단연 국권을 선택했다. 후쿠자와 유키치는 부국강병의 논리에 심취하여, 독립국가의 국민의 힘보다는 더욱 확실하고 효과적인 군사력에 의존하여 국권의 확장을 꾀하고 싶었다. 일부에서는 이러한 그의 사상적 견해를 두고 아직도 민권주의자냐 국권주의자냐 하는 논쟁을 계속하고 있다.

제국주의의 다른 이름 '관민조화론'

후쿠자와는 끊임없이 관과 민의 조화를 주장했다. 그는 1882년 2월에 발표한 『시사대세론』(時事大勢論)에서 다음과 같이 말하고 있다.

"지금 우리 일본 역시 해외의 제 강국과 대치하여, 실로 문무의 실력을 전 세계적으로 겨루고자 하는 때다. 이 중차대한 시기에 무엇이 가장 긴요해야 하겠는가. 국가 전체가 마치 한 가정처럼 화합하고, 온 힘을 하나의 정부에 모아서 정권을 강대하게 만들어 국권 확장의 길로 나아가는 한 가지 길만이 있을 따름이다."(『시사대세론』, 전집 5, 253쪽)

또 1890년 12월에 쓴 「국회의 전도」(国会の前途)에서도 이렇게 말하고 있다.

"지금의 정치사회에 관련된 사람들은 관민을 망라하여 모두가 봉건 사족 부류거나 아니면 그 부류와 함께했던 민간 사족들이다. 이런 종류의 사인(士人)은 과거시대의 충신이어서, 주인의 마필 앞에서 복수를 약속했던 사람들이 아닌가. 오늘 우리는 그 복수를 부탁하는 것이 아니라 다만 주인을 위하는 그 마음을 옮겨 일본국을 위하는 충(忠)으로 바꾸자는 것이다. 그리하여 관민이 더불어 사소한 개인 원망, 개인 윤리, 개인 명예, 개인 이득을 불태워 없애버리고, 안중에는 오로지 대일본국이 있음을 보고 이를 위해 국내의 불평과 불만을 참고, 손쉬운 공명을 세우려 하지 말 것을 내가 모쪼록 기원하는 바이다."(「국회의 전도」, 전집 6, 69쪽)

이 인용문의 내용은 말하자면 그의 '관민조화론'이다. 그는

1872년(메이지 5년)에 발표한 『학문의 권유』에서도 '한 사람이 독립하여 한 나라가 독립하는 것'이라는 전제 아래, 독립의 의의는 무엇인가, 독립된 사람이란 어떤 사람인가, 그리고 독립전쟁에서의 승리의 관건은 무엇인가에 대한 분명한 입장을 밝혔다.

그는 독립의 정신이 부족한 국민은 국가적인 재앙을 일으킬 수 있다는 사실을 사례와 예증을 통해 설명하고, 국가 독립이 개인의 독립에 기초한다는 사실을 강조했다. 후쿠자와의 사상이 국가의 독립과 개인의 독립이라는 두 가지 기조에서 출발하고 있음을 알 수 있게 하는 대목이다. 그의 문장을 면밀히 따져보면, 평생의 생각과 논의와 실천이 언제나 이런 기조에서 벗어나지 않음을 발견하게 된다.

일찍이 서양의 문명주의를 고취했던 그는 실리주의를 강조하고 독립과 자존을 주장했다. 그러한 정신은 열렬한 국가주의, 국권확장주의(침략주의)로 발전해갔고, 한때는 사상의 동요 속에서 고심하는 태도를 보이기도 했다.

1878년 6월에 그는 『통속민권론』(通俗民權論)을 집필하여 민권이 크게 신장되어야 함을 주장했는데, 원고가 완성된 뒤 그만 고뇌에 빠지고 말았다. 민권과 국권은 양립적인 개념이어서 분리하여 다룰 성질의 것이 아니며, 오늘 국권의 설득 없이 민권만을 외치는 것은 세간의 오해를 불러일으킬 우려가 있다는 판단을 한 것이었다. 그래서 탈고된 『통속민권론』을 그대로 두고 다시 서둘러 붓을 들어 『통속국권론』을 저술하기로 했다. 그리하여 각기 상반되는 내용을 담은 두 권의 책 『통속민권론』과 『통속국권론』을 같은 해 9월에 동시에 인쇄하기에 이르렀다.

이런 사실은 그가 민권을 주장하는 개인주의자이면서도 또한 동시에 국권을 주장하는 국가주의자였다는 사실을 입증하는 것이다. 그렇다면 후쿠자와는 어느 쪽에 더 비중을 두어온 것일까. 일면 민권론자로, 또 일면 국권론자로서의 그에 대한 논란은 아직도 미완인 채로 남아 있다.

메이지유신 후 신정부가 신체제의 대원칙으로 발표한 「5개조 서문」(五個條の誓文)[5]은 다음과 같은 내용을 담고 있었다.

하나, 널리 회의를 열어 만기공론(万機公論)으로 결정한다.

하나, 상하 합심하여 활발하게 경론(經論)을 행한다.

하나, 관무(官武)가 한 방향으로 서민에 이르기까지 각기 그 뜻을 이루고, 민심이 나태해지지 않을 것을 요한다.

하나, 과거의 악습을 깨고 세상의 공정한 도리에 근거한다.

하나, 지식을 세계에서 구하고 황기(皇基)[6]를 진작시킨다.

이 다섯 가지 내용 가운데, '지식을 세계에서 구하고 황기(皇基)를 진작시킨다'고 한 항목은 후쿠자와의 생애를 관통하는 사상이자 그의 인생의 목표이기도 하다. 그의 사상을 단순히 근대 서양에서 받은 감화나 영향으로만 평가하는 것은 편협한 시각이라고할 수 있다. 그를 가리켜 국권주의자 또는 침략주의자(국권확장주

의자)로 평가하는 것은 1882년 12월 11일자『시사신보』에 실린
「동양의 정략(政略), 과연 어찌할 것인가」라는 제목의 다음 사설
에서 비롯되었다고 할 수 있다.

> "나도 일본사람이다. 어느 시절인지, 한번은 일본의 국위를
> 빛나게 하고, 인도차이나의 군사를 부리는 일을 영국사람에게
> 배우고, 그뿐 아니라 그 영국사람들까지도 고통스럽게 만들어
> 서 동양의 권세를 내 한 손 안에 움켜잡겠다는 생각을 했다. 장
> 년 혈기의 시절에 남몰래 마음속으로 기약했던 것을 지금도 잊
> 을 수가 없다."(「동양의 정략, 과연 어찌할 것인가」, 『시사신
> 보』, 전집 8, 437쪽)

세계 최강의 조국 건설을 꿈꾸며, 세상을 손 안에 움켜쥐고 호
령하려는 군국주의 야망을 가슴에 품었던 시절이 있었음을 그는
숨기지 않았다.

후쿠자와의 '관민조화론'은 앞서 말한 사상과 주의, 목적에서
출발했다. 즉 관민이 화합하고 협력일치하지 않는다면 개인의 독
립도 국가의 독립도 달성할 수가 없다는 것이 그의 요지다. 후쿠
자와 사상의 근저를 이루고 있는 이러한 '관민조화론'을 좀더 자
세히 파악하기 위해서는 '메이지 14년의 정변' 이전과 그 후로 시
점을 나누어 생각해볼 필요가 있다.

우선 '메이지 14년의 정변' 이전부터 살펴보자.

'메이지 14년' 이전의 시기라 함은, 자유민권운동이 일고 점차 불길이 번지면서 국회개설에 대한 열망이 사회적으로 전파되고 있을 당시로, 후쿠자와 역시 이 문제를 심각하게 제기하여 그 실현을 희망하고 있을 때였다. 따라서 그의 '관민조화론'은 이 시점에서 거론되었던 것이다. 앞서도 언급한 바와 같이, 일본의 자유민권에 대한 주장에서 그가 선각자였다는 사실에는 의문의 여지가 없다. 그는 누구보다 앞서 인민의 자유와 권리 의식을 역설하고, 인민이 만인 공히 평등해야 함을 강력하게 주장했던 사상가였다.[7]

1872년에 발표한 『학문의 권유』는 후쿠자와가 저술가로서, 그리고 사상가로서의 방향을 정립하게 되는 대표적인 저작이다. 이전까지의 그가 객관적인 전달자의 태도로 서양의 문물과 제도, 학문과 기술을 소개해왔다면, 메이지 정부의 정책 방침이 개혁과 진보 쪽으로 방향이 정해진 것을 보고 새로운 일본의 진로를 확인한 뒤에는, 종래의 태도에서 일변하여 다소 대담하게 과거의 학문과 사상을 비판하고 신문명의 고취에 착수하는 과정을 밟게 되었던 것이다. 그 일성(一聲)이 바로 『학문의 권유』였다.

후쿠자와는 새로운 문명을 향하여 자유와 평등의 문을 열고자 했다. 자유와 권리를 신장하는 일이 개인의 독립의 기초임을 알고 있었기 때문에 민권운동가 이타가키 다이스케가 선도하는 민권운동에 가담했다. 그러나 그는 국회의 개설을 촉구하는 대열에는 직접 참여하지 않는다.

가와무라 기요(川村清雄), 「후쿠자와 유키치의 초상」(1900).
후쿠자와는 새로운 문명을 향해 자유와 평등의 문을 열고자 했다.
이를 위해 민권운동에 가담했으나 자유민권주의자들의 표리부동한
태도에 의문을 갖게 되어 실천운동에는 참여하지 않았다.

가장 일찍 자유와 민권에 대해서, 인민의 평등권에 대해서 목소리를 높였던 그가, 왜 직접 실천운동에 가담하여 그 촉진을 도모하지 않았을까. 거기에는 여러 가지 사정이 있었겠지만, 무엇보다 당시 자유민권주의자들의 표리부동한 태도, 바로 그들이 주장하는 바의 진정성에 문제가 있다고 판단했기 때문일 것이다. 즉 그들이 진정으로 자유와 민권의 대의를 알고 충심에서 우러나는 신념을 가지고 이와 같은 요구를 하고 있는가, 하는 의문이 작용했기 때문이다.

당시의 민권운동가들은 대부분이 메이지유신의 방향에 불만을 품은 사무라이 계층이었다. 계급의 해체로 그들은 모두 직업을 잃었고, 다시 관리가 될 수 없게 된 현실은 그들을 불평하고 저항하게 만들었다. 이런 사정을 잘 알고 있는 후쿠자와가 그들과 연대해 운동에 가담하지 않은 것은 당연한 일이었다. 무엇보다 입헌정치의 창시에는 시기가 있어야 하는 법이고, 또한 그 방법으로 사쓰마와 조슈가 주축이 되어 세운 메이지 정부를 무너뜨리고 즉시 국회를 열자는 세간의 주장은 무리한 것이라고 후쿠자와는 반박했다.

"사쓰마·조슈 정부가 존재하는 것은 유신의 무훈(武勲)에 의한 것이다. 따라서 그들이 정권을 차지한 것은 당연한 귀결이다. 지금 이런 사정을 배격하겠다는 것은 온당치 않다. 민권론자들의 행동은 마치 장검을 뽑아서 정면을 향해 치켜들고 덤벼

드는 형국이다. 목이 달아날 사쓰마와 조슈로서는 당연히 마주 검을 뽑아서 이를 방어하고자 할 것이다."(『민정일신』)

이것이 그의 지론이었다. 1879년 8월에 간행한 『민정일신』(民情一新)에서 그는 이와 같은 내용으로 국민을 설득했다.

또한 그는 사쓰마·조슈 정권의 실체와 그 존립 원인에 대해서도 정확하게 인식하고 있었다. 그리하여 시대의 논객답게 거시적인 안목에서 과격한 민권론자들을 깨우치고, 폭력으로 흘러가는 민심을 경계하고, 관직에 오른 번벌들을 각성하게 했다. 자유와 민권은 결코 위험한 것이 아니며, 이는 유신 당시에 그들 역시 주장한 내용들이었다. 만민이 평등하다는 주장이야말로 유신의 모토였음을 후쿠자와는 다시 한 번 환기시켰다.

아시아의 대영제국을 꿈꾸며

다음으로 살펴볼 것은 '메이지 14년의 정변' 이후의 시간이다.

'메이지 14년의 정변' 이후의 특징은 조선과 일본의 관계가 점점 복잡하고 미묘해지게 되었다는 점이다. 1882년에는 조선군의 반일운동인 '임오군란'이 발생하고, 1885년에는 조선의 독립당이 일본의 암묵적인 지원과 선동을 발판으로 '갑신정변'을 일으킨다. 이처럼 두 나라 사이의 정치적 갈등을 심화시키는 사건이 연속적으로 발생한 것이 후쿠자와로 하여금 사상의 변화를 일으키게 하는 직접적인 동기로 작용하게 되었던 것이다.

이즈음의 조선은 이른바 일본의 지지를 기반으로 하는 '독립당'과 청나라의 지지를 기반으로 하는 '사대당'이 첨예하게 대립각을 세우고 있는 혼란한 정국을 맞고 있었다. 상황은 양당을 둘러싸고 청일 두 나라가 서로 투쟁하는 양상으로 전개되었고, 메이지 천황은 이를 기회로 삼아 조선으로 세력을 확대하기 위해 육해군 확장의 명을 내렸다. 청일 양국의 무력시위 앞에서 조선은 중대한 국면을 맞게 되었다.

1882년 2월에 발표한 『시사대세론』에서 후쿠자와는 관민일치와 국력 확장을 강력하게 주장하면서 메이지 정부를 지지하는 쪽으로 급속한 사상적 변모를 단행한다. 나아가 『시사대세론』은 국가 전체가 화합하고, 그 힘을 하나의 정부에 집결시켜서 메이지 정권을 강대하게 만들고, 그리하여 일구월심, 국권 확장의 길로 나아가야 함을 강조했다. 바로 국권론자로서의 후쿠자와 유키치의 존재가 극명하게 각인되는 시점이었다.

"일본사회의 성격이 어떤 방향으로 변질되더라도 일본사람은 곧 일본사람이므로 일본의 인민을 통치하는 것은 일본 정부의 책임이다. 인민이 변질했다 하여 이를 보고도 모른 체하거나, 도저히 이런 인민은 다스릴 수 없는 인민이라 하여 포기해서는 안 된다. 힘으로는 억압할 방도가 없다. 민심의 변화는 예측 불허다. 다스리기 힘든 백성을 다스리는 것이 바로 주치자(主治

著: 정부)의 기술이니, 비유하자면 주치자는 마부와 같고 인민은 말과 같은 것이다."(『시사대세론』, 전집 5, 254~255쪽)

그의 비유는, 말의 종자가 다양하고 그 성질이 제각각 다르기는 해도 사육사가 지혜와 정성을 다해 사육하면 이들을 목표하는 대로 키워 준마로 만들 수 있다는 의미였다. 그것은 결국 민권이라는 것이 국권의 신장 속에서 성장 발전하게 되어 있다는 논리를 말하고자 하는 것이었다. 후쿠자와는 저서와 논설의 집필로 이 같은 사상을 고취시키기 시작했다.

1876년 2월, 일본의 강압 아래 조선과 일본 사이에 체결된 '강화도조약'으로 조선은 강제 개항의 길을 걷게 되었고, 이 최초의 불평등조약 이후 조선은 신문명과 신무기를 앞세운 일본의 침탈 앞에 조금씩 안마당을 내줄 수밖에 없는 처지로 내몰리고 있었다. 일본의 후원으로 신식 군대 별기군이 조직되었고, 구 훈련도감 소속 구식 군대와의 차별 대우를 둘러싼 대립 양상은 마침내 구식 군대의 군란으로 연결되었으니, 이것이 곧 임오군란이었다. 임오군란은 일본 세력 배척운동으로 확산되었고, 이를 계기로 조선에서는 일본과 청나라의 긴장관계가 더욱 고조되어갔다.

같은 해 1882년 12월 11일자에 후쿠자와는 「동양의 정략, 과연 어찌할 것인가」라는 사설에서, 조선 침략에 대한 평소의 소신을 국채 징수 의무와 결부시켰다.

"오늘의 정세를 간단히 요약하면, 군비 확충은 초미의 급선무여서 하루를 유예할 수 없다. 이 때문에 민의를 수용하겠다는 취지를 바라는 사람들이 있지만 하루아침에 실행될 수가 없다. 국회 개설은 8년 후에 있고, 군비에 관한 문제는 8년을 기다릴 수가 없다. 이것을 기다릴 것인가 말 것인가 하는 문제에 대해, 나는 8년을 기다릴 수 없을 뿐만 아니라 금월 금일 군비에 착수하는 것조차 오히려 늦었다고 우려하는 사람이다.

근래 세간에서 군비 확장에 대한 주장들이 있다. 이러한 주장이 나오면 국재의 징수 문제에 대해 언급하는 것은 곧 당연지사다. 이런 시기에는 제발 집안싸움의 열정을 억제하고 국민으로서의 의무를 부담함으로써 동양 정략이라는 우리의 평소 소원을 달성하여, 문(文)은 곧 개명의 선구가 되고 무(武)는 곧 아시아의 맹주이게 하는 것, 이것을 독자 제군과 더불어 소망하는 바로서, 말하자면 보국의 본분으로 믿는 바다."(「동양의 정략, 과연 어찌할 것인가」, 『시사신보』, 전집 8, 434쪽)

1882년 8월 그는 조선의 경성에서 '대일본 항쟁'이 일어났다는 소문을 접하자마자 '관민 조화의 시기'가 왔노라 선언하고, 이와쿠라 도모미 우대신에게 편지를 보내 정부의 힘으로 신속하게 관민 조화를 실행해야 할 것임을 조언했다. 그러고는 당시 외유 중이던 좌대신 다루히토 신노(熾仁親王)[8]와 이토 히로부미도 불러들여야 하며, 이타가키 다이스케를 위시한 구 참의들은 말할 것도 없고 재야의 유력 민권운동가들을 모아서 함께 국사를 논의해야 한다고 건의했다. 그러나 임오군란은 조기에 수습되었고, 그의 충고는 실행되지 않았다.

일본 정부는 조선과 청나라를 분리시켜 조선을 독립국으로 만들어야 한다는 방침을 세웠다. 이런 소극적인 설정은 나름대로 이유가 있었는데, 바로 청나라와 전면적인 전쟁을 피하려는 책략이었다. 청나라와 전쟁을 벌이면 구미 열강의 간섭을 받게 될지도 모른다는 강한 경계심이 있었기 때문이다.

임오군란 당시 일본 정부는 조선에 군함과 군대를 파견했는데, 각국 공사에게는 평화적 해결을 위해서라는 구실을 붙여 파견 이유를 통보했다. 일본 정부가 각국의 반응에 신경을 쓰지 않을 수 없었던 것은, 조선 역시 옛날의 조선이 아니어서 영국·미국·독일 등 서양 열강과 조약체제에 들어가 있었고, 더구나 열강들이 청일전쟁을 선동하고 있는 상황이지만 실제로 전쟁이 일어날 경우 동양의 무역에 방해가 된다는 등의 핑계로 무력간섭을 할 것이라 판단했기 때문이다.[9]

일본 정부는 이미 조선과의 정치 외교적인 문제가 청나라와 일본의 문제만으로 끝나는 것이 아니라는 인식을 가지고 있었다. 조선에 대한 열강의 경제 침투는 이미 피할 수가 없겠지만, 만약 양국 사이에서 전쟁만 발생하지 않는다면, 일본의 독립을 보전하는 것과도 직결되는 이들 열강의 군사 진출은 일단 막을 수 있다고 판단하고 있었던 것이다.[10] 근본적인 이유 가운데 또 하나로, 청나

라와의 전쟁을 감행할 수 있을 만큼의 군사력과 경제력을 지니고 있지 않다는 판단도 작용하고 있었다.[11]

한편 후쿠자와는 기회가 있을 때마다 관과 민의 조화를 주장했지만 공교롭게도 조야는 귀를 기울이지 않았고, 관과 민의 알력은 날로 격렬해져갔다. 정부는 정당을 탄압하여 합법적인 존립 자체를 불가능하게 했다. 정치인들을 압박하고 회유, 매수하여 정당 자체를 없애거나 지도자를 잃게 만들기도 했다. 이러한 관민 사이의 알력과 투쟁 속에서 1890년, 일본은 역사상 최초의 의회로 기록되는 '제국의회'를 개회했다.

그러나 개회 초기의 의회는 전쟁터가 되고 말았다. 후쿠자와는 이런 형세를 보고 1892년 「국회난국의 유래」(会国難局の由来)라는 제목의 사설을 싣고 조야와 관민을 향해 경고했다. 이런 난국은 그가 이미 예견했던 것으로, 관민 공히 그의 경고를 무시해온 결과임을 지적하는 한편으로 자신의 예측이 적중했다는 사실에 쾌감을 느끼기도 했다. 그런 통쾌함은 특히 사쓰마·조슈 정부에 대해서 느끼는 것이었겠지만, 예언이 들어맞은 데 대한 순간적 통쾌함이 나라의 앞날에 대한 걱정을 내려놓을 정도일 수는 없었다.

후쿠자와는 관민이 양보하지 않고 충돌과 알력을 지속하면 의회는 해산할 수밖에 없고, 결국은 미숙한 의회 경험 때문에 정치는 파행으로 치닫게 되어 급기야는 무단정치로 이어지게 될 것이라고 진단했다.

"그런데 늦었지만 지금이라도 정부가 그 정책의 방침을 명확히 하여 천하에 공표하는 일은 정부의 중대한 직무일 것이다. 결국 요직에 있는 관리가 전제와 다를 바 없는 허례허식에 연연하여 정권 유지의 본말을 망각한 것이라 할 수 있을 따름이다. 또 민당(民黨)[12]에 반대했던 사람들 역시 그 본래 목적은 현 정부를 무너뜨리고 이를 대신하겠다는 것뿐이다. 즉 지금의 극단적인 반대론 역시 단지 대신하겠다는 방편으로 보아야 할 것이다. 그 극단론이 종국에는 정치사회의 분규를 낳고, 또 정무가 정체되어서 마침내 무단정치의 불행으로 이르게 될 수도 있을 것이다.

　예견했던 대로 대신하는 시대가 찾아와 그 기회를 손에 넣을 수 있다 한들 무단정치의 말석에서 실권도 없는 벼슬을 하는 것과 같은 꼴이니, 이를 평하여 목적을 달성한 것이라 할 수는 없을 것이다."(「국회난국의 유래」, 전집 6, 93~94쪽)

　일본은 1885~88년 이토 히로부미 내각, 1888~89년 구로다 기요타카(黒田淸隆) 내각, 1889~91년 야마가타 아리토모(山縣有朋) 내각, 1891~92년 마쓰카타 마사요시(松方正義) 내각, 1892~96년 다시 이토 히로부미 내각으로 거듭 내각이 교체되고 의회가 해산되는 진통을 겪는다. 거듭되는 의회 해산과 정권 교체 정국 속에서 후쿠자와가 입헌정치의 중단을 우려했던 것이 단순히 학자로서의 기우만은 아니었음을 알 수 있다.

그는 무단정치가 횡행하는 원인과 무단정치가 얼마나 무서운 것인지에 대해 상세하게 설명함으로써 세인들의 경각심을 불러일으키고자 했다. 또 정부와 정당에도 고언을 하고, 관민의 조화를 설득하여 타협과 조화 속에서 상호 발전해나갈 것을 집요하게 설득했다.

특히 주목할 것은 닷새에 걸쳐 연재했던 그의 '동양정략론'인데, 이는 '아시아 맹주론'을 염두에 두고 쓴 사설로 보아야 할 것이다.

"일본은 동양에서 문명국의 선구를 이룬 존재로, 이웃 나라 중국을 재촉하고 또 조선에 사절을 보내 화친 무역의 조약을 체결했으니, 즉 3국의 새로운 외교의 발단이자 그 착수의 영예는 우리 일본으로 돌아올 것이 당연하다.〔……〕

일본이 책임을 지고 3국의 문명을 도모하고 더불어 문명의 은덕을 공유하여, 일본국의 독립을 군건히 하고 동방에 또다시 서양사람들이 내 집 드나들듯 하는 일이 없도록 하는 것이 곧 우리의 마지막 책임이다."(「동양의 정략, 과연 어찌할 것인가」, 『시사신보』, 전집 8, 427쪽)

이 인용문은 후쿠자와가 문명개화라는 명분을 내세워 일본의 '아시아 맹주론'에 기대를 걸고자 하는 태도를 여실히 보여주고 있다.

그는 또 일본의 동양 정략이 중국으로 인해 피해를 보았다고 평가하여 숙적 중국에 모든 책임을 떠넘기고, 이제 동양의 정략을 진취적으로 결정하는 것은 오늘의 일본 정부가 실천해나가야 할 중대사임을 선언했다. 그리하여 동양이 파도에 휩쓸리지 않도록 일본의 정략과 일본의 무력으로 진정시켜나가야 한다는 판단에 근거하여,[13] 동양의 정략은 결국 병력에 의존하는 수밖에 없다고 단언했다. 이것은 1881년 10월 『시사소언』에서 주장한, 병력에 최대한 의존해야 한다는 '부국강병' 노선을 재확인하는 것이었다.

그는 조선의 정세를 구실로 군비 확장의 필요성을 설득하면서, 지금까지는 내치 우선에 찬성했지만, 만약 몇 년 전에 이 자본과 이 정성을 들여서 군사력 한 분야에 집중했더라면 오늘날의 위급함이 이렇게까지 크지 않았을 것이라며 자신의 식견 부족을 탓하기도 했다.

그는 또 서양견문 체험을 회고하며, 구미의 여러 나라에 체류할 당시 그 나라 사람들의 대우가 정중하지 않았던 점을 돌이켜 불쾌감을 느낀 적이 많았다고 술회했다. 더불어 차별을 당했던 체험담과 함께 영국군이 중국인에게 세도를 부리던 모습과 그 방약무인한 태도에 충격을 받았다고 고백했는데, 놀랍게도 그런 고백 다음에는 "압제 역시 내가 받게 된다면 증오하지 않을 수 없겠지만, 내가 남을 압제하는 것은 너무나도 유쾌하다"[14]고 하며 양면적 인간성을 토로하기도 했다.

후쿠자와가 주장하는 '민권'과 '국권' '관민의 조화'라는 명제가 일견 근대적인 의미를 지니고 있는 것은 분명하지만, 결국 '국력의 확장'이라는 단일 명제로 귀결되고 만다는 사실에 유의해야 할 것이다. 이 시점에서 이미 후쿠자와는 제국주의 대국의 꿈을 꾸고 있었다. 후쿠자와의 꿈은 동시에 당대의 일본인이 품고 있던 보편적인 꿈이기도 했다. 결과만을 놓고 보았을 때 후쿠자와의 이러한 꿈은 결국 이루어졌다.

> "육지에 수십만의 용맹한 전사들을 갖추고, 바다에는 수백 척의 군함을 띄우고, 지구상에 바닷물이 통하는 곳에서는 일본 군함을 만나지 않을 곳이 없다. 일장기로 동양 전체를 뒤덮고, 그 깃발이 멀리 서양 제국에까지 휘날려 미치게 하는 그러한 광경은 또한 유쾌하지 아니한가. 나는 다름 아닌 동양 제일 강국의 백성이다.〔……〕아시아의 동쪽 변두리에 제일가는 새로운 영국을 출현시키는 일은 결코 어려운 일이 아니다. 이것을 상상하면 오늘의 사소한 고통은 호소할 정도가 못 된다."(「동양의 정략, 과연 어찌할 것인가」, 『시사신보』, 전집 8, 437쪽)

이렇게 그는 국민을 설득하여, 아시아의 동쪽 변방에 영국과 같은 세계적인 대제국을 건설한다는 꿈을 꾸게 하면서 관민의 조화를 호소했다. 그의 '관민조화론'은 '황실관'을 바탕으로 출발한 것으로, 이렇게 특수한 '황실'을 보유한 일본 같은 나라에서나 나올 수 있는 논의였다. 그러나 실현 가능성이 전혀 없었던 것도 아니었다.

최초의 헌법, 제국의회, 그리고 부국강병론

1882년에 후쿠자와는 47세였다. 당시 나이 마흔일곱은 지금으로 말하면 이미 장년을 지나 초로에 접어든 연령으로 볼 수 있다. 그는 신장이 대략 173센티미터에 65킬로그램 내외의 체격을 가지고 있었다. 당시의 평균적인 일본인보다는 건장한 체구로, 체력 또한 충실했던 것 같다. 만년에 이르기까지 거르지 않고 승마와 '이아이 검법'(居合道: 가만히 앉아 있다가 재빨리 칼을 뽑아 기습적으로 상대를 베는 검법)을 수련한 것이 그의 건강 비결이었다고 한다.

사회적으로는 1879년 도쿄학사원이 설립되었을 때 이미 초대 회장에 취임해 있었고, 이듬해 1880년에는 지식의 교류를 목적으로 하는 일본 최초의 사교 클럽 '교순사'(交詢社)를 설립했다. 교순사는 전국의 실업가 1800명이 참여한 대규모의 사교 클럽이었다. 이미 사회적으로 명성과 지위를 얻고 있었으므로 여러 모로 여유를 누리던 시절이었다. 그는 당대의 계몽사상가로, 또 사회 전반을 지도하는 국민적 '교사'로, 정부와 제 정당은 물론 관료와 일반 민중을 선도하는 일본 최고의 지성인이 되어 있었다.

후쿠자와는 아내와의 사이에 아홉 명의 자녀를 두었다. 장남 우선이라는 관례에서 벗어나 평등하게 키웠고, 이미 1883~88년에

후쿠자와 유키치가 사용하던 검.
그는 만년에 이르기까지 매일 승마와 '이아이 검법'을 수련해 체력을 단련시켰다.

는 장남과 차남을 미국으로 유학 보내기도 했다. 이 시기에는 가족과 가까운 사람을 동반하여 여행도 즐겼다. 1886년에는 전국을 두루 여행하기로 하여 3월에 도카이도(東海道), 5월에 이바라키(茨城) 지방을 여행했다. 점차 철로가 확산되어 여행이 편리해지자 여행 횟수도 늘어갔다.

아침 기상은 이른 편이어서 새벽 네시 반이 되면 현관문 앞에서 징을 울려 기숙생들을 깨운다. 학생들과 동행하여 산책을 하는 것도 일과 가운데 하나로, 그는 젊은 학생들과 담소를 나누는 것을 낙으로 삼았다. 평생 서양 예찬론자였던 그가 중년 이후로는 전통의 기모노를 입었던 것도 특징 가운데 하나였다. 그러나 이런 사적인 생활은 지극히 작은 일부분이었고, 공적인 생활은 끊임없이 찾아오는 내방객을 맞는 일이었다. 미타(三田)의 그의 사저에는 많은 내방객이 찾아와 이 방 저 방을 차지하고 있었고, 그러면 후쿠자와는 그들을 순서대로 만나기 위해 역시 이 방 저 방을 분주하게 돌아다녀야 했다. 1892년에는 세균학자 기타사토 시바사부로(北里柴三郎)를 도와 일본 최초의 전염병연구소 설립에 힘을 보태기도 했다.

이때는 메이지유신 초기의 혼란도 일단락이 되면서 일본 정국이 착실하게 근대화의 길을 찾아가고 있던 시기로 볼 수 있다. 1882년에서 시작하여 후쿠자와가 사망할 때(1901)까지 20년 동안, 즉 메이지 15년에서 메이지 34년에 이르는 시기를 흔히 메이지 중기로 분류하는데, 이 메이지 중기는 국내적으로는 천황제가 제도적으로 확립된 시기이고, 대외적으로는 아시아에서 식민지를 개척해가던 시기에 해당한다. 이 시기에 일어난 주요 사건을 연대순으로 정리하면 다음과 같다.

'메이지 14년의 정변'이 일어난 후 민권파는 자유당과 입헌개진당을 결성하면서 정부와 대결 구도를 형성하게 되고, 마침내 정부는 민권운동을 강제로 억압하기에 이른다. 정부는 스스로 주도권을 가지고 입헌제도를 확립하기 위해 이토 히로부미를 유럽에 파견하여 프로이센(독일)의 헌법을 배워오게 했다. 귀국한 이토는 1884년 화족령(華族令)[15]을 공포하여 앞으로 시행하게 될 의회제도에 대비한다. 이듬해 1885년에는 내각제를 시행하여 스스로 총리대신의 자리에 올랐다. 그리고 1886년에는 '제국대학령'과 '학교령'을 각각 발포하여 교육의 국가주의 방침을 확정지었다.

이 시점에야 이토는 비밀리에 헌법 초안의 작성에 착수했고, 이렇게 만들어진 헌법 초안은 1888년에 설립한 추밀원(樞密院)[16]의 심의를 마쳤다. 그리고 이듬해 1889년 2월에 '대일본제국헌법'으로 명명되어 메이지 천황으로부터 직접 수상 구로타 기요타카(黑田淸隆)에게 전달되었다.

일본이 근대국가로서 국제적인 인정을 받기 위해서도 헌법의 제정은 급선무였지만, 정부를 강력히 밀어붙여서 움직이게 한 최대의 요인은 자유민권운동이라고 할 수 있다. 민권파는 정부가 입헌정체의 수립과 국회의 개설을 약속하게 만들었고, 정부 또한 헌법 제정의 필요성에 크게 공감하던 시점이었기 때문에 모의헌법을 만들기 시작했다. 대개는 국민의 권리를 중시한 민주적인 내용으로, 프랑스식의 급진적인 안도 있었다. 정부의 고관들은 천황제와 번벌체제를 강화하는 헌법을 모색하고 있었으나, 정부 내부에서도 오쿠마 시게노부 같은 관료처럼 영국식의 점진적인 헌법을 만들자는 주장이 나오고 있었다.

동요하던 고관들은 '메이지 14년의 정변'을 계기로 오쿠마를 정권에서 추방시켰다. 이토 히로부미는 유럽의 헌법을 비교 검토한 후 군주권이 강력한 독일식 헌법을 참고하기로 결정했고, 귀국 후 일본의 실정에 맞도록 연구와 수정을 거듭하여 만든 헌법 초안을 추밀원에 제출했던 것이다.

이 헌법의 특징은 신성불가침의 천황이 주권을 가지고 '천황대권'이라는 절대적인 권한을 소유하는 것에 있었다. 천황은 통치권의 총괄자이면서 군대의 통수권을 장악한다. 또한 내각의 임면권도 가진다. 그러나 중요한 것은 종교와 직업·언론의 자유 등 국민의 권리가 제법 폭넓게 인정되어 있었다는 점이다.

이처럼 자유권을 헌법에 포함시킨 것은 이토의 요망에 의해서였던 것 같다. 번벌의 중심적인 인물이면서도 그의 사상은 당시로서는 상당히 진보적이었던 면이 있다. 후일 민권사상을 주창하던 무쓰 무네미쓰(陸奧宗光)[17]를 제2차 이토 내각의 외상으로 발탁하기도 했다. 무쓰 외상은 외교력을 인정받으며 성공적인 정치를 한 인물로, 영국과의 조약개정 교섭을 성공시켜 새로운 영일통상조약을 체결함으로써 메이지유신 이래 현안이었던 불평등조약의 개정에 중요한 돌파구를 열었다. 또 청일전쟁을 승리로 이끈 후 시모노세키조약의 체결을 끌어내 막대한 배상금과 영토를 할양받았다. 1900년에는 '입헌정우회'를 창당하여 정당내각을 조직하기도 했다.

이토는 또 헌법의 해석을 폭넓게 했다. 때문에 최대한으로 민주적인 해석을 하면 '천황기관설'[18]에 도달하고, 말 그대로 해석을 하면 '천황지상주의'를 주장한 것이 된다. '대일본제국헌법'은 흠정헌법으로, 주권이 국민에게 있지 않고 천황에게 있다. 헌법의 개정에 있어서도 그 발의권은 국회나 국민투표로 결정하는 것이 아니고 오로지 천황에게만 있다.

이듬해 1890년에 제1회 중의원 총선거가 시행되고 제국의회가 개원되었다. 그러나 선거에서는 당시 민당. 즉 야당인 민권파가 압도적인 승리를 거두었기 때문에 정부 여당과는 격렬하게 대립하게 되었다. 당시 야당의 정강에는 정비절감(政費節減)이라는 정치구호가 들어가 있었다. 당연히 감세 요구가 함축되어 있을 수밖에 없었고, 동시에 군비확장정책이 절박한 국면을 맞게 되었다.

줄곧 숙제로 남아 있던 조약개정 문제 역시 초기 의회의 주요한 쟁점 중 하나였던 만큼 야당으로서는 대외적으로 강경한 입장을 취했고, 정부에 대해서는 적극적인 공세정책을 펼 수밖에 없었다. 그럼 여기서 '미일통상수호조약'의 무엇이 불평등한 것이었는지 잠깐 살펴보기로 하자.

1856년 부임지 시모다에 도착한 주일 미국총영사 해리스

(Townsend Harris)는 에도 막부에 출두하여 수차례에 걸친 끈질긴 교섭 끝에 1858년 미일수호통상조약을 체결했다. 조약의 내용 가운데는 일방적인 최혜국 대우, 거류지제(居留地制), 영사재판권, 협정관세제도 등 오늘날의 외교관례로 볼 때 불평등한 조항이 다수 포함되어 있었다. 특히 영사재판권과 협정관세제도는 일본에게 치욕적인 항목이었다.

영사재판권이란 쉽게 말해서, 일본에서 범죄를 일으킨 미국인이 있을 경우 그 범죄자를 주일 영사가 재판한다는 것으로, 이른바 오늘날의 치외법권제도를 말한다. 즉 일본인은 외국인을 단죄할 수 없다는 내용이다. 이런 조항이 논의되었을 때 일본의 관리들은 전혀 이의를 주장할 수 없었던 모양이다. 영사재판권이 부당하다는 사실을 인식하지 못했거나, 미국사람을 재판한다는 번거로움에서 벗어날 수 있는 좋은 방법이라고 판단해 오히려 반겼을수도 있다. 총영사 해리스가 치외법권을 요구한 것은 일본의 형벌이 너무 가혹했기 때문이라는 풍설도 있다. 절도 같은 경범죄에 목을 베어 처형하는 형벌제도에는 당할 재간이 없었을 것이다. 그런데 메이지 정부가 들어서고 근대적인 법제도로 정비된 뒤에도 이 조항은 철폐되지 않았다.

또 무역에서 매우 불리한 협정관세제도는 한마디로 관세자주권을 인정하지 않는 제도다. 무역품의 과세에 관한 조항은 미국 측이 아니라 막부 정권이 제기했던 것이다. 오히려 해리스는 자유무역을 구상하고 있었던 것으로 알려지고 있다. 양국 간의 절충 끝에 수출품은 5퍼센트, 수입품은 대략 20퍼센트의 세율이 설정되었다. 아마도 자국의 세율을 자유롭게 결정할 수 없다는 것이 불리한 구속이라는 점을 제대로 인식하지 못했기 때문일 것이다. 더구나 8년 뒤인 1866년에는 효고의 개항을 연기하는 대가로 개세약서(改稅約書)[19]를 체결했는데, 그 결과 일본은 구미의 값싼 상품이 유입되는 것을 막을 도리가 없게 되었다. 근대산업의 육성이 방해를 받게 되는 것은 자명한 일이었고, 이로 인해 일본은 엄청난 손해를 보게 되었다. 이와 같은 불평등조약은 반세기 이상을 경과한 1911년에 가서야 마침내 해소되게 된다. 국제관례와 법제도의 내용에 어두웠던 대가를 톡톡히 치렀던 것이다.

조약 내용의 두 가지 문제점, 즉 치외법권 철폐와 관세자주권 회복 문제 가운데 치외법권 문제는 1894년의 '영일신통상항해조약'으로 사실상 해결되었고, 1899년에는 완전 철폐되었다. 그러나 또 하나의 문제인 관세자주권 회복은 후쿠자와 생전에는 결국 실현되지 않아 1911년까지 기다릴 수밖에 없었다.

대외적으로는 일단 구미 열강과 대등해지려는 움직임이 이처럼 전개되고 있었지만, 다른 한편으로는 열강보다 우월해지겠다는 움직임 역시 일고 있었다.

당시 일본의 당면 문제는 이웃 나라 조선에 대한 집착이었다. 이는 당장 일본과 청나라가 조선의 지배를 다투는 양상으로 나타났다. 양국의 주도권 다툼은 조선 내부의 정세에도 영향을 미쳐서, 갑오경장과 갑신정변의 발발 요인으로 작용했다.

1876년 일본이 조선에 개국을 강요한 이래 조선에 대해서는 우월적인 지위를 확보해왔으나, 이 두 사건을 계기로 조선에서의 일본의 지위는 크게 후퇴하게 되었다. 그 회복을 기도한 것이 갑신정변 10년 후(1894)의 청일전쟁이었고, 이 전쟁에서 일본은 조선과 청나라에 동시에 보복을 가했다. 이런 전개 과정을 지켜본 후쿠자와가 어떤 태도로 대처하고자 했는지는 주로 『시사신보』에 발표한 사설에 잘 나타나 있다.

메이지 초기의 신문은 정치기사를 중심으로 다루는 다소 딱딱한 신문과 사회면 중심의 기사를 다루는 부드러운 신문으로 나누어졌는데, 전자를 대(大)신문, 후자를 소(小)신문이라고도 했다. 정치를 중심으로 보도하는 대신문은 주의주장을 분명히 제시하는 것이 상례였고, 오늘날처럼 정치·외교·경제·사회·문화 부문을 망라한 종합일간지는 1890년 전후, 즉 메이지 20년대가 되어서야 등장했다.

따라서 『시사신보』가 창간된 1882년 당시에는, 정부의 시정을 공보하고 대변하는 관보 차원의 어용신문과 재야의 자유민권을 대변하는 신문으로 신문의 종류가 양분되어 있었다. 그런 흐름 속에서 『시사신보』는 불편부당(不偏不黨)을 슬로건으로 내걸고 탄생했다. 다음의 인용문은 『시사신보』 1882년 3월 1일자 창간호에 「본지 발태의 취지」(本紙發兌之趣旨)라는 제목으로 실린 글이다.

"오로지 내가 주의로 삼는 바는, 일신일가의 독립으로부터 이를 널리 확산시켜 일국의 독립에 이르게 하겠다는 정신이다. 적어도 이러한 정신으로 되돌아가지 않을 자라면, 현재의 정부든 세상의 수많은 정당이든 제 상공업의 회사든 제 학자의 모임이든 그 대상을 가리지 않고 일절 친구로서 사양하겠다. 이에 반한다고 인정되는 자는 또한 그 대상을 묻지 않고 한통속으로 판단하여 사양하겠다. 사람들이 말하기를 인간의 가장 강한 힘은 요구하지 않음에 있다고 한다. 나는 지금의 정치사회에 대해, 또한 학자사회에 대해, 상공사회에 대해, 개인적으로 추호도 요구할 것이 없고 또한 두려워할 만한 것도 없다.

다만 크게 요구하는 것은, 국권 확장이라는 하나의 소망이 있을 따름이다. 나는 요구할 것이 없다는 정신으로 크게 요구하는 바의 것을 얻고자 하며 감히 스스로 믿는 사람이다."(「본지 발태의 취지」, 『시사신보』, 전집 8, 10쪽)

창간호는 후쿠자와가 직접 논설을 썼고, 신문사의 경영은 나카미가와 히코지로(中上川彦次郎) 사장이 맡아 했다. 나카미가와는 후쿠자와의 조카로 게이오 의숙에서 공부했고, 훗날 산요(山陽) 철도회사 사장, 미쓰이(三井)은행 이사 등을 지낸 인물이다. 시사신보의 사원은 편집과 경영, 사무에 이르기까지 대부분 게이오 의숙 출신자들로 구성되었다.

『시사신보』를 무대로 하여 후쿠자와는 저술활동에 매진했다. 사설에 실린 글과 그동안 정리한 원고들은 책으로 간행되었다. 1882

년에는『시사대세론』과『제실론』(帝室論),『병론』(兵論),『덕육여하』(德育如何), 1883년에는『학문의 독립』(学問之独立), 1884년에는『전국징병론』(全国徴兵論)과『통속외교론』(通俗外交論), 1885년에는『일본부인론』(日本婦人論)과『일본부인론 후편』(日本婦人論後編),『사인처세론』(士人処世論),『품행론』(品行論), 1886년에는『남녀교제론』(男女交際論), 1888년에는『일본남자론』(日本男子論)과『존왕론』(尊王論), 1892년에는「국회의 전도」와「국회난국의 유래」,「치안소언」(治安小言),「지조론」(地租論), 1893년에는『실업론』(実業論)이 각각 진행되었다.

그러나 이것이 저술활동의 전부는 아니었다. 그 밖에도 그는 외교정책에 관한 논설을 수없이 발표했는데, 이들 논설은 단행본으로 출간하지는 않았다. 이와 같은 사실을 종합해볼 때, 그의 저술활동은 여전히 정치와 외교, 경제에서 도덕 문제 등에까지 이르고 있음을 알 수 있다. 그런데 그의 독자를 연령별로 보면, 젊은 층에 대한 영향은 점차 줄어들면서 대신 중장년층으로 이동하는 양상을 보이고 있었다.

과거의 그는 봉건적 도덕주의에 반발하고 야유하는 등 유교문화에 격렬히 저항했지만, 점차 시대가 안정되어감에 따라 교육과 도덕 문제에 시선을 집중하게 되었는데, 단행본의 목록을 보면 알 수 있듯이 그는 특히 남녀관계 문제 등에 많은 시간과 관심을 할애하고 있었다. 남성우월주의와 남성의 횡포 등에 대해서는 일관되게 비판적인 자세를 유지하고 여성존중을 역설하는 태도를 고

수함으로써 남녀평등사상의 고취에 많은 기여를 했다. 특히 당시 축첩을 당연시하던 관행을 척결하기 위해 일본 남자에 대한 '품행론'을 공격적으로 전개하기도 했다.

한편 그의 정치사상은 큰 변화를 보이기 시작하여, '문명개화'에서 '부국강병'이라는 방향으로 기울어졌다. 1882년 『시사신보』 창간 이후 1894년 청일전쟁이 발발할 때까지, 국내정치와 외교정책 부문 각각에서 그의 정치사상은 어떤 양상으로 변화되어갔을까. 국내정치에 대한 견해는 '관민조화론'으로 대표되는데, 이는 1890년 제국의회의 개설을 전후한 시점에도 변동이 없었다. 그에 반해서 외교정책은 구미 열강에 대한 긴장상태가 지속되기보다 아시아의 이웃 나라, 특히 조선과 중국에 대한 병적인 집착으로 전개되어갔다. 말하자면 국내정치사상과 대외정치사상의 귀착점으로서의 대 청나라 전쟁관이 전개되었던 것이다.

약자의 민족주의, 강자의 애국주의

내셔널리즘

"우리나라는 이웃 나라의 개명을 기다려 함께 아시아를 일으킬 유예가 없다. 차라리 그 대열을 벗어나서 서양의 문명국과 진퇴를 함께하고, 중국과 조선을 상대하는 방법 역시 이웃 나라라 하여 특별히 배려할 필요 없이 서양인이 이들을 대하는 방식에 따라서 처분해야 할 것이다."

열강의 제국주의가 잠재된 욕구를 깨우다

'내셔널리즘'은 매우 복잡한 개념으로, 사전적으로는 민족국가의 통일·독립·발전을 추진하는 사상이나 운동을 일컫는다. 때로 민족주의, 국가주의, 국수주의 등으로 번역되며 각각 그 뉘앙스가 다르다.

'nation'은 원래 국민, 국가, 민족 등 크게 세 가지 의미로 번역되면서, 'nationalism'은 국민주의와 국가주의 또는 민족주의라는, 서로 미묘하게 어감과 의미를 달리하는 중층적(重層的)인 단어가 그 역어로 사용되어왔다. 국민주의 또는 국가주의로 번역하면 나치와 같은 광신적 애국주의, 즉 쇼비니즘을 연상케 하고, 민족주의로 이해를 하면 강대한 외세의 압력에 항거하여 민족적 독립을 수호하고 국가의 자립을 달성하려는 피압박 민족이나 약소국가의 조직적 저항운동을 연상하게도 한다. 이처럼 내셔널리즘에는 두 가지 측면이 있다. 즉 그 주체가 피압박 민족인지 또는 인근 국가에 위협을 가할 수 있는 강대국인지에 따라서 결정적으로 의미의 해석이 엇갈리게 될 수도 있는 것이다.

메이지유신이 일어난 뒤 일본 역사에서 내셔널리즘이 통용되던 때는 대략 막부 정권 말기에서 쇼와(昭和) 시대에 이르는 시기, 말하자면 피압박 민족에서 강대국 '대일본제국'으로 발전해가던 시기(1850~90년대 초)로 볼 수 있다. 후쿠자와는 그 과도기에 활발한 활동을 했던 사상가다.

우선 막부 정권 말기에서 메이지유신 초기까지의 시기인 1850년 대에서 1880년대 당시의 일본은 약소국가로 분류될 수 있을 것이다. 그러나 1895년(메이지 28년) 청일전쟁에서 승리한 후 조선을 보호국으로 삼는 단계에서의 일본의 내셔널리즘은, 이미 피압박 민족으로서 서양의 강대한 제국주의 국가들에 대항한다는 성격은 존재하지 않는다. 물론 서구 열강과 비교한다면 아직도 피압박국이라 할 수 있을지 모르나 이웃 나라인 조선을 압박하는 국가였다는 데는 이의가 없다.

1835년에 태어난 후쿠자와가 예닐곱 살이 되던 1840년에는 영국과 청나라 사이에 아편전쟁이 일어났고, 그 후부터 구미 열강에 의한 아시아의 식민지화는 본격적으로 추진되었다. 그러나 이때는 이른바 산업자본주의에 의한 시장 확대를 경쟁하던 단계였지 식민지 획득 그 자체를 목적으로 한 직접적인 무력침략은 아니었다고 할 수 있다. 구미 열강이 시장 쟁취를 기도하며 의도적으로 전쟁에 나선 것은 1860년대 중반, 즉 유럽의 자본주의가 제국주의화하려는 조짐이 시작되던 때였다.

1861년에는 미국에서 남북전쟁이 일어났고, 러시아에서는 농노들이 노예의 지위에서 해방되었다. 유럽에서는 이탈리아 왕국이 성립되었다. 1863년에는 폴란드에서 독립운동이 일어났고, 1866년에는 프로이센과 오스트리아의 전쟁, 1870년에는 프로이센과 프랑스의 전쟁이 발발했다. 이어서 1871년에는 독일제국이 성립되었다. 이처럼 유럽에서는 각 민족의 독립투쟁과 통일 민족국가에 대한 요구가 강해지고 있었다. 그러나 1850년대 중반에 크림 반도와 흑해를 둘러싼 크림 전쟁이 발발한 후 아시아에서는 이미 프랑스가 인도차이나 반도를 점령했고, 1860년에는 영·프 연합군이 베이징에 진격하여 베이징 조약을 체결했다. 이때 청조는 태평천국의 난으로 1853년 이후 그 쇠퇴가 가속화되고 있었다. 유럽의 아시아 침략은 중국을 기점으로 하여 조선과 일본의 독립에도 위협을 가하고 있었다.

막부 말기의 지도적 지식인들이 이런 정세를 맞이하여 대처하는 방법에는 몇 가지 유형이 있었다. 첫째는 국방정책을 엄중히 하는 한편, 천황의 승인도 없이 서구 열강과 조약을 체결한 막부를 응징해야 한다는 정치적인 목적을 가지고 '양이운동'을 이용하자는 전략적인 관점이었다. 둘째는 함께 양이를 외치면서도 막부의 봉건체제를 변혁시키려 하기보다는 그러한 봉건체제를 정부에서 재편성할 것을 기도하는 수구적인 관점이었다. 셋째는 양이는 절대 해서는 안 되며, 이제 개국은 피하기 어려우나 지금 당장 전면적인 개국을 시행하는 것은 공연히 혼란만을 초래하므로, 서구 열강의 정치 정세를 관망하면서 시간을 벌고 준비를 갖춘 뒤에 결단을 내리자는 관점이었다. 그리고 넷째는 적극적인 개국론이었다.

이상 네 가지 유형[1] 가운데 첫 번째 유형을 주도한 것은 주로 사쓰마와 조슈 번을 중심으로 한 이른바 '지사'(志士)들의 그룹이었다. 두 번째 유형에 속하는 사람들은 도쿠가와 나리아키(德川齊

昭)로 대표되는 미토학파(水戶學派)로, 양이를 명분으로 내걸었으나 실질적으로는 도쿠가와 봉건제도의 틀 속에 머무르면서 그 재편과 강화를 의도하던 그룹이었다. 세 번째 유형의 사람들은 반드시 개국을 해야 한다는 현실성을 인정하면서도 아직은 완전하게 봉건적 신분질서를 극복하지 못하고 있는, 그러면서도 서구 문명에 대한 통찰을 통해 의식이 강화된 그룹이었다. 사쿠마 쇼잔 같은 인물이 여기에 속한다고 할 수 있다. 그리고 마지막 네 번째의 유형은 이른바 적극적인 개국주의자들이었다. 그 대표적인 인물이 후쿠자와 유키치이고, 당대의 양학자 그룹이 이들 무리에 속했다.

이처럼 막부 말기의 지식인들이 제각기 유형이 다른 내셔널리즘에 자극된 것은 아편전쟁이 불러온 충격, 나아가 중국대륙이 식민지화되고 있다는 위기가 그들 사이에서 독자적인 대 조선관과 대 중국관을 형성시켰기 때문으로 볼 수 있다.

조선과 중국을 침략하려는 일본의 야망은 도요토미 히데요시의 임진왜란 이후에도 여전히 변함없었지만, 도쿠가와 막부 시대에 접어들어서는 쇄국정책으로 인해 일시적으로 수면 아래에 잠복해 있었다. 그러나 엄격하던 막부 말기의 쇄국체제가 구미 열강의 무력 압박에 의해 난관에 처하게 되자, 이 국내외적인 위기를 체험한 지식인들은 국가의 독립이라는 명제를 놓고 인접한 조선과 중국의 지위에 대해 다시금 깊은 관심을 가지게 되었다. 일본인의 잠재된 욕구가 새롭게 눈을 뜨기 시작한 것이다.

조선과 중국에 대한 일본의 정략을 구미 열강으로부터 받은 충격을 의식한 방위적 관념에서 촉발된 우연한 사태로 보려는 시각도 있다. 즉 조선과 중국에 대한 침략행위의 책임이 오로지 일본에게만 있는 것이 아니라 구미 열강의 아시아 압박에도 원인이 있다는 주장이 그것인데, 침략과 지배의 책임을 면탈하고자 하는 논리다. 막부 말기 지식인의 대 아시아관은 서구 열강의 아시아 침략에 대항하여 독립을 유지하는 것을 목적으로 형성된 것이라는 시각이고, 또 그런 의미에서 방위적인 이유가 발단이 된 것이라는 그들 나름대로의 명분이다.[2] 이런 주장이 제기되는 것은 '침략국 일본'이라는 역사적 통설에 대해 일단의 부담을 가지고 있었기 때문인 것으로 해석할 수 있을 것이다.

후쿠자와의 내셔널리즘 역시 아편전쟁 이후 동아시아의 상황 변화와 밀접한 관련을 가지고 생성, 발전되어간 것으로 볼 수 있는데, 이것은 청일전쟁의 승리를 계기로 중대한 변전(變轉)을 맞이한다.

후쿠자와의 내셔널리즘이 비교적 명료한 형태로 표현된 것은 1862년이었다. 당시 그는 막부 정권 구미사절단의 일원으로 영국 군함에 승선해 항해하고 있었는데, 홍콩에 기항했을 때 중국인들에 대한 영국인들의 오만한 태도를 목격하고 충격을 받게 된다. 영국과 프랑스의 식민지정책 아래 홍콩과 싱가포르, 인도, 인도차이나, 그리고 이집트를 비롯한 아프리카 대륙 등 세계 곳곳이 신음하고 있었고, 구미 열강이 표방한 제국주의정책의 실태를 아시아 후진국은 속수무책으로 바라보고만 있을 수밖에 없었다.

내란의 불씨가 '정한론'으로 옮겨 붙고

후쿠자와가 '문명 유럽'과 '야만 일본'이라는 관념을 처음으로 설명한 것은 『학문의 권유』에서였다.

"지금 세계를 보면, 문명개화라 하여 학문과 군비가 모두 발달하여 부강한 나라가 있고, 야만 미개라 하여 문무가 모두 불충분하고 빈약한 나라가 있다. 일반적으로 유럽과 아메리카의 나라는 대개 부강하고, 아시아와 아프리카에 있는 나라는 가난하고 소약(小弱)하다."(『학문의 권유』, 전집 3, 42쪽)

막부 말기의 이른바 해외웅비론, 다시 말해 대 아시아 침략론이 구미 열강의 압력에 의한 위기감에서 그동안 잠재해 있던 욕구가 촉발된 착상임에는 의심의 여지가 없다. 당시의 일본 국내 상황으로 볼 때 실현 가능성은 희박했지만, 메이지유신 이후에는 대 아시아 침략론이 메이지 정부의 수뇌부가 수용한 현실성 있는 정책론으로 발전하게 된다. 이런 배경을 가지고 등장한 것이 '정한론'이었다.

막부 말기의 조선 침략 논의가 러시아의 남하정책에 대항하여 자국 방어적 견지에서 거론되었던 것은 그들 나름대로의 논리성이 있는 것으로도 볼 수 있다. 러시아의 동양정책과 영국의 동진 정책이 충돌할 조짐이 보이는 시점에서, 일본의 조선정책은 추상 적인 논리에서 좀더 구체적인 논리로, 막연한 언론 논리에서 정치 논리로 발전해가고 있었다. 이것이 '정한론'의 성격이다.

막부 후기의 경제학자였던 사토 노부히로(佐藤信淵)는 「우내혼 동비책」(宇內混同秘策)에서 침략의 경로에 대해 다음과 같이 구 체적인 제안을 했다.

"무릇 타국을 경영하는 순서는 허약하여 침탈하기 쉬운 국가부 터 착수하는 것을 순리로 한다. 당장 세계 만국 가운데 황국의 위 치에서 볼 때 중국의 만주보다 공략하기 쉬운 곳이 없다. 〔……〕 다섯 번째는 마쓰에 부(松江府: 시마네 현 남쪽), 여섯 번째는 하 기 부(萩府: 야마구치 현 북쪽)로, 이 두 부에서 다량의 군선에 화 기와 포차를 적재하고 조선의 동해안으로 가서 함경·강원·경상 3도의 모든 지역을 침공해야 할 것이다."[3]

자위적인 측면에서 볼 때 조선이 마땅히 일본의 발판이 되어야 한다는 논리는,[4] 조선이 국방력과 강고한 외교정책을 갖추고 있지 못한 약소국이라는 이유에서 비롯되었다.

메이지 정부는 출범하자마자 대마도의 번주에 명하여 조선 정 부에 왕정복고를 통보하게 했다. 그러나 조선이 그 수리를 거부하 면서 외교 사태로 비화하게 되었고, 이것이 1873년(메이지 6년) 에 일어난 일본 최초의 외교정책 논쟁인 '정한론'의 직접적인 동기 가 된 것이었다. 일본은 국학의 성행과 함께 고서에 기록된 조선 지배설의 신화를 사실(史實)로 믿으려 했고, 이러한 흐름 속에 오랜 세월 조선경시사상을 품어왔다. 막부 말기에 이르러서는 구미 열강의 압박에 대한 보상이라도 받으려는 듯 조선 침략 논의가 더욱 공공연해지고 있었다. 그런데 때마침 '국서(國書) 수리 거부'라는 외교문제가 발생하자 이를 기화로 조야를 막론하고 '정한론'의 불길이 일게 되었던 것이다.

대원군은 일본에 대해, 이미 조선이 무력으로 격파한 바 있는 구미 열강에 굴복한 소국에 지나지 않는다고 평가했고,[5] 또한 그들에 의해서 강제로 개국이 되었기 때문에 여전히 약소국이라는 인식을 가지고 있었다. 그런 소국 일본에 의해 발생한 국서사건은 조선을 경시하는 태도 때문이라는 의구심을 낳게도 했지만, 예법을 중시해온 관례로 볼 때 청나라에서나 사용해온 '황'(皇), '칙'(勅)이라는 자구를 함부로 대외문서에 사용하고 있는 일본의 경거망동을 문제시하지 않을 수 없었다.

국운의 상승기를 맞이하여 국가의식이 한층 고양되고 있는 시점에서 일본 역시 조선의 국서거부 사태를 문제 삼지 않고 덮어둘 수는 없었다. 일본의 시각에서 볼 때 조선은 일찍이 도요토미 히데요시에 의해 정복된 바 있었고, 지난 막부 시절에는 통신사를 파견했던 나라였다. 그런 조선에 예의를 갖추어 왕정복고를 통고했는데도 이처럼 무례를 당했다는 사실이 일본 측이 정한(征韓)을 주장하는 구체적인 이유였다.[6]

유신의 주도세력인 무사들에게 이 사건은 즉시 목표 전환의 빌

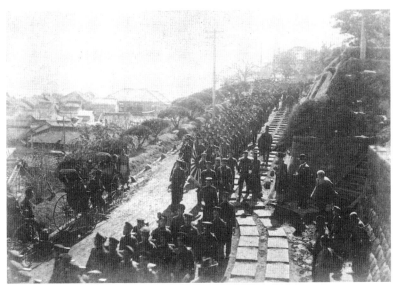

후쿠자와 유키치의 장례식 때 그의 시신을 따르고 있는 학생들.

미가 되어주었고, '존왕양이'는 일순 조선을 정벌하자는 '정한론'으로 급선회하게 되었다. 근대 군제의 창시자인 오무라 마스지로가 직접 선두에 서서 이런 기운을 선동하고 나섰다. 이것은 막부 말기까지만 해도 추상적이던 '해외웅비론'이 메이지 이후 실질적인 국가의 정책으로 발전하게 된 첫 번째 사례였다.

메이지 시대 최초의 정한론자는 기도 다카요시(木戶孝允)[7]였다. 기도는 조선에 사절을 파견할 것을 내각에 제안했지만 최종적인 그의 목표는 무력침략이었다. 정부의 최상위 실력자 중 한 사람이었던 기도는 국내 정세를 안정시키기 위해 불안한 민심을 국외로 돌리고자 했다. 그 방법의 일환으로 유신전쟁에 승리하고도 귀환 후에는 해산 직전의 상황에 몰려 있던 전국 각처의 사무라이들을 활용하는 안이 모색되었다. 승전용사였던 사무라이 계층은 이제 무직자의 신세로 전락하여 생계를 걱정해야 하는 딱한 처지에 놓여 있었기 때문에 불평불만이 한계에 달해 있었다.

1871년 10월 기도가 이와쿠라 도모미와 더불어 불평등조약의 개정을 타결 짓기 위해 구미사절로 파견되었다. 그 뒤 귀국했을 때는, 이미 조선을 정벌하자는 분위기가 고조되어 일촉즉발의 위기 국면으로 치닫고 있었다. 그러자 정한론을 주창했던 기도가 이번에는 오히려 극력 저지하는 입장으로 선회하게 된다. 기도의 심경이 변한 이유는 간단했다. 구미를 돌아보고 난 후 자국의 국력이 서양 제국에 비해 현저히 빈약하다는 사실을 확인했기 때문이다.

기도는 뒤늦게 귀국한 사절단장 이와쿠라와 오쿠보 도시미치 등과 함께 즉시 내치 우선 정책을 추진하는 한편, 정한파의 대표격인 사이고 다카모리 등과는 정면으로 대립하는 기현상을 보이게 된다.

이와 같은 대립 양상은 즉시 1873년 10월의 '메이지 6년의 정변'으로 비화되었고, 급진 세력인 사이고 지지파는 패퇴하여 결국 반정부 활동으로 돌아서게 되었다. 이로 인해 이듬해에는 온건파인 이와쿠라가 괴한의 피습을 당하고, 불평사족들에 의해 사가 지방에서 난이 일어난다. 이어 4월에는 사이고의 동생 사이고 쓰구미치(西鄕從道)가 가고시마에서 장정들을 소집하여 타이완으로 출병하게 되는데, 이와 같은 내란의 불씨를 국외로 옮겨보겠다는 정략에서였다.

'메이지 6년의 정변'은, 1868년에 야기된 조선과 일본 간의 국서 문제가 도화선이 되어 메이지 정부에서 수년에 걸쳐 침략전쟁 여부를 놓고 정론을 벌여오던 중, 사이고 다카모리가 제기한 '특사파견론', 이타가키 다이스케가 제기한 '즉시출병론', 그리고 이에 맞서 이와쿠라와 오쿠보가 주장한 '내치개혁과 국력충실론' 등이 팽팽히 대립하다가 후자의 승리로 끝난 사건이다. 이로 인해 급진론자인 사이고와 이타가키는 정계에서 물러났다.

후쿠자와는 시종일관 정한에 반대하는 사설을 발표하고, 군사비의 과중한 부담이 정한으로 얻는 실리보다 크다는 점을 들어 전쟁 반대 논리를 전개했다.

지금의 적은 아시아가 아니다

봉건제도의 근간인 막부 정권이 붕괴되면서 도쿠가와가(家)를 비롯하여 막부를 지지하던 번의 재정은 모두 중앙정부로 이관되었다. 그러나 유신전쟁 당시 막부 공격에 가담했던 세력들이 기세가 등등해지면서 자칫하면 도쿠가와 막부를 재현할지도 모른다는 불안한 상황에 이르게 되자, 메이지 정부는 이들의 정치적 자세와 방향을 수정해야 할 필요를 느낀다. 그렇게 해서 즉각 판적봉환이 단행되었던 것이다.

막부는 쇄국체제를 구축하기 위해 1635년경, 일본인이 대양을 건너 해외로 항해하는 행위와 해외로부터 다시 일본으로 귀국하는 것을 막는 것은 물론 대선(大船) 건조 금지령까지를 포함한 '쇄국령'을 발표했다. 그리고 1639년에는 포르투갈 국적의 선박이 일본에 입항하는 것도 금지시켰다. 이로써 근세의 일본은 스스로 국제사회와 단절하고 고립되어갔다.

그러나 표면적으로는 완전한 단절의 형식을 취하고 있었지만 하루아침에 전면적으로 쇄국을 시행할 수는 없어서 일부 제한적인 교역이 이루어지기도 했다.[8] 또한 막부가 시행한 학문장려책도 내용 면에서는 한학의 대의명분론과 국학의 존왕사상을 중시한 것으로 볼 수 있지만, 난학을 통한 국방개혁과 개국론에 대한 관심에 주목할 필요가 있다. 도쿠가와 막부가 와해되어갔다는 것은 바로 기초적인 봉건주의와 신분계급주의, 그리고 쇄국주의가 붕괴되어갔다는 것을 의미하는 것이다.

1875년(메이지 8년) 10월 7일자 『우편보지』에 쓴 「아시아 제국과의 화전(和戰)은 아국(我國)의 영욕과 무관함을 논함」이라는 글에서 후쿠자와는 일본의 현주소와 자신의 현실 인식에 대해 다음과 같이 명확하게 표현했다.

　"지금 우리 일본의 현실을 태평무사로 보고 기뻐할 사람은 극히 적다. 학문은 아직 발전하지 않았고, 무역은 아직 번창하지 않았으며, 국가의 재정은 아직 넉넉하지 않고, 군사는 아직 강병이 아니라 하는데 어찌 이를 근심하지 않겠는가. 한마디로 말하면 일본은 아직 진정으로 개화한 독립국이라 말할 수 없으니 이를 걱정하는 것이다. 정부의 관리뿐만이 아니라 무릇 이 나라에 태어나서 조국을 배반하겠다는 그릇된 마음을 갖지 않은 사람에서부터 정신이 올바른 국민 모두가 함께 이런 걱정을 했을 것이다."(「아시아 제국과의 화전은 아국의 영욕과 무관함을 논함」, 『우편보지』, 전집 20, 145~146쪽)

이에 앞서 후쿠자와는, 일본이 조선과 중국에 비해 학문과 경제력, 국가의 재정능력과 군사력에서도 앞서가고 있다는 자신감을 피력했다. 하지만 구미 열강과 비교해보면 이런 모든 요소가 현저하게 열세에 놓여 있음을 인식하고, 만약 일본이 위기에 처한다면 그 원인은 아시아가 아니라 구미 열강에 있다는 사실을 알리고자 했다. 즉 조선이나 중국 같은 약소국으로부터는 무력에 의한 침략이 일어날 수 없기 때문에, 만약 일본이 관여한 전쟁에서 일본이 패망하여 독립을 잃게 된다면 그 상대는 구미 제국이 될 수밖에 없다. 따라서 아시아에서는 상대적으로 일본의 국력이 우위에 있음을 자부하고 있었다. 「타이완 평화협상에 관한 연설」에서 후쿠자와는 정복자의 감격을 이렇게 토로했다.

"타이완 출병 이후 오늘에 이르기까지의 과정을 보면 우리는 완벽한 전승국이고 중국은 완벽한 패전국이다. 우리의 현재 형세를 중국의 형세와 비교해보면 그 누구인들 의기양양하지 않을 자가 있겠는가. 나 역시 그 양양한 사람 가운데 한 사람이다."
(「타이완 평화협상에 관한 연설」, 『명육잡지』, 전집 19, 539쪽)

후쿠자와는 전해인 1874년에 일본이 단행한 타이완 침략을 놓고 중국을 완벽한 패전국으로 묘사함으로써 일본의 군사적 우위와 외교적 승리를 자축했다. 그러나 중국을 상대로 하는 전쟁을 위해 서양으로부터 신무기와 탄약을 비롯한 막대한 군사물자와 전쟁경비를 경쟁적으로 도입할 수밖에 없었고, 더구나 정치·외교·군사 면에서 승리를 거두었다고는 하나 국가 경제적 관점에서 계산해보면 실리가 없는 승리였다는 사실 또한 지적하고 있다. 역시 「타이완 평화협상에 관한 연설」에서 후쿠자와는 이를 '국가의 명예와 수치' 문제와 결부시켜서 이렇게 말하고 있다.

"원래 전쟁이란 국가의 명예와 수치가 걸린 것인바 국권에 의해 성하고 쇄하는 것이므로 일률적으로 금전의 득실만을 이야기해서는 안 될 것이다. 우리 국민의 기풍을 일변시켜 비로소 국내외에 차이를 분명히 하여 내셔널리티(국체)의 기초를 확고히 했으니, 이 국권의 여력을 서양 선진국과의 외교전에 활용케 해야 할 것이다. 이를테면 근일 조약개정의 시기가 되어 재판권도 우리가 가지고, 조세권도 우리가 가지고, 거류지 규칙이나 보호세법의 조직이나 우리 일본 정부가 독자적으로 장악하고자 하는 담판에 이르렀을 경우에도 서양 강대국과 당당하게 마주하여 추호도 용서함이 없이, 하나를 주면 또한 따라서 하나를 받고 오른쪽에서 잃으면 왼쪽에서 빼앗아서 마치 중국 정부를 대하듯 공명정대한 담판을 할 수 있다면 이제는 우리 조국에 여한이 없겠다."(「타이완 평화협상에 관한 연설」, 『명육잡지』, 전집 19, 541~542쪽)

이렇게 그는 전쟁 승리의 기쁨을 만끽하면서도 그 여세를 몰아 구미 열강의 대열에 당당히 도전해갈 것을 독려했다. 그리고 서양의 강국들과 대오를 같이하겠다는 결의를 보이는 조국과 정부에 대해서는 감사와 찬사를 아끼지 않았다.

일본이 국제정세의 허점을 노려서 타이완 침공에 성공한 사례를 목도한 후쿠자와는, 그러나 전쟁 당사국이 각축을 벌이는 이면에서 병기와 군수물자를 경쟁적으로 수출하여 막대한 이득을 챙기는 데 여념이 없는 서구 열강의 비열한 상행위에 분개했다. 그리하여 그는 지금의 적은 아시아가 아니라 오히려 서구 열강임을 환기시키고 나섰다. 이런 논리에 입각하여 후쿠자와는 '정한론'에 반대하는 논리를 전개했다. 전쟁의 이해득실을 계산한 결과 원정 출병으로 전승국이 되는 것이 국익에 도움이 된다는 사실은 인정하지만, 1년 뒤의 '정한론'에 이르러서는 비판적인 자세를 보였던 것이다.

"작년의 타이완 출병은 우리나라의 승리라고 하여 마땅하다. 이 사태에 타이완 백성들 역시 탄복했을 것이다. 중국사람들도 쩔쩔매었을 것이다. 하지만 이 승리 뒤에, 이 승리의 기세로 조금이나마 구미의 외교에 영향을 주고 구미의 백성에게 우리나라의 국위를 떨치고 은근히 겁을 주어서 그들을 제압할 기세를 얻었을까. 모든 사람이 똑같이 인정하는 바지만, 조금도 그러한 흔적이 없다. 이 출병으로 지금 당장 남아 있는 것이라고는 군비 수백만 엔이 부족하다는 사실뿐이다. 작년에 이 수백만 엔을 소모하지 않고 이것을 돌려서 외채의 일부를 갚았더라면, 우리 국민이 지는 부담의 일부를 탕감하고 영원독립에 일조하여, 온 국민이 앓는 폐병을 일부나마 치료했을 것이다. 심려하지 않을 수 없는 문제다."(「아시아 제국과의 화전은 아국의 영욕과 무관함을 논함」, 『우편보지』(1875년 10월), 전집 20, 147쪽)

이 인용문에서 후쿠자와가 말하고자 하는 핵심 포인트는 경제론에 입각한 손익놀리다. 전승국의 국민은 자부심을 가질 수는 있으나 군사비 500만 엔이 부채로 남는, 이른바 이기고도 밑지는 전쟁은 차라리 하지 않는 것만 못하다는 실리적인 판단을 한 것이다. 그리고 후쿠자와는 그보다 일본의 당면과제가 불평등조약의 개정에 있다는 사실을 부각시킨다.

후쿠자와가 '정한론'에 반대한 것 역시 군비의 과중한 부담 때문이었음을 고려해볼 때, 그의 반전론은 철저하게 경제논리에 따른 것이었음을 알 수 있다.

'실익 없는 소야만국'을 향한 야심

메이지 초기의 대표적인 지식인인 후쿠자와의 대 조선관은 당시 메이지 시대 일본인의 대 조선관을 대변한다고 할 수 있다. 후쿠자와는 「아시아 제국과의 화전은 아국의 영욕과 무관함을 논함」에서, 조선과의 외교적인 이해를 논하기에 앞서 조선의 풍모에 대해 이렇게 표현하고 있다.

"조선은 아시아 가운데 하나의 소야만국이고, 그 문명은 우리 일본에 아득히 못 미친다. 무역을 하여 이(利)가 없고, 교류를 하여 득(得)이 없으며, 학문도 취할 만하지 않고, 병력은 두려워할 만하지 않다. 그뿐 아니라 설사 그들이 제 발로 일본에 와서 우리의 속국이 되겠다 해도 이 또한 반길 이유가 없다. 그 까닭이 무엇이겠는가.

앞서 말한 바와 같이, 구미의 여러 강국을 맞아 독립적인 권리를 획득하고 그들을 제압할 국력을 얻지 못한다면 우리 일본은 진정한 독립국가라고 말할 수 없다. 그런데 조선과의 관계는, 설사 우리가 원하는 바와 같이 된다 하더라도 이 독립국가의 국세에 털끝만큼의 국력도 보탬이 되지 않는다. 조선은 그들스스로 일본에 와서 우리의 속국이 되겠다 하더라도 반길 것이못 된다. 하물며 군사를 동원해 이 나라와 싸움을 하는 것이야말할 것도 없지 않겠는가."(「아시아 제국과의 화전은 아국의 영욕과 무관함을 논함」,『우편보지』, 전집 20, 148~149쪽)

이 인용문에서 후쿠자와는 '하나의 소야만국', '우리의 속국' 같은 전례 없는 저열한 필치를 구사하면서 한 국가의 명예를 폄훼하고 민족의 자존심을 능멸하고 있다. '정한론'이 쟁점으로 부각되고 격렬한 논쟁으로 비화되면서 급진 세력의 강경론에 밀려 전쟁위기가 확산되려는 조짐이 보이자 이에 불안을 느낀 후쿠자와는, "서양의 열강으로부터 독립을 지켜나가야 하는 절체절명의 위기앞에서 조선은 일본의 국익에 영향을 주지 못하는 존재이고, 또한소국인데다 야만국인 이상 철저히 무시해야 한다"는 논리를 내세움으로써 이 논설의 내용을 한층 더 반이성적으로 몰고 갔다.

인용문의 문맥에서 알 수 있듯이, 그는 실익을 따져 반전론에 앞장서기는 했지만 조선에 대한 사상의 저류에는 뿌리 깊게 정한의 욕구가 숨어 있었다고 할 수 있다. 이 논설의 핵심은 다음과 같은 내용으로 요약할 수 있을 것이다.

첫째, 내정의 기반을 다지기 위해서는 전년도에 이어 여전히 비등하는 정한론을 잠재우는 것이 급선무였다. 따라서 양분된 국론을 서구 선진국 쪽으로 향하게 함으로써, 은연중 조선에 대한 일본인의 뿌리 깊은 열등감을 우월의식으로 전환하려 한 것이다. 둘째, 막부 말기에 요시다 쇼인(吉田松陰)[9]의 '조선경략'(朝鮮經略) 발언 이후[10] 1873년의 '정한론'에 이르는 과정에서, 일본인의 역사적 문화적인 열등감과 더불어 조선 정부로부터 받은 모욕감 등을 일거에 되돌려주고, 당장 국제사회에서 조선이 처해 있는 현실을 자인하게 하겠다는 것이다.

'아시아 제국과의 화전'에서 '화전'(和戰)이란 말은 '화'와 '전'의 어느 일방을 의미하는 것이 아니다. '어느 편도 아니거나 양쪽 모두'라는 부정(不定) 화법을 사용함으로써 양자를 동시에 부정(否定)하고 있음을 간과해서는 안 된다. 다시 말해 중국·조선과의 관계에서 평화체제를 유지하든 전쟁에 돌입하든, 그 어느 쪽도 일본의 국익에 도움이 되지 않는다는 의미다. 따라서 이 논설은 그 제목에서부터 내용에 이르기까지 두 나라에 대해 철저히 경멸과 모욕으로 일관하고 있음을 알 수 있다.

같은 해 8월에 『문명론의 개략』을 발표한 후쿠자와는, 비교문명론적인 시각에서 '반개국'(半開國)으로 분류한 중국의 정체성을 도마 위에 올려놓고 중국 비판에 심혈을 기울였다. 이런 맥락에서 볼 때, 후쿠자와는 처음부터 조선을 포함한 동아시아 국가들을 멸시해온 것이 분명하다. 이보다 앞서 그는 『세계국진』에서도 '풍속 쇠퇴', '폭군오리'(暴君汚吏) 등의 용어로 신랄하게 중국을 비판했고,[11] 『서양사정』에서도 '입군독재정치'로 중국을 기술했다.[12] 『문명론의 개략』은 '완고하고 고루한 중국인'이란 고정관념이 기저를 이루고 있다. 특히 제2장은 문명비교론적 시각에서 중국을 비판하는 내용을 테마로 했고, 문명발달 3단계설에 입각하여 본격적인 중국문명 비판에 초점을 맞추었다.

여기서 후쿠자와는 서양의 문명을 '문명 최고의 목표'로 설정하고, 일본과 중국을 반개의 상태에 고정시켰다. 그리고 두 나라 문명의 차이를 설명하기 위해 '문명의 원소'라는 특이한 용어를 사용하고 있다.

　　"중국의 원소는 하나다. 일본의 원소는 둘이다. 이와 연관 지어 문명의 전후를 논할 경우, 중국은 한 차례 변화하지 않는다면 일본의 수준에 이를 수가 없다. 서양의 문명을 취하기에 일본은 중국보다 쉽다고 말할 수 있겠다."(『문명론의 개략』, 전집 4, 26쪽)

그는 문명과 국체를 연관시켜서, 중국은 왕조가 자주 바뀌기는 했지만 '지존'(至尊)과 '지강'(至强)이 일체를 이루어 제정일치의 국가체제를 유지해온 정치제도였다고 지적하고, 이런 시스템을 '하나의 원소'라고 표현했다. 일본의 경우는 중세 이후 약 700년간 천황과 쇼군의 이원적 집권구조가 유지되어왔음을 들어 이런 시스템을 '두 개의 원소'로 정의했다. 그런데 본질적으로 '두 개 원소'를 가진 정치제도가 서양의 신문명을 획득하는 데 더 유리하다고 결론지으며, 중국이 체제적으로 고루할 수밖에 없음을 부각시키고자 했다.

이런 연유로 쇄국과 양이를 고집해온 조선을 '하나의 소야만국'으로 일컬으면서, 극단적 표현을 사용하여 일본국민에게 일종의 쾌감을 주고자 했던 목표는 일단 성공을 거두었다.

당시에 '정한론'을 주장하는 이들은 몇 가지 유형의 논리를 펴고 있었는데, 그 첫 번째는 전쟁은 원하지 않지만 일본과 조선 사이에 신뢰관계가 무너진 이상 조선을 방치해둘 수 없다는 것이었고, 두 번째는 조선을 정벌함으로써 최종 목표인 중국을 선점할수 있다는 것이었다. 그리고 세 번째는 '정한'은 오랜 숙원이므로 타이완 출병의 여열이 채 식지 않은 지금 상황에서 더 이상 지체할 이유가 없다는 것이었다.

막부 말기에 서구 열강 세력이 균형을 이루었던 것이 자국의 독립 유지에 오히려 도움이 되었다는 것을 체험적으로 알고 있는 후쿠자와는, 이 시점에서 중국대륙 침략은 실패로 돌아갈 것을 예견하고 정한론의 반대 논리에서 특별히 중국을 경계하고 있었다. 그러나 '메이지 14년의 정변' 이듬해인 1882년에 『시사신보』를 창간하고, 그 직후 3월 11일자에 발표한 「조선과의 외교를 논함」이라는 사설에는 그의 조선 인식이 좀더 부정적으로 드러나고 있다.

"일본과 조선을 비교하면 일본은 강대하나 조선은 소약하다. 일본은 이미 문명에 진입했고 조선은 미개하다."(「조선과의 외교를 논함」, 『시사신보』, 전집 8, 28쪽)

그는 여기서 '반개국 일본'과 '야만국 조선'이라는 종전의 인식을 바꾸어 '강대한 일본'과 '소약한 조선'으로 구분 짓고, 두 나라의 현실적 수준을 '문명'과 '반개'의 차이로 규정했다. 야만국이었던 조선이 반개국으로 진화한 이상, 이제 문명국은 반개국을 설득하여 진정한 문명개화의 길을 걷도록 하는 것이 타당하다. 그러므로 일본이 조선을 대하는 것은 문명 선진국 미국이 일본을 인식하는 것과 같은 방식으로 이루어져야 하며, 그 관계 또한 같은 방식으로 설정되는 것이라는 논리를 기술했다.

그런데 과연 1882년의 일본을 문명국의 대열에 진입했다고 말할 수 있을까. 정치적으로는 국회 개원을 목표로 이토 히로부미를 유럽에 파견하여 선진국의 헌법을 배워 오게 했고, 민권주의자들은 정당을 결성하느라 분주했다. 국제적으로는 조선에서 임오군란이 발생했고, 조선은 굴욕적인 제물포조약을 체결했다. 독일 · 오스트리아 · 이탈리아는 '3국동맹'이라는 비밀 군사동맹을 체결했고, 영국은 이집트를 식민 지배하기 시작했다. 그러나 일본은 아직 헌법도 없는 나라다. 물론 의회도 없다. 오직 서구 열강이 기회를 엿보며 기웃거리는 대상에 불과하다. 한 가지 위안거리라면 임오군란의 처리를 위해 조선을 윽박질러 제물포조약을 체결하게 한 성과가 있다는 정도다. 문화적으로는 우에노 국립박물관이 개관되고 도쿄전문학교(와세다 대학교의 전신)가 설립되는 정도의 수준이다. 분명 이 시기의 일본을 문명국으로 보는 후쿠자와의 시각은 과장되었고 논리적으로도 모순이 있다. 단지 미국을 위시한 열강의 압력에 개국을 강요당했던 일본이, 이제 입장을 바꾸어 무력으로 조선의 개국을 밀어붙여야 할 필요성을 역설한 데 지나지 않는 것이다.

그렇다면 후쿠자와가 조선에 대해 위기의식을 갖게 된 배경은 무엇일까. 첫째는 청나라의 조선 지배에 대한 불안감이 원인이 되었을 것이고, 둘째는 이와 관련한 구미 제국의 간섭에 대한 우려도 있었다.

후쿠자와의 대 조선관과 대 중국관은 메이지 정부의 대 조선정책과 밀접한 관계를 가지고 있었다. 메이지 정부는 수립 당시부터 조선의 종속을 기도하며 양국 간의 국교 수립을 계획했지만, 이미 조선 정부는 일본의 의중을 꿰뚫어보고 이를 거부하고 나섰다. '정한론'에 신중을 기하며 조심스럽던 후쿠자와는 『시사신보』의 사설을 통해 '강화도조약'의 체결 과정 등에 대해서 지속적으로 격렬한 논조를 펼쳐보였으며, 연설회 등을 주관하여 조선에 대한 대중의 인식을 대결 국면으로 조성해갔다.

1875년 강화도 앞바다에 불법으로 침투한 일본 함대 운요 호 사건으로 양국 간에 포격전이 발생했고, 이듬해 2월 11일 일본 함대의 포성이 멎자 즉시 수호를 위한 담판이 시작되었다. 동월 12일 일본 측이 조약안을 제시했고, 회답까지 열흘간의 기한이 주어졌다. 요구조건에 대해 확답이 없으면 군사적 압박을 가하게 될 것이라는 위협적 암시 아래 2월 26일 마침내 강화도조약이 체결되었다. 일방적으로 가혹한 불평등을 강요하는 조약의 세부내용은 전문(前文)과 12관의 조목으로 구성되었다.

강화도조약은 제1관에 '조선은 자주국으로 일본과 평등한 권리를 갖는다'고 명시했다. 이것은 물론 대등한 위치에서의 조약임을 내세우기 위한 명분용 수사였지만, 동시에 조선에 대한 청나라의 종주권을 부정하는 효과를 발휘한다는 점에서 중대한 의의를 가지고 있다. 일본이 전통적인 중국의 조선 지배에 도전장을 내놓은 것으로, 이후 이는 청일전쟁의 구실로도 이용된다.

제2관에는 외교사절의 상호 파견, 제4관과 5관에는 부산 외 두 곳의 항구를 개항한다는 내용이 담겨 있다. 제7관은 일본이 조선 연안에서 자유로운 측량활동을 할 수 있도록 보장한다는 내용을 담았고, 제9관에는 자유무역을 규정해놓아 경제 후진국인 조선이 큰 타격을 입게 했다. 또 제10관에는 개항장에 일본영사를 주재시킬 것과 영사재판권을 규정해놓았다. 즉 "일본 인민이 조선이 지정한 각 지역에 재류 중 만약 조선 인민과 교섭(재판)을 한 사건은 모두 일본 관원의 심단(審斷)으로 돌아가야 할 것"이라고 하

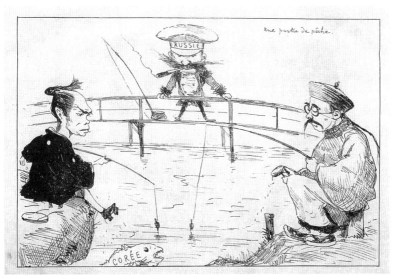

une partie de pêche.

조지 페르디난드 비고트, 「낚시」(1887).
청나라와 일본이 조선을 서로 낚으려는 모습을 풍자한 그림이다.
러시아가 그 틈을 엿보고 있다.

여, 1858년에 미국·네덜란드·러시아·영국·프랑스 등 5개국과 맺은 불평등조약으로 일본이 강요받았던 것과 똑같은 것을 조선에 강제했던 것이다. 그리고 제12관에서 "이상 의정한 11관의 조약은 이날로부터 양국 신수존행(信守尊行)의 발단으로 삼는다. 양국 정부가 다시 이것을 변혁할 수 없고, 그로 하여 영원에 이르도록 하여 양국의 화친을 돈독히 해야 할 것이다"라고 하여 앞으로 이 내용을 변경할 수 없다고 규정하고 이 조약으로 조선을 영구히 일본의 종속적인 지위에 두겠다는 의지를 법제화했다.

또 조약의 부록에서 "일본 인민은 일본의 모든 화폐를 사용하여 조선 인민의 소유물과 교환할 수 있다"는 내용을 규정하고 있다. 화폐경제가 채 발달하지 않아서 실물경제의 전통이 뿌리 깊었던 조선은, 이 무역장정으로 경제의 근간이 흔들리지 않을 수 없게 되었다. 이것은 두 가지 의미가 있다. 첫째, 일본의 화폐를 사용하여 조선의 상품을 무제한적으로 구입할 수 있다는 것은 다시 말해 조선의 시장이 마치 일본 국내의 시장과 다를 바가 없는 형국이 되어 조선은 경제적으로 일본에 완전히 종속된다는 의미다. 둘째, 이 무역장정에 의해 일본의 화폐(불환지폐)로 조선의 금과 은을 사들일 수가 있기 때문에 '해외법권'이라는 특별한 조치로 보호되던 상사와 은행은 이 규정을 통해서 막대한 이윤을 올릴 수가 있었다.

이처럼 일본의 경제적 지배가 확립되고 조선경제가 급속한 변화에 내동댕이쳐지면서 소상인과 소생산자는 물론 압도적으로 다수인 농민은 심각한 궁핍 상황으로 몰리게 되었다. 그리고 이어서 임오년의 군란이 일어난다.

무역규칙 제6조에는, 조선 측은 개항장에 거류하는 일본인민이 식료품으로 미곡류를 구입하는 것을 허가한다는 내용이 들어 있는데, 그 조문을 '사후(嗣後) 어조선국 항구 주류 일본인민 양미급 잡곡등 수출입'이라고 해놓았다. 그런데 일본은 '거주하는 일본인'이라는 의미의 '주류 일본인'이라는 자구를 고의로 탈락시키고 '이후 조선국 제(諸) 항구에서 양미와 잡곡을 동시에 수출입할 수 있다'로 문서의 내용을 은밀히 고쳐놓았다. 국가 간의 교환문서를 변조한 것이다. 그리하여 그 후 조선 정부의 뜻을 따르지 않고 대량의 미곡이 조선으로부터 일본으로 수출되는 길을 열었다. 특히 왕복문서로 수출입세를 부과하지 않을 것을 약정하여, 1883년 7월 조선에서 '일본인민 무역의 규칙' '조선국 해관세목(海關稅目) 및 속약' 등이 조인되기까지 무관세무역이라는 기묘한 상황을 조성해놓았던 것이다.

이와 같이 강화도조약 제1관의 규정과는 상반되게, 조선은 일본에 의해 가혹한 착취를 당하는 불평등조약을 강요당하게 되었다. 이상의 내용에 비추어볼 때, 앞서 말한 바와 같이 메이지 정부 초기의 대 조선정책은 후쿠자와의 사상과 밀접한 관계를 가지고 있음을 알 수가 있다.

아시아 헤게모니, 대등한 것조차 수치다

그렇다면 후쿠자와의 눈에 비친 '임오군란'은 어떠한 것이었을 까. 1882년 4월 25일자 『시사신보』 사설 「조선 원산진의 변보」에 서 후쿠자와는 '원산진에 재류하던 일본인이 불의에 조선인의 습 격을 받아 즉사자도 있고 중상자도 있다'고 보도했다.

"조선인은 미개한 백성이다. 하물며 동북의 함경도 원산진 지 방이라면 지역은 지극히 벽지에 사람은 지극히 완고하고 비루 하여, 세계 만국과 교통 무역의 길을 모르는 것은 물론 조선 밖 에 일본과 중국이 있다는 것도 모를 정도의 민도다. 그런 지경 이니 거류하고 있는 우리 국민을 마치 마귀나 짐승 혹은 해적과 같이 보고, 하루라도 빨리 제거하고 싶은 마음이 들 수도 있겠 다."(「조선 원산진의 변보」, 『시사신보』, 전집 8, 83~84쪽)

후쿠자와는 이 사건을 전하면서 시종 경멸적인 묘사로 민족감 정을 선동하여 일본 독자들의 반한의식을 고조시켰다. 그는 조선 인의 반일감정을 비난하면서, 결단성이 부족한 일본 정부의 정책 에도 이 사태의 원인과 책임이 있다고 지적했는데, 가령 원산진에 일본의 군함 세 척, 육상 단속근무경찰 50명, 육군사관 20명 정도 만 파견했더라면 이런 불상사는 일어나지 않았을 것이라고 주장 했다.[13] 무력으로 위협을 가했다면 미연에 방지할 수도 있었을 사태였음을 환기시키며 일본 정부에 군대의 파견을 촉구하는 것이었다.

같은 해 7월 군란이 발발했고, 일본 정부는 충격을 받는다. 후쿠자와는 「조선정략」이라는 사설을 발표했다.

"조선의 변사(變事)에 관해서는 그제 어제 신문 사설로 견문했던 사정을 기술했고, 또 우리 정부가 그 변란에 대처해야 할 방법에 관해서도 지체 없이 소견을 진술했다. 대저 이번의 저 완고한 패거리들의 폭발에 즈음하여 일단 그들의 목표대상에 해당하는 사람은 조선에 있는 우리 동포로, 말하자면 하나부사 공사 이하 20여 명인데, 폭도들이 적으로 삼은 것은 결코 이 20여 명에 한하지 않는다. 무릇 일본인이라면 모두 죽이고 또 물리치려드는 자들이다. 이들은 비단 일본사람뿐 아니라 조선의 자국민과 다른 인류라면 모두 물리치려든다. 그 사람들을 미워하는 것만이 아니고 그 사람들이 하는 행위를 혐오하고, 또 그 물건을 기피하고, 심지어 옛 조선의 사물과 다른 것은 일절 배제하겠다고 다짐한 자들이니, 그 완미고루(頑迷固陋)함은 과거 우리나라의 황학자들이 서양 선진국을 혐오하여 그 나라의 사람들까지도 물건들까지도 일절 배척하고자 했던 것과 마찬가지다. 이런 형편이니 저 폭도들은 문명의 적이고, 이번에 우리 정부가 이 적을 향해 책할 것이 있다면 이는 문명을 위해 책하는 것이다."(「조선정략」, 『시사신보』(1882년 8월 2일자),

전집 8, 251쪽)

조선인을 모멸적으로 표현하는 기본적인 태도는 이 문장에서도 변함이 없지만 다소 냉정하고 이성적으로 기술하려는 자세도 보인다. 일단 조선국의 책임을 추궁한 뒤, 조선 정략을 실천하는 데 무엇보다 중요한 것이 군사력이라는 사실을 강조하고 있다는 데 주목할 필요가 있다. 중요한 것은 폭력행위는 폭력으로 해결해야 한다는 극단적인 애국심이 문장 속에 뿌리내리고 있다는 것인데, 일찍이 구미 열강에 의해 강제되었던 경험을 이제 조선에 되돌려 주겠다는 심산임을 알 수 있다. 이처럼 후쿠자와가 조선과 중국 문제에서 매우 과격해지는 경향을 보이는 데는 대체 어떤 이유가 있는 것일까.

후쿠자와는 조만간 제국주의시대가 도래할 것을 예측하고 있었다. 구미의 열강들이 군사적 압박을 통해 무기로 아시아를 공략하고 또 식민지화를 추진해갈 것임을 국제정세의 동향을 통해 간파했던 것이다. 그는 1884년 9월에 출판한『시사소언』의 제4편「국권에 관한 것」에서, 이 논설을 쓰게 된 근본 목표는 오로지 '군사력을 강성하게 하여 국권을 확장'하는 데 있음을 명확히 밝히고 있다.

"무릇 아시아와 유럽 양대 지역을 비교하더라도, 아시아 대륙의 북방 시베리아는 러시아의 관내이고, 그 남부의 인도 지역은 영국의 관할이 되었다. 요컨대 아시아 대륙의 절반은 이미 서양인의 수중에 떨어졌고, 나머지 절반 가운데 독립국가를 세운 곳은 그 서쪽 방향의 터키 관할을 제외하고는 없는 실정이다. 동으로 아라비아, 페르치스탄, 토르키스탄[14] 등 여러 나라가 아직 야만의 상태를 벗어나지 못했고 독립국가라고도 할 수 없다. 그러므로 독립국이면서 이름이 알려져 있는 나라를 헤아려보면 페르시아, 샴(태국), 중국, 조선 그리고 일본 정도일 뿐이다. 일반적으로 이들을 동양 제국(東洋諸國)이라 칭한다."(『시사소언』, 전집 5, 183쪽)

이 인용문에서 그는 서구 제국주의의 침략에 대응하는 아시아 국가들이 얼마나 무방비하고 국제정세에 무관심한지 그 실상을 적시하고, 이웃 나라 중국과 조선이 열악한 상태에 머물러 있는 이상 일본이 이들 국가와 동맹을 하거나 아니면 무력을 사용하여 강제적으로라도 유럽 열강들과 대치해야 한다고 주장했다. 그는 자신의 '국권론'이 이웃 나라를 향해서도 영향력을 발휘할 것을 기대하면서, 군사비, 군함의 수, 육해군 병력, 인구수 등의 구체적인 자료를 수집해 서구 열강 6개국과 일본을 매우 냉정하게 비교 분석한 뒤, 동서양의 현황과 향후의 대책, 그리고 선택에 대해 진지한 논의를 하고자 했다.

　"서양 제국(西洋諸國)의 인민은 스스로 '기독교 국가'

(Christian Nation)라 부르면서 분명하게 자타의 구분을 하는데, 이른바 '만국공법' 또는 '만국 보통의 권리' 운운하며 일컫는 그 '만국'이라는 말은 세계의 모든 나라라는 의미가 아니라 단지 기독교를 믿는 나라를 의미할 뿐이다. 적어도 이 종파 이외의 국가에 가서 일찍이 이 '만국공법'이 시행된 예를 보지 못했다."(『시사소언』, 전집 5, 184쪽)

기독교문명이라는 역사적 배경을 공유하고 있는 유럽에도 국가 간에 강한 나라와 약한 나라가 있어서 서로 간 전쟁이 일어난다. 그러나 유럽인이 같은 유럽을 통치하거나 지배할 경우에는, 가령 영국인이 인도 백성을 지배할 때처럼 잔인하거나 극악하지 않다. 이처럼 무도한 강압은 유럽 사람들이 아시아나 아프리카에서 행사하는 정책에서만 나타난다는 것이다. 그는 구미 열강의 이러한 정서를 동아시아인들에게 전달하여 문명국 일본의 깃발 아래 아시아를 결속시키는 명분으로 삼고 싶었는지 모른다.

"이를테면 다년간에 걸쳐서 영국인이 인도인을 극악하게 통치해온 것은 정말이지 인간의 교류라고 말할 수 없다. 물론 허약하기만 했던 인도가 이런 폭정을 막을 국력이 없었기 때문이라고 하겠지만, 폭정의 이유가 무력하다는 것 하나라 한다면 서양의 여러 나라 가운데도 국력이 약한 나라는 얼마든지 있다. 이들 약소국가를 통치할 때도 인도에 하듯 해야 할 텐데 일찍이 그러한 사례가 없었던 것은 무엇 때문일까. 국력의 유무와 관계 없이 '동류'(同類)와 '이류'(異類)에 대해서 그 통치법을 달리 한 것이라 하지 않을 수 없다."(『시사소언』, 전집 5, 184쪽)

일찍이 아시아에서 서양사람들이 어떤 폭압을 행사해도 이를 옆에서 지켜보면서 참견한 자가 없었다는 점을 들어, 후쿠자와는 이것이 동서양에 상호 우의가 없는 증거라고 했다. 오직 힘으로 서로 대적하는 길 외에 방법이 없는 제국주의의 윤리를 감지했던 것이다. 그는 또 중국이 이미 1792년에 영국의 사절을 맞이하여 국교를 수립했으면서도 서양의 문물과 제도를 제대로 배우고 받아들이지 못하고, 국가의 체면만 믿고 이웃 나라 일본을 무시해왔을 뿐만 아니라, 수천 년 동안 '음양오행설'에 빠져 진리와 원칙을 추구하지 않은 결과 문명 후진국이 되고 말았다는 사실에 주목했다. 그리하여 이제 유럽의 열강과 대결하여 국가의 독립을 완수할 수 있는 나라는 아시아 국가 가운데 일본이 유일하다고 믿었다.

임오군란 이후 조선과 중국에 대한 후쿠자와의 강경한 태도는, 서구 열강에 저항하면서 일본을 아시아의 지도적 국가로 부각시키는 쪽으로 발전해갔다.

후쿠자와의 조선관에는 언제나 중국의 모습이 배경이 되고 있다. 1882년 8월 21일자 『시사신보』에 실린 사설 「일·중·한 3국의 관계」에서는 조선에 대해 종주권을 행사하는 청나라에 대해 그 간섭을 배제시켜야 한다는 의지가 강하게 전개되고 있다. 또 8월

29일의 사설 「중국 국론에 질문하다」에서는 전쟁을 해서라도 '동양의 노대휴목(老大朽木)을 일격에 좌절시키겠다'는 결단을 밝히고, 대원군이 청나라와 긴밀한 관계를 맺는 데 대해 매우 불편한 심경을 토로했다.

이미 1882년 8월 2일자 사설 「조선정략」에서 조선의 김옥균을 언급했던 그는, 임오군란의 사후 처리를 위해 특파대사로 일본에 온 박영효의 수행원 김옥균을 만났다. 김옥균은 이전에도 일본을 방문한 적이 있어서 후쿠자와는 면식이 있는 사이였다. 김옥균은 대원군의 전제정치 타도와 반중국정책을 지향하는 조선독립당의 활동을 위해 일본 정부가 원조를 해줄 것을 청원했다. 그는 특히 일본의 조야에 막강한 영향력을 가지고 있는 후쿠자와에게 기대하는 바가 컸다.

1882년 이후 후쿠자와의 중국관련 사설이 많아지게 된 것도 이런 사정 때문이라고 할 수 있다. 특히 1883~84년에 걸쳐 인도차이나 반도를 둘러싸고 중국과 프랑스의 분쟁이 커져가자 후쿠자와는 중국이 이미 아시아 맹주로서의 체면과 지위를 실추한 것으로 단정하기에 이른다. 다음은 1882년 9월 6일자 사설 「조선, 새 약속의 실행」의 인용문 일부다.

"조선의 노후하고 완고한 유학자들은 걸핏하면 중국을 상전의 나라로 생각하여, 일본에 가까이 다가오기보다 청나라와 친하고자 하는 정서가 없지 않다."(「조선, 새 약속의 실행」, 『시사

신보』, 전집 8, 331쪽)

그는 청나라를 강하게 의식하여, 조선의 민심을 청나라로부터 분리하여 일본 쪽으로 끌어당기기 위한 묘안을 짜내기 위해 그 배려의 조건들을 놓고 고심한다. 그리하여 그는 조선에서 받은 배상금 50만 엔을 다시 조선 정부에 증여하도록 하자는 의견을 일본 정부에 요청하는 논조를 전개했다. 그리고는 일단 이 돈을 증여한 후 조선 정부가 남용하거나 달리 무익하게 사용할 수 없도록 일본 정부가 용처를 감독해야 한다는 묘책을 내놓았다. 합법적으로 간섭할 수 있는 근거를 마련하자는 것이었다.

"50만 엔을 선물하는 것은 우리 정부의 배려가 의(義)를 위해서지 이익을 위해서가 아니라는 점을 명백히 하고, 조선의 조야가 우리의 관대함에 감동하여 함께 문명으로 나아갈 생각을 일으키게 만드는 한편, 청나라에게는 개운하게 시기심과 의심을 풀게 만드는 방편이기 때문에 일거삼득의 훌륭한 방법일 것으로 믿는다."(「조선, 새 약속의 실행」, 『시사신보』, 전집 8, 337쪽)

이러한 후쿠자와의 제안이 효력이 있었는지, 조선에 대한 외교적 경제적 침탈이 전개되는 가운데 1884년 11월, 일본 정부에 의해 우선 40만 엔이 반환되었다.

후쿠자와의 문장에서 청나라는 끊임없이 일본과 조선의 문명화를 방해하는 구세력으로 파악되고 있다. 그런 의미에서 앞서 언급한 사설 「동양의 정략, 과연 어찌할 것인가」는 중요한 의미를 갖는데, 이 글은 완전히 청나라를 비난하기 위해 쓴 것으로 볼 수가 있다. 여기서 그는 조선의 독립을 달성하기 위해서는 군비 증강에 의한 국권의 확장을 바탕으로 조선에 대한 청나라의 야심을 봉쇄하는 것 외에 다른 방법이 없다고 천명했다. 결국 청나라와 일본이 서로 싸우지 않으면 안 될 시점이 오고 있음을 예견하고, 사설의 내용을 청나라 비판에 집중했던 것이다.

일본은 동양에서 문명의 선구적인 존재인 만큼, 동양 3국 외교의 선봉장이 되어 서양정책을 수행하는 데 주변국이 상호 협력적이어야 함에도, 중국은 3국 공동의 대의를 망각한 채 변란을 즐기고 있는 존재일 뿐이라고 후쿠자와는 공격했다. 일본은 중국과 조선에 대해 조금도 원한과 같은 정서를 가지고 있지 않을 뿐만 아니라 철두철미하게 평화주의를 외치고 있는데, 후쿠자와가 보는 중국은 줄곧 일본의 거동을 주시하면서 극도의 시기심으로 일본의 일거일동에 기쁨과 슬픔을 표출하는 나라였다. 후쿠자와는 또 일본의 목표는 오로지 동양 3국의 문명개진뿐인데, 오직 중국 정부만이 이를 달갑게 여기지 않는다며 중국을 향해 저주에 찬 목소리를 높였다.

이 시점에서 후쿠자와는, 일본의 군비가 구미에 비해서는 말할 것도 없고 청나라와 비교해서도 뒤진다는 것을 크게 염려하고 있었다. 육군에는 무기와 군량미가 부족하고 해군에는 군함이 부족한 실정을 들며, 지금부터 군사비를 투자하여 군비 확장을 촉진해야 한다고 제안했다. 그는 군비 증강의 예산 확보를 위해 국회가 개원하는 1890년까지 기다리는 것은 시간적으로 너무 늦다고 정부와 민간에 호소하고 나섰다.

> "오늘의 육·해군의 군비를 이대로 방치해두고 지금까지의 군비로 지금까지의 병사들을 양성하고, 지금까지의 군함을 유지하여 그것으로 메이지 23년을 기다릴 것인가.〔……〕그때 국회를 개원한 일본은 이미 서양의 제 열강으로부터도 멸시를 당할 뿐만 아니라, 우리가 늘 대등하다고 말하는 것조차 다소 수치스럽게 여기던 그 중국 사람들에게까지 기선제압을 당해, 동양의 정략을 좌지우지하는 곳은 베이징 정부니 어쩌니 하는 기이한 광경을 보게 될 것이다."(「동양의 정략, 과연 어찌할 것인가」, 『시사신보』, 전집 8, 434쪽)

아시아의 헤게모니를 청나라에 빼앗겨서는 안 된다는 집념에 강하게 사로잡혀 있던 후쿠자와는, 국권 확장을 위해 시급히 군비 확충에 나서야 한다고 주장했다. 바로 국권론자 또는 국권확장론자로서의 후쿠자와 유키치의 면모가 여실히 드러나는 장면이다.

후쿠자와는 처음에는 조선과 청나라와 일본이 협력하여 유럽 정략에 임한다는 전략을 표방하고 있었다. 그러다가 점차 청나라에 대한 집요한 비난에 열을 올리더니, 이제 조선의 종주권을 둘러싸고 청·일 양국 간의 군사적 대립까지 공언하고 나섰다.

그의 중국관과 대 중국 전략이 이처럼 변모하게 된 요인은 무엇이었을까. 두 가지 관점에서 생각해볼 수 있는데, 우선 첫째는 조선의 상황변화다. 임오군란의 결과 일본에 철저한 반감을 가졌던 대원군이 실각하고 조선의 정치는 섭정에서 벗어나 왕정을 되찾게 되었다. 그러나 국정은 왕후 일파에 의해 독점되고 일본은 소외되었다. 후쿠자와가 진보 세력으로 촉망하던 독립당의 지도자 김옥균은 고립상태에 놓였다. 둘째는 서구 제국주의의 압력이다. 임오군란이 일어난 이듬해 프랑스가 베트남을 침략하지만 청나라는 조선 문제로 인해 속수무책이었다. 군사적인 대응이 불가능한 상황까지 몰리게 되었던 것이다. 또한 일본 국내의 자유민권운동이 격화되었던 것도 이유의 하나로 들 수 있다. 대륙의 거인은 점점 작아지고 있었고, 소란스러워지는 내정은 힘을 응집할 수 있게 해줄 외부의 대상을 필요로 하고 있었다.

또 하나 빼놓을 수 없는 것은, 구미사절단의 일원으로 항해하던 중 그가 홍콩에서 목격한 무례한 영국인이었다. 당시 중국인을 대하는 영국인의 오만한 태도를 보고 그는 크게 충격을 받았는데, 그 기억이 그를 확고한 내셔널리스트로 만들었을 것이라는 추론이 설득력을 갖는다.

청일전쟁, 후쿠자와 사상의 총결산

1883~84년에 걸쳐 일본과 청나라 사이에는 조선을 둘러싸고 하나의 중대한 전기가 찾아왔다. 바로 1884년 9월에 발발한 청일전쟁이 그것이었다. 서구 제국주의는 이미 중국을 직접적인 목표로 삼고 있었고, 조선 역시 그 영향권 안에 있었다.

베트남 지배권을 둘러싸고 청나라와 프랑스는 전쟁에 돌입했다. 전쟁이 한창인 가운데, 일본의 장래에 중국의 전도가 심각하게 작용할 것으로 판단한 후쿠자와는 「중국인민의 전도, 매우 다사(多事)하다」라는 사설을 발표했다. 그는 청나라와 프랑스의 전쟁을 냉정한 시각으로 관망하면서, 중국대륙에 넘치는 살기에 대해 우려했다. 그러한 우려가 언제 일본에 영향을 미칠 것인가 하는 문제와 또 자유민권운동이 일본의 정국을 불안하게 만들고 있는 점 등을 들어서 우선 관민의 조화와 국력의 충실이 시급하다는 점을 환기시키고자 했다.

청나라와 일본 사이에 전쟁이 불가피한 것으로 예견하고 있던 후쿠자와가 양국 문제에서 가장 경계했던 것은 서구 열강의 간섭이었다. 아시아 침략의 기회를 엿보고 있는 독일과 인도차이나 반도에 침입하여 청나라에 충격을 준 프랑스의 군사행동에 후쿠자와는 촉각을 곤두세웠다.

그는 1884년 8월 9일 「조선에서 발생하는 일본의 이해(利害)는 결코 경소(輕小)하지 않다」라는 사설에서, 임오군란 후 청나라에서 대원군을 납치한 행위와 이른바 청나라의 종주권에 대해 서둘러 강력하게 비난해야 할 것이라고 내외에 호소했다. 그리고 8월 15일의 사설 「맥이 이미 멎었다」에서는 "은밀히 중국의 명맥을 진단하건대, 도저히 길게 유지할 수 없다고 믿는다"[15]는 확언으로 노후한 대국의 종말을 예언했다.

그는 프랑스의 침략으로 고통받는 청나라의 현실을 20년 전 막부 말기의 일본에 비유하기도 했다. 그리고 서구 시민사회가 표면적으로는 발달된 문명사회로 여겨지겠지만, 사실은 수많은 모순으로 가득 차 있다고 지적했다. 즉 문명이란 인간사회의 표면일 뿐이어서 다른 쪽에서 들여다보면 또 다른 참담한 모습 역시 틀림없이 존재한다는 것이다. 후쿠자와는 열강들의 침략행위가 이러한 모순을 덮어버리기 위한 것이라고 보았다. 그는 1884년 9월 25일자 사설 「중국을 멸하여 유럽이 평화롭다」에서 이렇게 말했다.

"사실 유럽사회에서 중국의 변방을 침략하여 자국 내의 우환을 완화해야 할 필요가 있을 때, 어느 나라의 누가 발의하고 발언하든 수년을 기약하여 그 침략행위를 실행에 옮긴다는 것은 의문의 여지가 없다. 왜냐하면 유럽 사회의 불평불만도 사정이 점차 절박해지고 있기 때문이다."(「중국을 멸하여 유럽이 평화롭다」, 『시사신보』, 전집 10, 46쪽)

이것은 후쿠자와가 국제정세를 얼마나 포괄적으로 통찰하고 정확하게 판단하고 있었는가를 말해주는 대목이라고 할 수 있다.

1884년이 되자 중국에 대한 그의 인식은 더욱 격해졌다. 그는 10월 15~16일의 사설에서 "장차 중국은 동양의 폴란드가 될 것이 불가피하다. 만약 그런 사태가 온다면 조선의 운명은 미루어 짐작할 수가 있다. 따라서 일본의 독립을 보존하는 것 역시 위협을 받을 수밖에 없다"[16]는 예측을 내놓았다.

신임하던 조선의 김옥균이 12월 4일 갑신정변을 일으키고 국왕을 옹립하여 친일정권을 세웠으나, 청나라의 공격을 받고 실패한 뒤 일본으로 망명한 사실에 그는 크게 분노하고 실망한다. 후쿠자와는 망명한 김옥균과 그 일행을 은닉해주고 물질적으로도 원조를 해준 것은 물론, 이미 정변이 일어나기 전부터 김옥균을 통해 조선 독립당의 거사를 암암리에 지원하고 있었다.

물질적 정신적 지원 속에 일어난 갑신정변이 실패한 후 청나라에 대한 후쿠자와의 태도는 돌변했다. 조선을 향해서는 증오에 찬 독설을 노골적으로 퍼부었다. 특히 「조선사변」(12월 15일), 「조선에 일본당 없다」(12월 17일), 「우리 일본에 불경(不敬)과 손해를 가한 자가 있다」(12월 18일), 「조선사변의 처분법」(12월 23일) 등 일련의 사설을 통해 조선 정부를 향해 저속하고 호전적인 격분을 폭발시켜갔다. 그 주된 논점은 "조선의 일본당이 김옥균 등의 몰락으로 사라졌다. 중국과 조선은 가해자이고 일본은 피해자이니 그 책임은 전적으로 청나라에 있다. 조선의 정치·외교 혼란의 책임 역시 청나라에 있고, 청·일 양국 간의 전쟁은 이제 불가피하게 되었다. 전쟁이 일어나면 필승의 승산이 있다. 승리를 위해 국권을 확장하고 군비를 증강해야 한다. 따라서 국민은 전쟁 수행을 위해 희생을 각오해야 한다"는 내용이었고, 일반 국민들 역시 이에 공감하고 나섰다.

후쿠자와에게 청일전쟁은 '근대문명'과 '고루와 구폐'가 동아시아에서 맞서는 싸움이었고, 개화 노선을 걷는 일본과 유교사상에 안주해 있는 청나라가 대결하는 전쟁이었다. 그러므로 청일전쟁에서의 승리는 자신의 오랜 숙원이 결실을 맺는 사건이었던 셈이다. 그는 청일전쟁의 승리에 대해 그 소회를 이렇게 말했다.

"그런데 회고하여 이 세상을 보건대 견디기 힘든 일도 많은 것 같으나 한 나라 전체의 대세는 개진과 진보 일색이라, 나날이 발전하여 수년 뒤에 하나의 형태를 이루어 나타난 것이 일청전쟁과 같은 관민일치의 승리다. 유쾌하다는 말로도 고맙다는 말로도 표현할 수가 없다. 목숨만 붙어 있다면 이런 일은 보게 되는 것이다. 먼저 세상을 떠난 동지, 친구들이 애석하다. 아아, 보여주고 싶구나, 하고 나는 번번이 울었다. 진실을 말하자면 일청전쟁은 아무것도 아니다. 다만 이것이 일본 외교의 서막이기는 하나 그리 기뻐할 것도 아닌데, 당시의 정황에 압도되어 무아지경이 되지 않을 수가 없는 것이다. 오늘의 이 기쁨이 어디서 기인했는가 하니, 새로운 일본의 문명과 부강은 모두 선조들이 남겨서 전해준 공덕에서 유래하는 것이고, 우리는 때마침

호시절에 태어나 조상이 내려주신 선물을 그저 받기만 한 것이 틀림없다. 여하간 내가 기원해오던 소원이 하늘의 은총과 조상의 여덕으로 순조롭게 이루어졌으니, 나에게는 제2의 '대원(大願) 성취'라 하지 않을 수 없다."(『후쿠옹자전』, 전집 7, 259쪽)

제2차 세계대전이 끝난 뒤 민주주의에 대한 일본인의 관심이 고조되면서, 일본 학계를 중심으로 민주주의 창도자로서의 후쿠자와 유키치에 대한 재조명이 진행되었다. 그에 대한 연구가 활발히 전개되고 있을 때, 그토록 전쟁을 찬미하고 지지했던 후쿠자와의 진면목을 드러나게 한 이 인용문은 새삼 관심의 초점이 되기도 했다.

그러나 지금까지 관찰해온 바에 의하면, 후쿠자와가 청일전쟁의 승리에 열광적인 감격을 토로한 그 필연성에 대해서 일본인들은 충분히 이해를 하고 있는 것 같다. 부국강병이 삶의 목표였고 그 목표를 향해 관민조화와 아시아 정략을 설파했던 그에게 청일전쟁은 그 결산의 의미가 있었기 때문이다.

메이지유신 이후 일본은, 아시아의 한 국가로 살아가야 할 것인가, 구미의 한 국가로 살아가야 할 것인가, 아니면 양자의 조화를 이루며 살아가야 할 것인가 하는 것이 하나의 국민적인 과제였다. 근대 100년의 역사 속에서 일본인의 아시아관이 변모해온 과정은 시간대를 크게 세 개로 나누어서 설명할 수 있는데, 첫 번째 시기는 1894~95년의 청일전쟁 이전이고, 두 번째는 청일전쟁 이후부터 1945년 제2차 세계대전 패배까지의 시기, 그리고 마지막이 패전 이후 현재까지의 시기다.

적어도 청일전쟁 이전까지는 전통적인 아시아관이 일본에서 거의 지배적이었다고 할 수 있는데, 이것은 다시 말해 유교문화에 대한 존경심에서 중국을 동경하던 아시아관을 의미한다. 일본문화의 골격과 뿌리는 아시아 대륙의 선진 문화, 즉 중국과 조선에서 비롯하여 멀리는 인도까지를 포함하는 문화에 의해 형성되었다. 조선을 통해 이식된 유교가 막부 시대 무사의 교양에 근본을 이루었던 만큼 조선과 중국에 대한 존경심은 확고한 것이었다.

그러나 청일전쟁의 승리는 이러한 전통적인 조선관과 중국관을 일변시키고 말았다. 국민의 적개심에 의존한 정부와 언론은, 교사와 승려 집단을 포함한 모든 지식층까지 동원해서 왜 청나라와 전쟁을 하지 않으면 안 되는지 그 필연성을 선동하고 나섰다. 그리하여 청일전쟁부터 제2차 세계대전 후 패망에 이르는 반세기 동안 근대 일본에서는 아시아 국가에 대한 전통적 인식의 틀이 무너졌고, 조선 및 중국과의 사이에는 돌이킬 수 없는 감정의 골이 생겨났다.

상처투성이의 아픈 역사 속에 상대를 향한 적개심은 오늘날까지도 완전히 해소되지 않은 채이고, 정도의 차이는 있으되 동아시아에서의 긴장관계 또한 여전히 불식되지 않고 있다. 국가와 이념을 넘어서 인류가 공영할 수 있는 길을 찾기 위한 성찰이 우리 모두에게 요구되는 현실이지만, 그에 앞서 역사와 진실 앞에 겸허하게 반성하고 사죄하는 자세가 우선되어야 함은 누구도 부인하지 못할 것이다.

탈아론, '위대한' 문명사상가의 제국주의론

1884년 12월의 갑신정변 실패, 김옥균의 일본 망명, 그리고 이 듬해에 독립당과 관련이 있는 사람은 그 가족까지 무차별 처형당 하는 일련의 사태를 확인한 후, 후쿠자와는 1885년 3월 16일자 『시사신보』에 「탈아론」(脫亞論)이라는 문제의 사설을 실었다. 이 런 정황을 접한 후쿠자와는 「탈아론」에서 조선을 '요마악귀의 지 옥국'으로 표현했다. 이는 청나라와 조선을 향한 관계 단절 선언문 과 같은 것이었다. 「탈아론」은 한국국민에게 가장 많이 알려져 있 는 후쿠자와의 문장이다.

"우리 일본의 국토는 아시아의 동쪽 끝에 있다 하나, 국민의 정신은 일찍이 아시아의 고루를 벗어나 서양의 문명으로 이동 했다. 그럼에도 불행한 것은 이웃 나라 문제로 인함이니, 하나 를 중국이라 하고 하나를 조선이라 한다. 이 양국의 백성도 과 거 아시아 방식의 정치·종교·문화로 길들여진 것은 우리 일 본국민과 다르지 않으나, 그 인종의 유래가 특별한 것인지, 같 은 정치·종교·문화 속에 있으면서도 유전과 교육의 취향이 같지 않은 것인지,〔······〕나의 견식으로 이 양국은 현대의 문명 이 동쪽으로 점차 이동하는 상황에서 도저히 그 독립을 유지할 대책이 없다. 다행히 그 나라에 지사가 출현하여, 정치발전의 대책에 착수하여 크게 그 정부를 개혁하는 일, 즉 우리의 유신과 같은 거사를 기도하고, 일단 정치를 개혁하고 더불어 민심을 일신하는 등의 활동이 있어 각별했는데, 뜻밖에 그러하지 못한 사태로 지금보다 수년 앞서가지 못하고 망국으로 변하여, 그 국토는 세계 문명 제국의 분할로 귀착하고 말 것이 한 점의 의심도 없다.〔……〕 우리나라는 이웃 나라의 개명을 기다려 함께 아시아를 일으킬 유예(猶豫)가 없다. 차라리 그 대열을 벗어나서 서양의 문명국과 진퇴를 함께하고, 중국과 조선을 상대하는 방법 역시 이웃 나라라 하여 특별히 배려할 필요 없이 서양인이 이들을 대하는 방식에 따라서 처분해야 할 것이다. 악우(惡友)를 가까이하는 자는 함께 악명(惡名)을 면치 못할 것이다. 우리는 마음으로 아시아 동방의 악우를 사절하는 것이다."(「탈아론」, 『시사신보』, 전집 10, 239~240쪽)

「탈아론」은 2300자 정도로 작성된 단문 형식의 사설이다. 이 글에서 후쿠자와는 일본이 아시아의 이웃 국가와 결별하고 서구 열강과 같은 보조를 취할 때가 왔음을 내외에 천명했다. 조선과 중국에 대한 후쿠자와의 인식과 함께 그의 대 서구관이 완성된 것이었다.

'탈아'란 아시아를 벗어난다는 의미다. 이 사설에 따르면, 일본은 '일체만사 현재의 서구문명'을 취하여 낡은 관습과 제도를 깨

뜨렸을 뿐만 아니라 아시아의 새로운 중심을 열었다. 그 지향하는 바의 이상이 곧 '탈아'인 것이다.

국토는 비록 아시아의 동쪽 끝에 위치하고 있으나 국민의 정신은 이미 아시아의 고루를 벗어던지고 서양의 문명세계로 이동했다. 그런데 조선과 중국은 아직도 유교주의에 의존하여 문명개진의 길을 찾지 못하고 고풍과 구습에 연연하고 있다. 이 상태로는 수년이 지나지 않아 국가가 멸망하게 된다는 것이 후쿠자와의 예측이었다. 따라서 조선과 중국은 일본의 국익에 도움이 되지 않을 뿐만 아니라 오히려 일본이 서양으로부터 사소한 오해를 받을 원인을 제공할 수도 있다. 이 두 나라의 정부가 전제주의를 신봉하고 있으면 일본 역시 이들과 같은 부류로 취급될지도 모른다. 이것은 외교적인 견지에서 볼 때 불리하게 작용할 수 있다. 그러므로 일본은 이들 국가와 협력하여 아시아를 지켜야 한다는 생각을 버리고 이런 부류에서 벗어나 서양의 문명국들과 행동을 같이해야 한다. 후쿠자와는 이렇게 판단하고 조선과 중국을 '악우'로 표현하여 '우리는 마음으로 아시아 동방의 악우를 사절한다'고 결론을 내렸다.

그는 문명론적 아시아론의 제시 단계에서부터 이미 아시아를 정체된 사회로 인식하고 경멸의 감정을 숨기지 않았다. 때문에 '탈아론'의 논리는 오늘날에 와서는 한국과 중국은 물론 일본에서조차 비판적인 평가가 이루어지고 있다. 그러한 비판의 공통점은 지배와 차별에 대한 관념 때문이다.

이 사설은 일본 제국주의의 이론적 출구 역할을 자임하고 있었으나, 결과적으로 '탈아론'은 문명사상가 후쿠자와 유키치의 최대의 약점이 되고 말았다. 일본인의 대 한국 인식에 탈아론적 사고가 여전히 존재하고 있다면 이것은 역사의 불행이라 하지 않을 수 없다. 그러한 사고가 존재하는 한 일본인의 대 한국 인식의 변화는 기대하기 어렵다.

주註

후쿠자와 유키치는 어떤 사상가인가

1 요즈음은 '福沢諭吉'로 표기하는 경우도 많다.
2 네덜란드어로 이입되는 서양의 학술. 의학, 수학, 군사학, 천문학, 물리학, 화학 등의 학술에까지 이른다.

1 문명을 일군 정신에서 서구를 배운다

1 지금의 오이타 지역과 후쿠오카 현의 동부지방.
2 『福翁自傳』, 福澤諭吉全集 第7卷, p. 10.
3 번 소속의 무사. 번신이라고도 함.
4 나카쓰 번을 지배하던 영주의 성씨.
5 자살이라는 설도 있으나 분명치 않다.
6 나카쓰 번주의 공식 관직명.
7 오곡 신을 모셔놓는 작은 사당으로, 집집마다 마당 한편에 있었다.
8 『文明論之槪略』, 全集 第4卷, p. 158.
9 『通俗國權論』2篇, 全集 第4卷, p. 671.
10 하집사와 같은 의미이나 전자는 한문 투이고, 후자는 일본어 표현.
11 일본의 개항을 요구하러 온 미국의 함선. 대포를 장착한 검은색의 대형

전함이었다.

12 아직 쇄국정책을 고수 중이던 17세기에 나가사키에 건설한 인공 섬. 네덜란드인을 체류시키며 유일하게 이곳에서만 네덜란드와의 교역을 허가했다.

13 막부 말기 정치운동의 하나로 천황의 권위를 절대화하고 개국 반대를 지지하는 운동.

14 에도 막부가 1857년 네덜란드에 의뢰하여 건조한 최초의 서양식 군함.

15 1860년 3월, 사쿠라다 문 밖의 변(桜田門外の変).

16 막부 말기의 사상가이자 군사전문가. 양이파에 의해 암살당함.

17 佐久間象山,『日本思想大系 55』, 岩波書店, 1975, p. 244.

2 문명 像像의 형성과정

1 1862년 8월 21일 요코하마의 나마무기에서 발생한, 일본인 무사에 의한 영국인 살상사건. 이듬해 영국은 가고시마를 포격했고, 막부 정권은 책임을 지고 배상금 10만 파운드를 영국에 지불했다.

2 직계가 아닌 방계라는 뜻으로, 쇼군의 일족도 아니고 주종관계도 맺지 않은 무사를 말함.

3 "조슈 재정벌에 관한 건백서",『福澤諭吉全集』第20卷, p. 10.

4 『福澤諭吉全集緒言』 참조.

5 1867년 에도 막부가 천황에게 국가 통치권을 돌려준 사건. 존왕양이론자들을 무마시키려는 타협안에 따른 권력 봉환이었으나 이후 신속하게 왕정복고가 이루어지면서 막부가 폐지되기에 이른다. 이로써 675년 동안 계속되던 일본의 봉건제도가 끝나고 천황을 중심으로 한 중앙집권적인 근대국가가 탄생하게 되었다.

6 『西洋事情』初編 2卷, 全集 第1卷, p. 323.

7 『学問のすすめ』, 全集 第3卷, p. 29.

8 『西洋事情』外篇 第3卷, 全集 第1卷, p. 465.

9 간린마루 호를 총지휘하여 도미했던 함장 가쓰 가이슈. 막부 정권에서 해군조련소를 설립했고 메이지 정권에서 해군장관, 추밀원 고문관 등을 지냈다.

10 1868년 2월에 구 막부의 병사 1000여 명이 에도에서 결성한 최후의 군대.

11 지방제도 개혁의 일환으로 다이묘들이 소유해온 영지와 주민을 조정에 반환시킨 조치.

12 전국의 번(藩)을 폐지하고 대신 부(府)와 현(縣)을 두어 중앙집권화의 기반을 구축한 행정개혁.

3 일본 근대사상 성장의 증거

1 河野健二, 『福沢諭吉-生きつづける思想家』, 講談社, 1967, p. 100.

2 이「서문」은 1880년 7월 30일에 기록한 것으로 되어 있다.

3 중국의 한시(漢詩)와 대조되는 일본 고유의 정형시.

4 '만세일계의 황통'을 국체로 삼는다는 보수론자를 이름.

5 712년에 편찬된 가장 오래된 일본의 역사서. 신화와 전설, 가요 등이 많은 분량을 차지하고 있어 오늘날의 역사서와는 차이가 있다.

6 우리의 중인계급에 해당하는 상인과 직인(상공인) 신분의 계층으로 무사와 농민과는 구별된다.

7 갓난아이라는 뜻으로, 임금이 그 백성을 갓난아이처럼 여겨 사랑한다는 의미다.

8 1560년 오다 노부나가가 소수의 병력으로 야간 기습을 가해 이마가와 요시모토의 침공을 물리친 전투. 역사상 가장 화려한 역전극으로 유명하다.

9 에도 시대에 남자하인의 이름으로 흔히 쓰이던 이름.

10 미타는 게이오 의숙이 소재한 지역 이름. 흔히 '미타의 노인'이라 하여 후쿠자와 유키치를 친근하게 부르기도 한다.

11 버클(Henry Thomas Buckle, 1821~62)은 빅토리아 시대의 영국 재야 사학자로 『영국문명사』(*History of Civilization in England*, Vol. 1, 1857,

Vol. 2, 1861)를 저술했다.

12 기조(François Guizot, 1787~1874)는 프랑스의 프로테스탄트 사가로 『유럽 문명사』(*Histoire de la Civilisation en Europe: depuis la chute de l'Empire Romain jusqu'a la Révolution Française*, 1828~30)를 저술했다.

4 앞서지 못하면 제압당하는 것이 이치다

1 막부 정권을 무너뜨리는 데 일조한 사쓰마의 번사. 메이지 정권에서는 육군대장을 지냈다.

2 메이지 정부의 개혁에서 소외되어 여러 면에서 손해를 보게 된 에토 신페이(江藤新平) 등 불평사족들이 규슈의 사가 현을 중심으로 정부에 반란을 일으킨 사건.

3 사이고 다카모리, 이타가키 다이스케(板垣退助) 등이 정한논쟁에서 패하고 권력에서 물러난 뒤 규슈 지방을 근거지로 하여 정한론과 사족의 특권 보호 등을 주장하며 메이지 신정부에 대항해 일으킨 최대이자 최후의 반란.

4 에도 중기의 유학자이자 정치가인 아라이의 대표적인 역사서로, 무가정치 성립과정에서 일어나는 복잡한 역사적 동향을 정리해놓았다. 특히 헤이안(平安) 시대에서 남북조의 분립에 이르는 시기에 조정의 정치 동향에 아홉 번의 변혁(九變)이 있었다 하고, 가마쿠라 막부에서 에도 막부까지의 무가정치의 동향에 다섯 번의 변란이 있었다는 등의 독특한 시대 구분을 하고 있다. 또한 과거로부터 왕조가 몰락하는 과정과 새로운 무가 왕조가 발흥하는 과정을 각각 '상승'과 '하강'의 단계로 구분하여 대비해놓았다.

5 小川信三, 『福澤諭吉』, 岩波書店, 1985 참조.

6 후쿠자와가 고향 나카쓰의 유력자인 시마즈 유타로에게 보낸 4월 24일자의 편지를 말함.

7 伊藤正雄, 『口訳評注 文明論之概略』, 慶応通信, 1972, p. 11.

8 같은 책.

9 메이지 시대의 대표적인 계몽사상가이자 민권운동가. 프랑스 유학파로 일본의 루소라 불리기도 했다. 프랑스어 학숙을 세우고 민권운동에 앞장 섰으며, 자유당 창당에 참여하여 당 기관지 『자유신문』의 주필을 지냈다. 루소의 『사회계약론』을 번역하여 『민약론』(民約論)으로 출간했으며, 무신 론과 유물론 사상의 번역서를 내기도 했다.

10 네덜란드 라이덴 대학 비세링(Simon Vissering) 교수의 강의 노트를 당시 유학생 신분이던 쓰다 마미치는 『태서국법론』(泰西國法論)으로, 니시 아마네는 『만국공법』(萬國公法)으로 번역 출판했다. 또 나카무라 마사나오는 스마일스(Samuel Smiles)의 *Self-help*와 밀(John Stuart Mill)의 *On Liberty*를 번역하여 각각 『서국입지론』과 『자유의 도리』로 출간했다. 그밖에도 1874년에는 '메이로쿠샤'의 동인들이 집중적으로 콩트(Auguste Comte), 스펜서(Herbert Spencer), 밀, 스마일스, 버클 등을 번역 소개하기도 했다. 임종원, 『문명사상』, 2001, 248쪽 참조.

11 伊藤正雄, 앞의 책, p. 12.

12 小澤榮一, 『近代日本史学史の研究: 明治篇』, 吉川弘文館, 1968, p. 156.

13 Henry Thomas Buckle, *History of Civilization in England*; 西村二郎 譯, 『世界文明史』1, 而立社, 1923, p. 55 참조.

14 같은 책, pp. 43~53.

15 버클은 유럽의 문명과 타 지역 문명과의 근본적인 차이점을 지적했는데, 첫 번째는 유럽 이외의 문명에서는 자연의 힘이 유럽에서보다 훨씬 컸다 는 것이고, 두 번째는 이들 자연의 힘이 인간에게 큰 재해를 가져다주었 다는 점이라고 했다. 같은 책, pp. 201~202.

16 고유의 민간신앙이 외래 종교인 유교·불교의 영향을 받아 이루어진 일 본의 민족종교. 신사(神社)와 왕실을 중심으로 퍼졌다.

17 학문의 신으로 추앙받는 헤이안 시대의 정치가이자 한학자. 후지와라 도 키히라(藤原時平)의 모략으로 정계를 떠났다.

18 남북조 시대 남조의 무장. 천황이 실권을 잃고 막부가 권력을 잡은 어지 러운 정세 속에서 막부에 반대하여 군사를 일으켰다가 전사했다. 일본 역

사상 충신의 대명사 같은 존재로, 현재 천황이 살고 있는 에도 성 앞 광장
에 그의 동상이 세워져 있다.

19 남북조 시대 가마쿠라 막부 말기의 천황.

20 François Guizot, *Histoire de la Civilisation en Europe*; 『西洋開化史』,
室田充美 譯, 1875, p. 5.

21 남북조 시대의 두 천황, 교토의 고메이(光明)와 요시노(吉野)의 고다이고
(後醍醐) 천황을 말함.

22 미국의 역사가 커니(Martin Joseph Kerney)가 쓴 『세계사』(*Kerney's
Compendium Of Ancient And Modern History*)를 마쓰야마(松山棟庵)
가 번역하여 1874년에 출간한 책을 읽은 후 후쿠자와가 자신의 의견을
적은 글.

23 伊藤正雄, 앞의 책; 丸山眞男, 『文明論の槪略を讀む』 下, 岩波新書, 1986;
松沢弘陽, 『校注 文明論之槪略』, 岩波書店, 1995.

24 丸山眞男, 『文明論の槪略を讀む』 下, 岩波新書, 1986, pp. 133~134.

5 모든 가치는 상대적으로 정당하다

1 伊藤正雄, 『福沢諭吉: 警世の文学精神』, 春秋社, 1979, p. 54.

2 福澤諭吉, 『福翁自傳』; 『후쿠옹자전』, 임종원 옮김, 263쪽.

3 福澤諭吉, 『文明論之槪略』, 全集 第4卷, pp. 57~58.

4 福澤諭吉, 『文字之敎』, 全集 第3卷, p. 610.

5 정부 또는 막부, 주군 등의 의미.

6 해외무역을 위한 재외 영업소의 수장으로, 외교 업무와 함께 정보 수집의
역할도 겸하고 있었다. 이것이 발전하여 공사, 영사가 되었다.

7 메이지 정부 수립에 활약했던 사쓰마·조슈·도사·히젠(肥前) 번, 특히
사쓰마와 조슈 번 출신 세력을 중심으로 한 정치적 파벌을 말한다. 이들
이 형성한 인맥이 메이지 신정부의 요직을 차지하고 권력을 독점했다.

8 『福澤諭吉全集緖言』, 全集 第1卷, p. 58.

6 그 이치를 실용화하여 사회에 기여하라

1 자연철학자 미우라 바이엔(三浦梅園)의 학통을 이은 한학자로, 네덜란드
어를 독학으로 수학하여 서양의 자연과학에 전념했다.

2 에도 막부 때 유학을 가르치던 관립 학교.

3 에도 후기 유학의 대가로 후쿠오카 번교(藩校)의 교수를 지냈다. 그의 학
통을 '가메이 학파'라 했다.

4 에도 중기의 유학자로 처음에는 주자학을 했으나 이후 고전의 원뜻에 가
깝게 유학을 재해석하여 주자학적 전통에서 벗어나려는 학풍인 고문사학
(古文辭學)을 주창했다.

5 고향의 번을 떠나는 것. 막부체제 아래서는 개인이 자의로 번을 떠날 수
없었다.

6 C.M.H. Pel, *Handleiding tot de kennis der versterkings kunst*, 福澤諭
吉 譯, 「ペル築城書」, 全集 第7卷, 1859.

7 松沢弘陽, 「解說」, 『福澤諭吉全集』第1卷, p. 288.

8 근대과학의 방법론에 큰 공헌을 한 뉴턴의 주저 *Philosophiae Naturalis
Principia Mathematica*(자연철학의 수학적 원리)의 약칭.

9 福澤諭吉, 『西洋事情』, 全集 第1卷, p. 302.

10 福澤諭吉, 『訓蒙窮理図解』, 全集 第2卷, p. 237.

11 영국의 자연철학자이자 물리학자, 천문학자, 수학자.

12 천문학과 물리학을 다룬 『역상신서』(易象新書)와 『역상필비』(易象必備),
도량형과 관련한 『사유도설』(四維圖說), 『제요회전』(諸曜廻轉), 『독역상고
성』(讀歷象考成), 그리고 국제정세 관련 저서 등 연구업적의 양과 질에서
에도 후기 최고의 학자로 평가받고 있다.

13 에도 막부가 설립한 관립 양학교. 네덜란드, 영국, 러시아, 프랑스, 독일
의 외국인 양학 교수들이 있었다.

14 W. Ellis, *Outlines of Social Economy*, 神田孝平 譯, 『經濟小學』, 1867.

15 福澤諭吉, 『西洋事情』外編, 全集 第1卷, p. 420.

16 福澤諭吉, 『西洋事情』二編, 全集 第1卷, p. 485 참조.

17 高橋誠一郎, 『福澤諭吉：人と学説』, 長崎出版, 1979.

18 일본적 기독교를 찾고자 한 사상가이며 무교회주의를 선도한 신학자다. 교육칙어에 대한 경례를 거부하여 불경사건을 일으킨 일화가 유명하다.

19 内村鑑三, 『内村鑑三全集』第10卷, 岩波書店, 1902, pp. 338~340.

20 福澤諭吉, 「同盟罷工の真相」, 全集 第16卷, 1898, p. 199.

21 福澤諭吉, 「今の富豪家に自衛の覺悟ありや否や」, 全集 第16卷, p. 667.

7 '만민평등주의'에서 '아시아 맹주론'으로

1 최고 권력기관인 태정관의 정삼위(正三位)에 해당하는 고위직으로 장관에 상당함.

2 메이지 초기의 입법기관. 오늘날의 국회.

3 가나가와 현의 유지들이 국회개설 청원서를 원로원에 제출하려 할 때, 당시 국회개설론자로 명성이 높던 후쿠자와가 현의 의뢰를 받고 문장을 기초했다. 가나가와 현민과 유지들은 연서로 서명하여 동년 6월 7일에 청원서를 원로원에 제출했다.

4 사쓰마의 번사 출신으로 메이지 정부의 요직을 지냈으나 세이난 전쟁 후 피살되었다.

5 메이지 원년인 1868년 새로운 정부의 정책 방향을 밝힌 성명. 천황이 죽은 역대 천황들에게 이를 서약하는 형태를 취하고 있어 「5개조 서문」이라 한다.

6 천황이 나라를 다스리는 사업의 기초. 또는 황실의 기초.

7 福澤諭吉, 『学問のすすめ』初編, 全集 第3卷 참조.

8 사족 출신으로 왕정복고 당시 신정부의 총재를 지냈다. 원로원 의장, 육군 대장, 좌대신, 참모총장 등을 역임했다.

9 伊藤博文 編, 『秘書類纂』, 朝鮮交渉資料 上卷, 原書房, 1970, p. 253.

10 같은 책, p. 181.

11 같은 책, pp. 252~255.

12 자유민권파 계열의 의원과 정당. 토지세 인하를 주장하고 전쟁을 준비하려는 정부의 군사예산에 반대했다.

13 福澤諭吉, 「東洋の政略果して如何」, 全集 第8卷, pp. 428~431.

14 같은 글, p. 436.

15 옛 고관과 영주, 유신의 공신, 작위를 받은 실업가 등에게 특권을 동반한 사회적 신분을 주는 제도로, 화족은 황족과 사족의 중간 계층이었다. 화족과 사족으로 구성되는 특권적인 상원을 만들어 하원의 급진론을 견제하려 했다.

16 중요한 국무나 황실의 대사에 관여할 수 있는 천황의 자문기관. 당시 헌법 초안을 심의하기 위해 설치했다.

17 도사 번을 탈번하고 사카모토 료마(坂本龍馬)와 행동을 함께했던 급진주의자. 사카모토는 사쓰마 번과 조슈 번의 동맹을 이끌어내 메이지유신의 기틀을 마련한 이로, 일본 역사상 최고의 영웅으로 추앙받고 있는 인물.

18 천황이 국가의 최고기관이라는 학설. 후일 동경대 법학부 교수를 지낸 미노베 다쓰키치(美濃部達吉) 등이 주장했다.

19 에도 막부가 미국·영국·프랑스·네덜란드 4개국과 맺은 협약. 수입관세가 최저 5퍼센트, 최고 35퍼센트의 종가세(終價稅)이던 것을 모두 종가 5퍼센트를 표준으로 하는 종량세로 개정했다.

8 약자의 민족주의 강자의 애국주의

1 飯田鼎, 『福沢諭吉年鑑』, 1982, pp. 63~64.

2 같은 책, p. 65.

3 佐藤信淵, 「宇内混同秘策」, 『日本國粹全集』 19, p. 10.

4 菊田貞雄·秋月左都夫, 「征韓論の歷史的背景」, 『征韓論の眞相と其の影響』, 東京日日新聞社, 1941, p. 13.

5 로즈 제독이 이끄는 프랑스 함대와 로저스 사령관이 이끄는 미국 함대가

각각 강화도에서 조선군과 포격전을 벌인 끝에 패퇴한 병인양요(1866)와 신미양요(1871)를 말함.

6 菊田貞雄·秋月左都夫, 앞의 책, p. 11.

7 사쓰마 출신으로, 막부 타도 후 메이지 정부의 참의 등 요직을 지내며 판적봉환과 폐번치현에 진력한 신정권의 유공자.

8 1636~37년, 조선의 사절 임광이 도쿠가와 이에미쓰(德川家光)와 회견한 뒤 양국이 제한적인 교역을 했다.

9 사쿠마 쇼잔에게 양학을 배운 문하생으로 조슈 번 출신의 과격 무사였다. 막부 정권의 존왕양이운동 탄압으로 처형되었다.

10 요시다는 1858년 2월 기도 다카요시에게 보낸 편지에서, 조슈가 다케시마(당시는 독도가 아니고 울릉도)를 공격하면 이 섬은 그들의 첫 번째 기지가 될 것이라고 했다. 吉田松陰, 『吉田松陰全集』第6卷, p. 11 참조.

11 福澤諭吉, 『世界国盡』, 全集 第2卷, p. 154.

12 福澤諭吉, 『西洋事情』, 全集 第1卷, p. 289.

13 福澤諭吉, 『朝鮮元山津の變報』, 全集 第8卷, pp. 84~85.

14 중앙아시아 지역의 카자흐스탄·투르크메니스탄·우즈베키스탄·타지키스탄·키르기스스탄 등지를 말함.

15 福澤諭吉, 「脈既に止れり」, 全集 第10卷, p. 19.

16 福澤諭吉, 「東洋の波瀾」, 全集 第10卷, p. 72.

후쿠자와 유키치를 알기 위해 더 읽어야 할 책

히로타 마사키(廣田昌希), 『근대 일본을 말한다』(近代日本を語る),
요시카와고분칸(吉川弘文館), 2001.

히로타 마사키는 매우 이성적인 관점에서 후쿠자와를 평가해온 학자 가운
데 한 사람이다. 1984년 일본의 만엔권 지폐에 후쿠자와의 초상을 넣기로 결
정되었을 때는 그를 국민적 영웅으로 보는 시각이 자연스럽게 확산되고 있었
지만, 영웅의 실상에 관해 이의를 제기했던 사람 가운데는 히로타 마사키도
포함되어 있었다. 그는 후쿠자와가 시기에 따라서 말이 달라지는 점에 대해
문제를 제기했다.

'하늘은 사람 위에 사람을 만들지 않고……'라는 인간평등선언은 1872년
에 발표한 『학문의 권유』 초편의 첫 문장이다. 후쿠자와는 봉건적인 신분제
를 비판하면서 '모든 인간은 평등하다'는 천부인권설을 설파했고, 서양의 근
대과학을 배워 국민 개개인이 '일신독립'(一身獨立)하는 것이 바로 일본이 독
립하는 길이라고 말했다. 계몽활동을 활발히 전개하던 이 시기의 후쿠자와를
'계몽기의 후쿠자와' 또는 '계몽후쿠자와'로 부르는 데는 이의가 없다. 그러
나 후쿠자와는 1881년 『시사소언』의 첫머리에서 "천연의 자유민권론은 정도
(正道)이나 인위의 국권론은 권도(權道)이다"라 하고, "정도는 이상론이기 때
문에 선악이 뒤섞인 세속의 세계에서는 통용될 수 없으며, 만약 타인이 폭력
을 행사하고 권모술수를 부린다면 나 역시 이를 행사할 수밖에 없고 정론을

뒤돌아볼 틈이 없다. 그러므로 나는 권도를 좇는 사람이다"라고 기술하여 180도 태도가 바뀐 모습을 보여주었다. 저자 히로타는 이런 태도 변화에 문제를 제기하고 있다.

그는 '탈아입구'(脫亞入歐)를 선언하여 이웃 아시아 국가들에 대해 서구 열강과 같이 제국주의정책을 취할 수밖에 없다고 한 후쿠자와의 「탈아론」과 1891년의 사설 「빈부론」에 대해서도 비판했다. 1890년 일본 자본주의 최초의 공황을 경험한 후쿠자와는 "이미 자유경쟁의 단계는 끝났다. 가난한 사람은 물론 중산계급 역시 아무리 노력해도 희망이 없다. 희망이 있는 자는 기존의 부호들뿐"이라는 논리로 예리한 자본주의적 인식을 확인시킨 바 있다. 여기서 그는 "가난한 자는 점점 더 가난해져 부자에게 저항하게 된다. 따라서 시민을 지나치게 교육시키는 것은 바람직하지 않으므로 종교를 장려해야 한다"고 주장했다. 일찍이 20년 전부터 학문을 권유했던 그로서는 대단한 변화가 아닐 수 없다.

이러한 후쿠자와의 변화를 두고 여러 가지 평가가 나오는 것은 당연한 일이다. 히로타는 시간이 지나면서 후쿠자와가 이해할 수 없는 말을 해온 것은 사실이지만, 마지막까지 줄기차게 독립자존을 주장했던 것은 평가해야 한다는 견해를 밝히고 있다. 그러나 후쿠자와는 마지막까지 국권주의자였으며, '인간의 평등'이나 '일신독립'이라는 주장 역시 국가를 위해 봉사하는 국민을 만들고자 했던 의도로 풀이하고 있다.

저자 히로타 마사키는 인간의 사상은 시간과 장소, 사회적 정황 등에 따라서 변해간다는 사실을 들어, '계몽기의 후쿠자와'에게는 훌륭한 점이 있었고 '권도주의'를 내세우는 후쿠자와에게는 한심한 부분도 있었지만 그 차이는 잘 구별해야 할 것이라고 평가했다.

난바라 가즈히로(南原一博), 『근대일본정신사』(近代日本精神史),
대학교육출판(大学教育出版), 2006.

난바라 가즈히로는 메이지유신을 시민혁명으로 보지 않고 체제 내 변혁으로서의 '유신'으로 정의한 진보학자다. 그는 이 책에서, 서양의 근대는 그것과 평행하는 자본주의의 전개를 배경으로, 마침내 시민혁명에 의해 절대주의 체제를 타도하고 민주주의를 만들어내게 되었지만, 후발 자본주의 국가로서 서구 열강과 대치하고 있던 일본의 근대화는 일단 상부구조의 변혁으로 이루어질 수밖에 없었다고 설명했다.

그러나 일본에서도 시민사회와 민주주의를 지향하는 움직임이 없지 않았는데,『근대일본정신사』는 이 문제에 대해 이렇게 기술하고 있다. "일찍이 메이지유신에서도 정치적인 지배는 공공성을 갖춘 것이 아니면 안 된다는 점을 어느 정도 인식하고 있었고, 자유민권을 주장하는 운동 역시 실제로 등장했다. 그러나 자유민권운동은 '신문지조례'(메이지 정부가 1875년에 공포한 신문검열에 관한 법령)와 더불어 언론규제 법령들이 공포되면서 탄압과 규제 속에 붕괴되고 말았다. 민권운동도 약점이 없었던 것은 아니지만, 시민혁명을 대신할 가능성도 없지 않았던 이 운동이 불완전한 상태로 끝나고 만 것은 일본 근대사회의 전개에 결정적인 타격을 준 결과가 되었다."

난바라는 일본의 근대화가 인권이라는 관념과는 다른 정신구조에 의해서, 즉 서양 시민사회의 기본 원리를 갖추지 않은 채로 추진되었다고 말한다. 자유 또는 민주주의라는 과제가 제시되지 않았던 것은 아니지만 그것은 차후의 문제로 미루어졌고, 추진된 것은 '부국강병'이라는 국가주의 노선뿐이었다는 것이다.

"경제체제로는 자본주의 국가를 형성하고 사회적·정신적으로는 전근대적인 시스템을 고수하는, 일본에서 이러한 이중적 구조를 추구하게 하는 정치적 또는 정신적 원리는 근대 천황제다. 그것을 제도적으로 표현한 것이 '대일본제국헌법'이고, 논리적·교육적으로 선양한 것이 '교육칙어'다. 그런데 역사적 천황제와 다른 이 근대 천황제의 원리는 고대의 정교일치체제와 다를 바가 없다."

이는 '신으로부터 유래한 천황'이 만세일계로 통치하는 국가라는 국체관을 낳았고, 그와 함께 국가신도로서의 국민상이 정립된다. 시민혁명 이전 16~17세기 유럽의 정황과 흡사한 형태다. 일본의 근대화는 정치적·정신적으로 다분히 전근대적 양상을 동반하며 이루어진 것이다. 이 같은 일본의 근대화 논리를 체현한 사람이 바로 후쿠자와 유키치였다고 난바라는 지적하고 있다.

"분명 후쿠자와는 자유로운 정신의 소유자로 일본 시민사회의 근대화에 기여한 인물이다. 그러나 그에게는 국가독립이라는 지상의 목표가 있었다. 이 명제를 두고 한편에서는 전근대적인 요소와 타협하기도 하고, 다른 한쪽에서는 중국과 조선을 상대로 침략의 꿈을 다지기도 한 것이다."

후쿠자와에게서는 계몽전제주의 요소도 발견할 수 있다. 후쿠자와는 이런 시대 상황에 순발력을 발휘하여, 기회에 따라 사상을 바꾸어가는 상황주의적인 변모를 거듭했고, 그의 기발한 편의주의는 근대 일본의 성격을 규정하고 있다. 서양적 근대화를 지향하면서도 전근대적 요소를 온존시키며 제국주의의 길을 모색했던 후쿠자와의 논리는, 일본 자유주의의 취약성을 그대로 드러내면서 간단히 국가주의로 반전한 근대 일본의 논리 그 자체였다고 평가했다.

니시카와 슌사쿠(西川俊作), 『후쿠자와 유키치의 옆모습』(福沢諭吉の横顔), 게이오 의숙대학 출판회(慶應義塾大学出版会), 1998.

『후쿠자와 유키치의 옆모습』은 게이오 대학 명예교수인 니시카와 슌사쿠의 저서이다.

1950년대 후반 이후 '탈아론'은 이른바 '탈아입구주의'의 선도이론으로 받아들여지면서, 패전 직후까지 평등주의자로 대접받던 후쿠자와는 일순간에 제국주의자로 비난받기에 이른다. 실제로 「탈아론」이 발표된 이후 일본은 1895년에 타이완을 할양받고, 1910년에는 대한제국을 합병했다. '탈아입구'의 노선을 밟아 1930년대에는 만주국을 건설했다. 이것이 중국 침략전쟁에까지 이르게 되는 것이다. 니시카와는 이 때늦은 제국주의 반성에서 후쿠자와에 대한 이런 비난을 안타까워하면서, 이 책이 일면 '후쿠자와 방어논리'에 입각하고 있음을 암시하고 있다.

「탈아론」은 후쿠자와 유키치의 극단적인 독설로 한국과 중국은 물론 일본에서도 논란이 끊이지 않는 글이다. 그러나 니시카와는 "후쿠자와가 물심양면으로 지원한 개화파 그룹의 정변이 실패로 끝나자 그 절망과 분노의 감정이 그대로 문장으로 표현된 것"이라면서 "한·중 양국의 위정자들에 대한 불만에 후쿠자와의 말투가 거칠어졌고, '탈아'는 아시아의 문명화를 염원한 데 불과할 뿐 지나치게 정치적으로 해석할 것이 아니다"는 견해를 밝힘으로써 이 문제의 사설로 인한 감정적 대립의 확산을 경계한다.

반노 준지(坂野潤治), 『메이지 사상의 실상』(明治思想の実像),
소분샤(創文社), 1977.

저자는 '아시아주의'와 '탈아론'의 성격을 이렇게 구분해 정의하고 있다. "일본의 동아시아 침략 기도를 정당화하는 논리를 '아시아주의' 또는 '아시아 개조론'이라 한다. 일본이 동양의 여러 국가 가운데 문명국임을 자인하고, 일본·한국·중국이 가진 이른바 '아시아'라는 전근대적 공통성에 구애받지 않고 구미의 문명국과 행동을 같이해야 한다는 논리를 내세워 한국 침략이 정당화된다. 또한 앞으로 대국으로 생존할 수 있는 것은 영토와 자원과 인구 등이 풍부한 국가뿐이므로 일본 같은 나라는 식민지의 획득과 유지에 성공해야만 생존경쟁에서 살아남을 수 있다. 이런 근거로 역시 한국과 만주의 침략이 정당화되었던 것이다. 이런 논리를 '탈아론'으로 부르게 되었다."

이 정의에 따르면 '아시아주의'(또는 아시아 개조론)와 '탈아론' 가운데 어느 한쪽만이 침략의 논리였던 것은 아님이 분명하다. 어떤 경우에는 한국을 둘러싸고 현상유지 차원에서 중·일 양국 사이에 '아시아 연대론'이 제기되기도 했고, 기득세력의 옹호 차원에서 '탈아론'이 강조되기도 했다. 또 '아시아 개조론'이 한국 침략의 명분으로, '탈아론'이 한국 침략의 목적으로 강조되기도 했다. 메이지 중기 이후에는 청나라 침략을 주장할 때나 이미 기득권을 행사하고 있는 한국을 상대로 자국의 권익을 옹호할 때도, 일단 '구미와 아시아'라는 대립적인 도식을 그려놓고 그 도식에서 필요에 따라 일본의 위치를 변경시키며 국면을 정당화시키는 태도를 보였던 것이다.

반노 준지는 "후쿠자와의 아시아 인식의 기층에는 극복하지 않으면 안 될 봉건적 신분사회와 유교주의가 깔려 있었다. 이것이 문명의 최대 적이었다는 점에서 '탈아론'의 완성은 일면 한국과 중국에 대한 극복의 논리로 볼 수 있다"고 했다. 한국과 중국을 비판하고 일본의 대외침략을 이론화한 '탈아론' 사상은 '아시아주의' 또는 내셔널리즘으로, 나아가 대륙 지배와 대동아공영권에 입각한 남진정책으로 계승되었다. 이러한 역사의 족적으로 볼 때 일본의 근대화 과정에서 '탈아론'의 논리가 부분적으로는 성공을 거둔 셈이라고 할 수 있을 것이다.

프랑수아 기조, 『유럽 문명사』(ヨーロッパ文明史),
야스시 마사오(安土正夫) 옮김, 미스즈 서방(みすず書房), 1987.

이 책은 로마제국의 붕괴에서 프랑스 혁명에 이르는 기간을 테마로 한 문명사를 다룬다. 1828~30년에 걸쳐 소르본 대학에서 있었던 강의 노트를 중심으로 저술했고, 후쿠자와의 문명사상에 크게 영향을 준 저서다.

안자이 도시미쓰(安西敏三), 『후쿠자와 유키치와 서구사상』
(福澤諭吉と西欧思想), 나고야 대학출판회(名古屋大学出版会), 1995.

이 책은 버클의 『영국문명사』, 기조의 『유럽문명사』, 밀의 『공리주의』, 스펜서의 『제1원리』『종합 철학 원리』등을 검토하고, 자연법과 공리주의, 진보와 진화론적 관계를 분석하여 후쿠자와를 본격적으로 연구한 책이다.

오쿠다이라 다케히코(奥平武彦), 『조선개국 교섭시말』
(朝鮮開国交渉始末), 도코서원(刀江書院), 1934.

경성제대 창설과 동시에 교수였던 저자는, 조선과 미국의 조약성립에 초점을 맞추었지만, 조선을 중심으로 한 국제관계사를 규명하고 있다.

기쿠다 마사오(菊田貞雄), 『정한론의 진상과 그 영향』
(征韓論の真相とその影響), 도쿄일일신문사(東京日日新聞社), 1941.

헌법학과 경제학을 전공한 저자는 정한론의 역사적 배경과 진상 그 영향에 대해 소상히 밝히고 있다. 특히 정한론은 일본정부를 개조하고 강력한 중앙집권국으로 성장하는 촉진제가 되었음을 기술했다.

히타다 다카시(旗田巍) 『일본과 조선・상』(日本と朝鮮・上),
아시아 아프리카 강좌, 게이소서방(勁草書房), 1965.

에도시대 이후의 일본인의 조선관에서 시작하여 조선관의 뿌리 깊은 전통, 자유민권파의 조선관, 연대와 침략의 양면, 또한 탈아론자들의 조선관에 대해서도 비판적인 서술을 하고 있다.

이마이 준(今井淳), 『일본사상논쟁사』(日本思想論争史),
페리칸사(ぺりかん社), 1990.

이 책에는 특별히 후쿠자와의 『학문의 권유』의 학자 직분론에 대한 가토 히로유키, 모리 아리노리, 쓰다 마미치의 비판 이외에도, 국학과 유교의 논쟁, 무사도에 대한 논쟁 등이 주목할 만한 내용이다.

히라야마 요(平山洋), 『후쿠자와 유키치의 진실』
(福澤諭吉の真実), 문춘신서(文春新書), 2005.

일본인으로서는 드물게 후쿠자와의 이중적인 태도를 극명하게 분석했다. 후쿠자와가 직접 서명한 저서에는 이상론이, 시사신보에서는 시국과 영합하여 아시아 침략을 배후에서 후원하는 논설을 대량 생산한 장본인임을 고발하는 내용이 주류를 이루고 있다.

후쿠자와 유키치 시대의 역사적 인물

*각 인물 소개 끝에 있는 숫자는 본문의 쪽수를 뜻한다.

가쓰 가이슈(勝海舟, 1823~99) 에도 말기의 관료, 정치인으로 통칭 린타로 (太郎)로 불린다. 난학과 병학(兵學)을 통달했고 검술에도 능란했다. 나가 사키에 설치된 해군전수소에서 항해술을 배우고, 1860년에는 간린마루 호 를 지휘하여 일본 최초로 태평양을 횡단하는 항해를 했다. 해군을 양성하 는 막부의 관료였으나 유신전쟁에서는 사이고 다카모리와 협상하여 평화 적으로 에도 성을 양도하고 항복했다. 유신 후에는 한때 메이지 정부의 권 유를 거절하기도 했으나 메이지 5년에 해군장관을 역임하고 이후 추밀고 문관 등을 지냈다. **49**

구로다 기요타카(黒田清隆, 1840~1900) 사쓰마 번 출신의 정치인으로, 나 마무기 사건과 사쓰마와 영국 간의 전투에도 관여했다. 에도로 유학하여 서양식 포술 전문가가 된 후 막부 토벌전에 참가해 사쓰마와 조슈 번의 연 합에 앞장섰다. 유신전쟁에 종군하고 1875년 메이지 정부의 개척장관에 임명되어 홋카이도 개척에 진력했으나 1881년 '개척사 관유물 불하사건' 으로 세인의 공격을 받았다. 제1차 이토 히로부미 내각의 뒤를 이어 수상 이 되지만 조약 개정의 실패로 사임하고 추밀원 의장 등을 역임했다. 오쿠 보 도시미치 사후 사쓰마 번의 지도적인 위치에 서게 되지만 정치 역량을 충분히 발휘하지 못하고 끝났다. **242**

기무라 요시타케(木村喜毅, 1830~1901) 에도 말기의 관료. 해군 군함장관이 되어 셋쓰노카미(攝津守)라는 관직으로 서훈을 받았다. 막부의 군함 간린마루 호의 사령관으로 미국을 방문했다. 일본 해군 창설에 기여했으며, 후쿠자와와도 친교가 깊었다. **49**

나카미가와 히코지로(中上川彦次郎, 1854~1901) 『시사신보』의 경영을 맡았던 후쿠자와 유키치의 조카. 게이오 의숙에서 수학하고 1874년 유럽 4개국에 유학한 뒤 귀국하여 『시사신보』의 주필이 되었다. 산요 철도회사 사장을 거쳐 미쓰이 그룹이 성장, 발전하는 토대를 구축한 경영의 재사로 알려져 있다. **255**

나카하마 만지로(中浜万次郎, 1827~98) 원래 어부로, 출어 중에 조난을 당했다가 미국 포경선에 구조되어 미국으로 갔다. 10년 뒤에 귀국하여 영어 실력을 인정받고 막부 정권의 통역관과 군함조련소 교수를 지냈다. 유럽 사절단을 수행하여 통역을 하고, 이후 메이지 신정부가 설립한 개성학교 (도쿄 대학의 전신)의 교수가 되었다.

마쓰키 고안(松木弘安, 1833~93) 사쓰마 번과 영국 간의 전투에서 포로가 되어 영국으로 가게 되는데, 번의 양이정책으로 돌아오지 못하게 되자 데라시마 무네노리(寺島宗則)로 개명을 했다. 메이지 신정부의 외무대신을 역임하고, 강화도조약의 체결 등 중요한 외교 임무를 담당했다. 후일 추밀 고문관을 지냈다. **54**

모리 아리노리(森有礼, 1847~89) 사쓰마 번사 출신의 정치인, 교육자. 에도 말기에 구미로 유학을 갔다가 메이지 원년에 귀국했다. 폐도론(廢刀論)을 주장하여 한때 관을 떠나기도 했다. 청나라공사와 외무차관을 거쳐 1879년에 영국공사로 부임했다. '메이로쿠샤'(明六社) 결성의 핵심 멤버이고 도쿄학사원의 회원이기도 했다. 초대 문부성장관을 지내며 학제개혁을 단행하고 근대 학교제도의 기초를 만들었다. 메이지헌법 발포일에 국수주의자에 의해 암살당했다. **107, 110, 171**

오가타 고안(緖方洪庵, 1810~63) 에도 후기의 난학자, 의사, 교육자. 스물한 살 때 오카야마에서 에도로 유학하여 난학을 했고, 스물일곱에 나가사키로 유학하여 네덜란드 의사에게 의학을 배우고 스물아홉 살에 오사카에

326

서 개업했다. 또 '데키주쿠'라는 난학숙을 열어 후쿠자와 유키치 같은 당대의 사상가를 키워냈다. 오가타의 숙은 종두 보급에 진력하는 등 서양의학의 기초를 구축했다. **41, 42, 44, 177, 196**

오무라 마스지로(大村益次郎, 1824~69) 정치인이자 군사전문가로 본명은 무라타 조로쿠(村田蔵六). 후쿠자와가 수학한 오가타 고안의 숙에서 난학과 의학을 배웠다. 1853년 양학 지식을 인정받아 막부의 양학교육기관인 반쇼시라베쇼(蕃所調所)의 교수보를 지냈다. 이후 조슈 번의 관리로 근무하면서 군사제도의 개혁에 수완을 보였으며, 농민과 상공인의 군사훈련 필요성을 역설하기도 했다. 제2차 조슈 정벌과 유신전쟁에서 탁월한 지도력을 보이며 신정부의 병부차관에 올랐다. 일본 육군 창설 등에 공헌했으나 반대파 사족의 습격으로 사망했다. **42, 268**

오쿠보 도시미치(大久保利通, 1830~78) 사쓰마의 번사로, 사이고 다카모리와 막부 정권의 개혁운동에 참가했다. 시마즈 히사미쓰(島津久光)와 더불어 천황과 막부를 일체화하자는 이른바 '공무합체운동'(公武合体運動)에 진력했으며, 사쓰마 번과 영국 간의 전투, 막부의 조슈 정벌 등을 거쳐 막부를 타도했다. 유신 후에도 참의와 대장성장관 등을 역임하고 폐번치현, 지조세 개정정책 등의 추진에 의욕을 보이며 메이지 정부의 체제 확립에 공헌했다. 그러나 과거 동지였던 사이고 다카모리가 자결한 이듬해 도쿄에서 괴한의 습격을 받아 목숨을 잃었다. **221, 269**

오쿠마 시게노부(大隈重信, 1838~1922) 메이지 다이쇼(大正) 시대의 정치인. 사가 번 출신으로 난학을 배운 뒤 나가사키로 가서 영학을 했다. 막부 말기에는 존왕양이파로 활약했으며, 번의 재정개혁을 건의하여 중용되었다. 세이난전쟁 당시 정부군의 군사수송을 맡았던 미쓰비시(三菱)를 도운 후부터 지속적으로 가까운 관계를 유지했다. 오쿠보 도시미치가 죽은 후 대표참의(参議)가 되지만, '메이지 14년의 정변' 때 사쓰마와 조슈의 번벌로부터 배제되면서 하야했다. 이듬해 입헌개진당을 창당하고 와세다 대학의 전신인 도쿄 전문학교를 설립했다. 1888년에는 구로다 내각의 외상으로 조약 개정을 단행했으나 그 내용이 굴욕적이라 비난을 받았다. 이듬해에 폭탄 테러로 한쪽 다리를 잃었다. 1896년에 진보당을 결성하고, 제2차 마쓰카타 마사요시(松方正義) 내각의 외상을 지냈다. 1898년에는 헌정당을 결성했고, 총리로 추대되어 이타가키 다이스케와 더불어 입헌제 내각을 조직, 두 번째 수반이 되었다. 교육계와 언론계에 독창적 의견을 개진하여 주목을 받았다. **221, 250**

이와쿠라 도모미(岩倉具視, 1825~83) 귀족 출신 정치인으로, 종래의 막부 독재를 수정하여 천황과 막부를 일체화함으로써 막번체제를 재편, 강화하자는 '공무합체'를 주장하여 존왕양이운동과 대립하는 정치노선을 취했다. 1867년 오쿠보 도시미치 등과 왕정복고 쿠데타를 일으켜 신정권 수립의 중심인물이 되었으며, 폐번치현 행정개혁에도 중요한 역할을 수행했다. 1871년에는 정부의 수뇌를 인솔하여 조약개정 교섭을 위해 구미를 순방했으며, 귀국 후에는 '정한론'에 반대하고 내정의 충실에 전념했다. **222, 239, 268**

이토 히로부미(伊藤博文, 1841~1909) 메이지의 대표적인 정치인. 조슈의 번사 출신으로 존왕양이운동에도 가담했다. 1863년에는 영국을 방문하고, 사쓰마와 조슈의 연합에도 힘을 기울였다. 1874년 구미를 시찰하고 귀국한 뒤에는 국가 부강에 뜻을 두고 사이고 다카모리와 거리를 두었다. 오쿠보 도시미치 사후에는 내무대신으로서 정치력을 발휘했으며, '메이지 14년의 정변'에서 대립하던 오쿠마 시게노부를 추방, 정치적 실권을 장악했다. 이후 내각제 창설, 대일본제국헌법 제정, 추밀원 설치 등 국가제도를 확립했다. 초대 총리대신을 역임하는 등 네 번에 걸쳐 내각을 조직했으며, 러일전쟁 후 적극적으로 한일합병을 추진하며 초대 통감의 자리에 올랐다. 1909년 러·일 관계의 조정을 위해 만주에 갔을 때 하얼빈 역에서 안중근 의사에게 저격되었다. **221, 222, 239, 242, 249, 250**

후쿠자와 산노스케(福澤三之助, 1826~56) 후쿠자와 유키치의 형. 열한 살에 부친과 사별하고 가문을 상속했으나 서른한 살에 병사했다. **28, 31, 32, 41, 42**

후쿠자와 햐쿠스케(福澤百助, 1792~1836) 후쿠자와 유키치의 아버지. 유학자 노모토 세쓰간(野本雪巖), 호아시 반리(帆足萬里)에게 유학을 배웠으나 학문과는 무관하게 오사카의 파견공관 구라야시키에서 번사로 근무했다. 뇌출혈로 사망한 것으로 되어 있으나 부하의 회계 과실을 책임지고 할복자살했다는 설도 있다. 후쿠자와 유키치가 평생 문벌제도에 대해 격한 분노를 표출한 것이 바로 부친의 죽음 때문이라는 의견도 있다. 23, 24, 26, 28, 184

후쿠자와 유키치에 대해 묻고 답하기

1. 후쿠자와는 일본의 문명과 서양의 문명을 어떻게 비교했나?

후쿠자와 유키치가 일본의 문명과 서양의 문명을 체계적으로 비교했던 저술은 『문명론의 개략』이다. 이 책에서 그는 문명의 단계를 '야만' '반개' '문명'의 3단계로 구분하는 이른바 문명 3단계론을 주장했는데, 아프리카와 오스트레일리아를 야만, 아시아를 반개, 유럽과 미국을 문명국으로 분류한 것이 그 주요 내용이다. 이는 문명의 상태를 지리적으로 분류한 것으로, 말하자면 지정학적 위치에 따라 문명의 발전 정도가 다르고 또 영향을 받게 된다고 본 것이다. '문명은 진보한다'는 신념을 가지고 있던 후쿠자와는 『문명론의 개략』에서 서구 역시 야만과 반개 과정을 거쳐 오늘날의 발달된 문명 단계에 도달한 것으로 규정했다. 이 책에서 그는 서양의 문명이 일본의 문명보다 진보해 있으므로, 반개의 단계에 있는 일본을 문명으로 나아가게 하기 위해서는 현재의 상태에서 서양문명의 전면적인 섭취에 노력해야 할 것이라고 주장했다.

2. 후쿠자와 유키치를 어떤 인물로 이해해야 할까?

후쿠자와 유키치가 정치적인 인물이었던 것은 분명하지만 그는 정치가도 외교가도 아니었다. 그는 계몽적인 저서와 번역서를 발표한 저술가였고, 근대적인 교육을 시행해 일본의 서구화를 추진한 교육자였으며, 서구의 사상을 받아들여 이해하기 쉬운 주석서를 통해 일반에 보급하고자 했던 사상가였다. 그의 이상은 일본인의 정신문화를 고양하는 것과 일본의 자주독립을 확립하는 데 있었다. 드물게도 국제적인 감각이 풍부한 인물이었던 점이 그를 일본 근대화의 상징적인 존재로 만들어놓았다고 할 수 있다.

3. 후쿠자와 유키치가 동시대의 다른 사상가들과 다른 점은 무엇인가?

후쿠자와는 1860년 일본 최초로 태평양을 횡단한 간린마루 호에 승선하여 처음으로 미국 땅을 밟은 후, 1862년에는 다시 유럽 순방의 기회를 얻는다. 두 번째의 서구 경험이면서 첫 유럽 여행이 되는 이 방문은 미국에서 품었던 의문에 대한 해답을 얻는 기회가 되었다. 이 점이 동시대의 다른 사상가들과 후쿠자와를 구별하는 중요한 지표가 된다. 사쿠마 쇼잔(佐久間象山)이 언급한 "동양의 도덕, 서양의 예술"이라는 말과 하시모토 사나이(橋本左內)의 "기기(器機) 예술은 저쪽에서 취하지만 인의와 충의는 우리에게 있다"는 말에서 알 수 있듯이, 당시의 선구적 사상가들은 자본주의 문명의 성과를 기술적 측면만 도입하는 것이 옳다고 인식하고 있었다. 당시로서는 개량주의적 이론으로써 기능했다고 하지만, 마침내 그것은 근대 일본의 정신사에 깊이 뿌리박혀 '화혼양재'(和魂洋才)의 모습을 형성해가고 있었다. 그러나 후쿠자와는 자본주의 문명을 그것을 낳은 정신에서부터 이해하고자 했고, 일반의 인식과 다른 이런 후쿠자와식 접근은 봉건질서에서 탈피해 자본주의 사회라는 전혀 별개의 질서에 대한 이미지를 품을 수 있게 해주었다.

4. 천황에 대해 후쿠자와는 어떤 견해를 가지고 있었나?

후쿠자와는 양이운동(攘夷運動)이 절정일 때 개국을 주장했으며, 처음부터 봉건사회 자체를 부정했다. 이는 당시 사회에서는 매우 위험한 생각이고 행동이었지만, 문제의 핵심을 꿰뚫는 예지력은 천황제에 관한 그의 저술에도 잘 나타나 있다. 1882년에 쓴 『제실론』(帝室論)과 1883년에 쓴 『학문의 독립』에서 그는 "천황은 정치에서 완전히 떠나 정치에는 관여하지 않는 게 좋겠다"고 주장했다. 그러나 만년에 이르러서는 "제실(帝室)을 위해서라면 생명 또한 아까울 것이 없다. 하물며 재산이야"라고 하며 천황에 대한 충의(忠義)와 충용(忠勇), 의열(義烈)을 외치는 등 궤도 수정을 했다.

5. 후쿠자와의 문명주의는 침략주의와 어떤 관련이 있나?

후쿠자와 유키치는 "조선은 미개하니 무력을 사용해서라도 진보하도록 도와야 한다"고 주장했다. 요컨대 야만을 문명으로 유도한다는 제국주의 명분으로 침략을 합리화한 것이다. 즉 조선이 야만국이고 완고하고 고집이 세기 때문에 상대가 무력을 사용하는 것이 용인되고 합리화된다는 제국주의의 논리인 것이다. 후쿠자와는 아시아 침략을 지향하는 자신의 주장을 뒷받침하기 위해, 무력을 사용해서라도 미개한 이웃의 문명개화를 지도해주는 것이 옳다는 식으로 문명주의와 침략주의를 연관 지어 일본의 무력도발을 합리화시켰다.

6. 메이지 시대의 대일본제국헌법은 어떻게 만들어졌을까?

일본이 근대국가로서 국제적인 인정을 받기 위해 헌법의 제정은 급선무였다. 그런데 헌법을 제정하도록 정부를 압박한 가장 큰 외부 동인은 바로 민권운동이었다. 막부 말기부터 싹트기 시작한 민권사상이 구체화되면서 메이지 정부 이후 헌법 제정과 의회 개설을 촉구하는 자유민권운동이 활발하게 전개되었던 것이다. 민권파는 정부로부터 입헌정체의 수립과 국회 개설 약속을 받아내고, 헌법을 제정할 것을 줄기차게 주장했다. 헌법 제정의 필요성에 공감하고 천황제와 번벌체제를 강화하는 헌법을 모색하던 정부는, 영국식의 점진적인 헌법을 추진하던 오쿠마 시게노부를 추방하고, 헌법 연구를 위해 이토 히로부미를 유럽에 파견한다. 이런 일련의 과정을 거친 후 마침내 메이지 정부는 1889년 2월 11일, 흠정헌법의 형태로 대일본제국헌법을 발포했다. 이 헌법은 신성불가침한 천황이 주권을 가지고, '천황대권'이라는 절대권을 가지며, 통치권을 장악한다. 천황은 군대의 통수권자일 뿐만 아니라 내각의 임면권도 갖는다고 명시되어 있다. 제한적이기는 하지만 헌법이 허용하는 범위 안에서 종교와 직업, 언론의 자유 등 국민의 권리가 제법 폭넓게 인정되었던 점도 특기할 만하다.

7. '폐번치현'은 어떻게 이루어졌나?

폐번치현(廢藩置縣)이란 1871년에 단행된 지방 행정제도 개혁을 말한다. 메이지 정부는 1867년 12월에 왕정복고의 대호령(大號令)을 발표하고 형식적으로 천황을 정점으로 하는 신정부를 수립했다. 그러나 실제로는 토막파(討幕派)와 요코이 쇼난(橫井小楠), 사카모토 료마(坂本龍馬)가 소속된 공의정체파(公議政體派)의 몇몇 지방 영주가 주축이 된 오합지졸 정권에 지나지 않았다.

구미 열강에 침식당하던 메이지 정부는 국가 독립을 보전하기 위해 강대한 중앙집권국가를 구축하기로 하고, 각 번(藩)의 와해를 기다리지 않고 일거에 번을 해체할 것을 결의했다. 그리하여 정부는 1869년 모든 번의 토지와 소속 인민을 조정에 반환할 것을 다이묘(大命)에 명했다. 이것이 바로 '판적봉환'(版籍奉還) 사건이다. 그리고 전국의 다이묘를 도쿄에 소집해놓고, 사쓰마(가고시마 현)와 조슈(야마구치 현), 도사(고치 현) 등 세 번에서 1만 명의 군대를 빌려와 이들 무력을 앞세운 폐번치현을 단행했다.

다이묘는 모두 파면되고, 번은 부와 현이라는 행정구역으로 바뀌어 중앙정부로부터 부의 지사와 현령이 파견되게 되었다. 거의 쿠데타에 가까운 방식이었지만 의외로 번의 저항은 적었다. 현재 일본은 1도(都), 1도(道), 2부(府), 43현(縣) 등 모두 47개의 행정구역으로 편성되어 있다.

9. 후쿠자와 유키치는 일본의 근대화에 기여했지만, 과연 그는 근대적인 인물인가?

일본이 근대라는 시기로 접어든 것은 19세기 후반이 되고 나서부터다. 일본사회가 메이지 유신 이후 근대화를 목표로 했다고는 하지만, 사실상 그 성격은 근대적인 것이 아니었다. 기본적으로 공동체적인 성격을 벗어나지 못했던 것이 일본사회의 약점이라고 할 수 있다. 일본사회는 하나의 혈연집단, 즉 일종의 가족과 같았다. 학교, 회사, 당파까지도 기본적으로는 가족 사회를 본뜨고 있었다. 이 같은 공동체적인 사회에서는 인간관계가 수동적일 수밖에 없다. 남에게 지시를 받고, 남의 결정을 따르며, 결정된 것에는 순종하는 관계가 형성되며, 여기에 자유의지에 의한 선택은 존재하기 어렵다. 일체가 기계적으로 결정되고 운행되는 것이다.

이런 점에서 볼 때 후쿠자와는 근대적인 사람이다. 가족을 포함한 사회관계 일체를 환경이라고 한다면, 그는 일체의 환경으로부터 자립한 사람이었다. 스스로의 판단에 의해 인생을 개척해가는 것이 근대라는 시대의 가치다. 후쿠자와의 삶은 적극적인 근대인의 그것이라고 할 수 있다.

후쿠자와 유키치에 대한 증언록

"사상가를 평가할 때는 누구나 스스로의 기준을 가지고 있는 편이 좋다고 생각한다. 나는 체계적인(systematic) 사상가가 아니면 진정한 사상가라고 생각하지 않는다. 체계적인 사상가란 원칙을 가지고 있는 사상가를 말한다. 전시에는 전쟁을 찬양하다가 전후가 되자 자신은 전쟁에 반대해왔다고 태연하게 말하는 사람들, 즉 오쿠보 도시미치나 이토 히로부미 같은 이를 사상가라고 말하기는 무리가 있다. 사실 이들은 메이지유신 전까지는 '존왕양이'를 주장했으나 유신이 되자 모두 개국파가 되어버렸다. 그들은 무사상이다. 후쿠자와의 주저『문명론의 개략』은 현대적인 의미에서 일본의 유일한 역사철학서다. 이 책에는 후쿠자와가 앞서『학문의 권유』에서 주장했던 '자주독립의 정신'이라는 사상이 백본(back bone)을 관류하고 있다. 그러나 후쿠자와가 체계적인 사상가였는가 하는 점에서는 다소 의문이 든다. 후쿠자와는 자신의 최고 단계의 원칙인 자신의 사상을 모든 경우에, 특히 여성이나 청소년, 노동자들에게도 적용했다. 그런 그가 점차 그 원칙을 잃어갔던 것은 유감스럽게도 사실이다. 최근에는 많은 사람들이 후쿠자와를 연구하고 있는데, 그 논점이 후쿠자와의 사상 변화에 집중되고 있다. 이것은 참으로 중대한 문제가 아닐 수 없다. 그 가운데서도 특히 논의가 많은 것이 그의 '탈아입구론'(脫亞入歐論)이다. 후쿠자와가 서양 물이 들어 일본이 아시아 국가라는 자각이 없었다는 것이다. 심지어 그는 조선과 중국에 대해서도 독립자존을 인정했고, 그 양국에 혁명의 전망이 있었는데도 '탈아론'을 주장했다. 그 이유는 무엇이었을까. 당시의 일본은 점차 제국주의와 식민지 침략이라는 쪽으로 국가 정책 방향을 굳건하게 설정해가고 있었는데, 그것에 시종 압도되어서 좌절했을까. 그에게 사상가로서의 일탈과 좌절은 있었지만, 자유주의자 또는 민주주의자로서의 본령은 일정한 한계를 지니면서도 일관하고 있었다고 나는 생각한다."

■ 하니 고로(羽仁五郞)

"나를 포함해 현대를 살아가는 사람 누구라도, 후쿠자와가 메이지 시대에 일본의 새로운 문명을 창도한 사람이며 보기 드문 교육자였다는 사실, 요컨대 근대 일본이 낳은 가장 위대한 인물 가운데 한 사람이라는 사실을 의심하는 사람은 없다. 그는 매우 과격한 개국주의자, 또는 서양에 심취한 사람으로 간주되면서 전통 파괴자로 매도되어 목숨을 위협받기도 했다. 갖은 비난과 공격을 한 몸에 받던 시절이 있었다는 것이 지금으로서는 실감할 수 없을 정도다. 메이지 초기에는 '황금신(黃金神)의 숭배자' 또는 '배금종'(拜金宗)이라는 별명으로 비난을 받았지만, 이로 인해 금전에 대한 관심이나 이자배당금 따위를 경멸하던 봉건적인 관습을 타파하는 계기가 되면서, 바로 이런 것이 그의 사상의 핵심이자 위대한 점으로 상찬을 받았다.

후쿠자와는 명실공히 문명개화의 사상가로, 실생활의 편의라는 관점에서 학문과 예술과 종교의 가치를 판단했다. 인간의 내면적·정신적인 요구에 대해서는 불감증이었다는 견해가 있지만, 내셔널리스트로서의 면모에 대해서는 동일한 접근방법과 동일한 문제 제기방식에 근거해 양과 음의 평가가 대립하고 있다. 즉 후쿠자와가 결국은 계몽전제주의를 벗어나지 않았다고 하는 평가가 있는 반면, 다른 쪽에서는 후쿠자와가 서양문명과 자유, 민권을 국가의 독립과 발전이라는 목표에 종속시킨 점에서 애국자로서의 진면목을 볼 수 있다고 평가하는 것이다.

이렇게 예시적으로 든 후쿠자와에 대한 기존의 해석이 완전히 잘못된 것은 아니다. 이렇게 다양한 평가가 있지만, 앞에서 말한 바와 같이 그의 역사적 위상은 이미 확립되어 있다. 어찌되었든 '훌륭한 인물이었다'는 평가로 귀결된 것은 비난과 상찬, 옹호와 비판이 몇 차례에 걸쳐 동일한 규정 방식에 따라서 반복되어왔기 때문으로 보인다.

후쿠자와 해석사(解釋史)라는 것이, 그의 사상을 자유롭게 새로 읽는, 말하자면 지금까지와는 전혀 다른 차원에서 새롭게 연구대상으로 삼는 과정이 없이 비교적 고정된 궤도상에서만 그에 대한 논의가 교환되면서 문제를 확실하게 따져볼 수 없었던 과정이 아닐까 한다. 그리하여 '거리(距離)는 미화한다'는 법칙에 따라서 수많은 사람들의 존경의 대상이 되어버린 것이 아닐까.

■ 마루야마 마사오(丸山眞男)

"18세기 유럽에서는 기성의 권력이나 제도, 종교, 명사(名士) 등을 비평하는 격렬한 풍자 논문을 쓰는 작가를 다소 비방하는 의미로 팸플리티어(pamphleteer: 풍자 글로 대중을 설득하는 사람)라고 불렀다. 볼테르 같은 이가 대표적인 인물인데, 『학문의 권유』를 쓴 후쿠자와 유키치 역시 실로 일본 계몽기 최고의 팸플리티어가 아닐 수 없다. 이 책이 340만 부가 팔렸다고 말하지 않더라도, 수십만의 일본인이 후쿠자와의 이 팸플릿에 실린 글을 읽고 자극을 받고 분발하거나 낭패를 느끼고 격분했다. 당시 아무개 선생이니 하는 경칭도 없이 그저 '후쿠자와'(福澤)라는 이름으로만 불렸던 것도, 인격에서 오는 매력보다도 일단 공격적 합리주의를 느끼게 하는 팸플리티어로서의 그의 성격 때문이었는지 모른다. 아니면 다변다산(多辯多産)하여 민중들 사이에서도 그의 이름이 거의 보통명사로 인식되고 있었을지도 모른다.

Encouragement of Learning 또는 *L'Encouragement à L'etude*라는 제목으로 영어와 프랑스어, 또 다른 외국어로 번역된 『학문의 권유』의 제1절을 다시 읽어보면, 저자가 이 책에서 사용한 용어의 시간과 공간을 초월한 보편적인 반향에 한층 더 깊이 감동받지 않을 수 없다. 'Heaven never created a man above another nor a man below another. It is said.' 이것이 『학문의 권유』 첫머리에 쓰인 유명한 문구, '하늘은 사람 위에 사람을 만들지 않고 사람 밑에 사람을 만들지 않는다고 했다'의 영역문이다. 이 짧은 제언에 이어 다음과 같이 길고 명쾌한 부연 설명이 나온다.

인간의 존엄성과 함께 기본적인 평등과 자유를 선언한 이 문장 또한, 그로부터 100여 년이 지난 오늘날의 세계에서도 하나의 사회 안에서나 여러 민족 간에서, 빈부 격차와 인종차별 문제가 상존하고 약소국에 가하는 강대국의 압박 역시 변함없는 현실 앞에서, 여전히 얼마나 무거운 의미와 촉구의 힘을 지니고 있는지 통감하지 않을 수 없다. 그것은 후쿠자와 자신의 목표나 의도까지도 넘어서, 인간으로서의 당연한 권리를 추구하는 세계 각지의 민중에게 더욱 강하게, 끊임없이 호소하는 것이 분명한 말이다.

■ 하가 도루(芳賀徹)

"월드컵에서 일본팀은 1승도 거두지 못했지만, 그런 것이 축구에만 있는 문제는 아니다. 전후에는 일본이라는 나라 자체가 '세계'로부터 추궁을 당했지만, 그에 대한 대답 역시 '제로'였다. 지금으로부터 한 세기 반이나 전에도 이미 일본은 '세계의 벽' 앞에서 크나큰 불안에 떨고 있었다. 설사 쇄국의 막을 내리고 개국을 한다 하더라도 '세계의 벽'을 타파할 수 있을까, 세계에 압도되어 지배당하는 것은 아닐까 하는 불안감이 팽배하던 그 시절에도 이런 불안 따위에 아랑곳하지 않고 상쾌하게 살았던 사람이 있었으니, 바로 후쿠자와 유키치였다. 그에게는 '세계의 벽'이라는 것이 존재하지 않았으며, 세계는 벽이 아니었다. 만약 후쿠자와 유키치의 인생에 '벽'이 존재했다면, 그것은 오히려 세상 사람들이 '일본'이라고 부르는 답답한 공동체였다. 후쿠자와와 같은 개인은 공동체에서 불거져 나와 있어, 설령 인종과 국적은 일본인일지라도 그는 '이방인'이었다. 후쿠자와 유키치는 분명 공동체에서 불거져 나온 한 마리 승냥이였다."

■ 오시마 히토시(大嶋仁)

"후쿠자와 유키치는 일본의 학문과 교육제도, 상공업, 군비의 근대화를 고취하고 추진한 선구적 인물이다. 그는 프랑스보다는 영국과 미국의 문명을 일본에 소개하는 데 더 역점을 두었다. 후쿠자와의 정치적인 입장은 당대의 사상가 나카에 초민(中江兆民)보다는 한층 온건적이어서 점진적 개혁 세력 쪽에 서 있었으나 그 영향력은 급진 세력보다 더 컸기 때문에, 메이지 정부의 중심인물이던 이노우에 가오루(井上馨) 등에게는 강력한 적대 세력이었다. 후쿠자와의 정치적인 입장은 단순히 천황제 아래에서 의회주의를 추구하는 데 불과했지만, 헌법에 관한 사안(私案)을 만들고 그에 찬성하는 집단을 조직하여, 비밀주의로 일관한 메이지 정부의 반감을 사기도 했다.

일본의 '천황제'를 긍정했던 점에서 후쿠자와를 공화주의자라고 할 수는 없지만, '군주'정치에 대해서는 그 역시 투철한 역사적 · 비판적 고찰을 더하고 있었을 뿐만 아니라 천황의 권한과 역할에 대해서도 독자적인 견해를 제시했다. 그는 천황의 존엄을 적극적으로 긍정하면서도 정치나 정당의 성쇠와는 별개의 존재로 여겼다. 두뇌 회전이 빨랐던 이노우에 가오루가 후쿠자와의 영향력을 몹시 두려워했던 이유는 후쿠자와가 이미 선견지명을 드러냈기 때문이 아니었을까."

■ 가와노 겐지(河野健二)

후쿠자와 유키치 연보

1835년   1월 10일, 나카쓰 번의 구라야시키(藏屋敷), 즉 파견공관이 있던 오사카 도지마에서 하급 무사인 후쿠자와 햐쿠스케의 둘째 아들로 태어남.

1836년   6월, 아버지가 사망하자 가족들은 규슈의 나카쓰 번으로 귀향함.

1848년   한학 공부를 시작함.

1854년   난학에 뜻을 두고 나가사키로 떠남. 1853년에 함대를 이끌고 내항한 페리에 의해 1854년 3월 미일화친조약이 체결됨.

1855년   3월, 오사카에 있는 오가타 고안의 데키주쿠에 입문하여 본격적인 난학을 시작함.

1856년   9월, 형 산노스케가 병사하여 호주상속을 하게 됨.

1858년   10월, 에도로 가서 나카쓰 번의 파견공관이 있는 쓰키지(築地) 뎃포즈의 나카야시키(中屋敷)에 게이오 의숙의 전신인 난학 숙을 개설함. 미일수호통상조약이 체결되고, 존왕양이파에 대한 대규모 탄압(安政大獄)이 시작됨.

1859년   영학(英學)으로의 전향을 결심함.

1860년   1~5월, 견미사절단의 수행원 신분으로 처음 미국을 방문함. '사쿠라다 문밖의 변'이 일어남. 막부의 외무성에 통역관으로 고용되고, 최초의 출판물인『증정화영통어』를 출간함.

1861년   나가쓰의 번사 쓰치자키 다로하치(土崎太郎八)의 차녀 니시키(錦)와 결혼, 시바의 신센자에서 신혼을 시작함.

1862년   1~12월, 견구사절단을 수행하여 유럽을 순방함.

1863년   가을에 뎃포즈의 나가쓰 번 파견공관으로 주거를 옮김. 양이론이 활발해지면서 신변의 위협을 느껴 야간 외출을 피함.

    3~6월, 나가쓰로 귀향. 10월에는 막부의 막신(幕臣)으로 외교통상을 담당하는 외국봉행의 번역국에서 근무함.

1866년   가을, 사무라이의 의전용 칼 두 자루만 남기고 도검류를 모두 팔아 처분함.『뇌총조법』제1권,『서양사정』초편 간행.

1867년   1~6월, 견미사절단을 수행한 두 번째 미국 방문에서 대량의 원서를 구입하여 귀국함. 대정봉환, 왕정복고가 이루어짐.

1868년   4월, 숙을 시바의 신센자로 옮기고 '게이오 의숙'이라 명명함.

    8월, 막부의 관직 번역국에서 물러나고 이후 관직과 인연을 끊음.『훈몽궁리도해』와『병사회중편람』을 간행함. 막부와 반막부 세력 간에 무진전쟁(戊辰戰爭)이 발생함.

1869년   11월, 후쿠자와 유키치의 이름으로 출판업을 시작함.『양병명감』『장중만국일람』『영국의사원담』(英国議事院談),『청영교제시말』(淸英交際始末),『세계국진』을 간행함.

1871년   3월, 게이오 의숙을 지금의 미타로 이전하고 교내의 사저로 이사함.『계몽수습지문』(啓蒙手習之文)을 간행함. 폐번치현이 단행됨.

1872년   4~7월, 교토와 오사카 등지를 여행하고 나가쓰 시의 학교를 시찰함.『학문의 권유』초편,『동몽교초』(童蒙教草)를 간행함. 메이지 정부의 학제가 발포됨.

1873년   'speech'를 '연설'로 번역함. '메이로쿠샤'의 회장에 추대되나 거절함.『개역변』(改歷辨),『장합지법』(帳合之法) 초편,『일본지도초지』(日本地図草紙),『문자지교』를 간행함.

1874년   2월,『민간잡지』(民間雜誌)를 창간하나 이듬해 종간됨. '미타 연설회'를 시작함.

5월에 어머니를 여읨. 자유민권운동이 일어남.『회의변』(会議辯) 간행.

1875년   미타 연설관을 개장함.『문명론의 개략』간행.

1876년   9월,『가정총담』(家庭叢談)을 창간하고『학자안심론』(学者安心論)을 간행함.『학문의 권유』전 17편 완결.

1877년   4월,『가정총담』을『민간잡지』로 이름을 바꾸어 발행하나 이듬해 폐간됨.『분권론』(分権論),『민간경제록』(民間経済録) 초편을 간행함.「구번정」(旧藩情)과「정축공론」(丁丑公論)을 탈고함.

1878년   12월, 도쿄부회(東京府會) 의원에 당선되나 사임함.『후쿠자와 문집』(福澤文集),『통화론』(通貨論),『통속민권론』『통속국권론』을 간행.

1879년   1월, '도쿄학사원'의 초대 회장에 당선됨.『국회론』과『민정일신』 간행.

1880년   1월, 일본 최초의 사교클럽 '교순사'를 설립함.

1881년   2월, 도쿄학사원을 사임함. 10월, '메이지 14년의 정변'이 일어나 정부로부터 압력을 받게 됨.『시사소언』간행. 국회개설 조칙이 발표됨.

1882년   3월,『시사신보』창간.『시사대세론』『제실론』『병론』『덕유여하』(德有如何) 간행. 조선에서 임오군란이 발생함.

1883년   6월, 장남 이치타로(一太郎)와 차남 스테지로(捨次郎)를 미국으로 유학 보냄.『학문지독립』(学問之独立) 간행.

| 1884년 | 12월, 조선에서 갑신정변이 일어나나 실패로 돌아감. 일본으로 피신한 김옥균을 보호해줌. 『전국징병론』과 『통속외교론』 간행. |

1884년 12월, 조선에서 갑신정변이 일어나나 실패로 돌아감. 일본으로 피신한 김옥균을 보호해줌. 『전국징병론』과 『통속외교론』 간행.

1885년 3월, 『시사신보』에 「탈아론」을 발표함. 『일본부인론 후편』 『사인처세론』 『품행론』을 간행. 내각제 수립.

1886년 3~4월에 도카이도, 5월에는 이바라키 등 전국 여행을 시작함. 『남녀교제론』 간행.

1888년 11월, 장남과 차남이 미국 유학에서 돌아옴. 『일본남자론』과 『존왕론』 간행.

1889년 6월, 도쿄부 참사회원에 당선되나 즉시 사임함. 9~10월, 교토와 오사카로 가족여행을 떠남. 대일본제국헌법이 공포됨.

1891년 6월, 국어사전 『언해』(言海)의 출판기념회에 초대받지만 참석하지 않음. 「야세가만의 설」(瘦我慢の説) 탈고.
4~5월, 교토와 오사카, 산요 지방을 여행함. 11월, 세균학자 기타사토 시바사부로를 도와 전염병연구소 설립에 진력함. 「국회의 전도」「국회난국의 유래」「치안소언」「지조론」(地租論)을 발표함.

1893년 『실업론』 간행.

1894년 2~3월, 성묘를 위해 나가쓰를 방문함. 청일전쟁 발발.

1895년 아내와 세 딸과 함께 교토, 오사카, 히로시마를 여행하고 12월에는 환갑잔치를 함. 청일전쟁이 끝남.

1896년 4월, 일본의 3대 신궁 중 하나인 미에 현의 이세 신궁(伊勢神宮)을 여행하고, 11월에는 가족과 함께 일본의 3대 사찰 중 하나인 나가노 현의 선광사(善光寺)를 참배함.

1897년 『후쿠옹 백화』(福翁百話), 『후쿠자와 전집 서언』 간행.

1898년 9월에 뇌일혈 증세를 일으킴. 『후쿠자와 전집』 제5권, 『후쿠자와 선생 우키요바나시』(福澤先生浮世談) 간행.

1899년　『후쿠옹자전』「여대학평론」(女大学評論), 「신여대학」(新女大学) 을
　　　　　발표함.

1900년　「수신요령」(修身要領)을 발표하여 황실로부터 5만 엔을 하사받음.

1901년　2월 3일 뇌일혈 재발로 사망함. 『후쿠옹 백여화』(福翁百余話), 「메
　　　　　이지 10년 정축공론」과 「야세가만의 설」이 출간됨.

지은이 **임종원** 林宗元

서라벌예술대학교에서 연극을 전공하고, 국제대학교에서 일본문학을 공부했으며, 한국외국어대학교 대학원에서 「"사양"논고」("斜陽"論考)로 석사학위를, 한양대학교 대학원에서 「후쿠자와 유키치의 문명사상연구」로 박사학위를 받았다. 일본문학과 관련된 학회가 없던 시기에 '한국 일어일문학회'의 창립 발기인으로 참여하면서 학회 창립에 이바지했다. 일본 근대문학가 다자이 오사무(太帝治) 연구에 전념하던 중 점차 동아시아의 근대에 대한 관심이 생겼고, "하늘은 사람 위에 사람을 만들지 않고, 사람 밑에 사람을 만들지 않는다"는 후쿠자와의 말에 경도되어 일본 근대사상사의 큰 축을 이루는 후쿠자와 유키치 연구에 몰두하게 되었다. 이후 후쿠자와 유키치 연구의 본산인 게이오 대학 후쿠자와 연구센터에서 수년간 연구하다가 지금은 같은 연구센터의 객원연구원으로 활동하는 한편 관동대학교 일어일문학과 교수로 있다. 저서로는 『후쿠자와의 문명사상』이 있고, 역서로는 후쿠자와 유키치의 『학문의 권유』 『후쿠옹자전』 등이 있다.